A mi esposo Bernardo.
A mis hijas Valerie, Tiffany y Brittany.
A todos los tunos y extunos boricuas.
Y a todos los que la actividad tuneril les fascina.

Derechos reservados. Prohibida la reproducción total o parcial sin previa autorización de la autora o de la casa editorial.

© Ediciones Bayoán: *Arte y Cultura*
© Beatriz González Alejandro
2019: Primera edición

Historia de la criollización de las tunas en Puerto Rico

Library of Congress Control Number: 2019915651
ISBN: 978-0-9828623-8-4

Editora: Heyda Sánchez Zambrana
Elaboración gráfica: Pasqualino Di Girolamo
Elaboración de la portada: Lubriel Padilla Alicea

Créditos de ilustraciones:
Museo Internacional del Estudiante (España)
Colecciones privadas (Puerto Rico)

Ediciones Bayoán: *Arte y Cultura*
Caguas, Puerto Rico
info@edicionesbayoan.com
www.edicionesbayoan.com

Beatriz González Alejandro

Historia de la criollización de las tunas en Puerto Rico

Ediciones Bayoán
Arte y Cultura

ÍNDICE GENERAL

	Página
Índice general	VII
Prólogo	XI
Introducción	XVII

Capítulo I: Trasfondo histórico de las tunas: 1
1. Las universidades; 2. Los estudiantes; 3. Etimología de la palabra tuna; 4. Origen de la tuna; 5. Cambios en el siglo XIX; 6. Diferencias entre las dos etapas de la tuna; 7. Estudiantinas fuera de España; 8. Las tunas durante la Guerra Civil Española y la dictadura del General Franco; 9. Estudiantinas infantiles y preuniversitarias; 10. La presencia de la mujer en la tuna; 11. Elementos distintivos en las tunas y estudiantinas: a. *vestimenta*; b. *instrumentos musicales*; c. *repertorio*.

Capítulo II: Las estudiantinas y tunas llegan a Puerto Rico 45
1. Siglo XIX; 2. Cambios culturales en Puerto Rico; 3. Siglo XX.

Capítulo III: La primera tuna en el País, la Tuna de la Universidad de Puerto Rico 65
1. Origen; 2. La convocatoria; 3. Primera reunión; 4. Ensayos; 5. Primera presentación; 6. Origen del nombre; 7. Primeros integrantes; 8. Instrumentos; 9. Repertorio; 10. Discografía; 11. Compositores de la tuna; 12. Vestimenta; 13. Directores de la tuna; 14. Actividades; 15. Viajes y premios obtenidos; 16. Las fantasías de pandereta, capa y bandera; 17. Aportaciones.

	Página
Capítulo IV: La segunda tuna en la Isla, La Tuna Estudiantina de Cayey	103

1. Origen; 2. Por qué una tuna; 3. Origen del nombre; 4. Primeros integrantes; 5. La dirección de la tuna; 6. Lema; 7. La vestimenta y sus cambios; 8. Evolución de los instrumentos; 9. Repertorio; 10. Los temas en las canciones; 11. Compositores; 12. Discografía; 13. Arreglos musicales; 14. Presentaciones; 15. Ensayos; 16. Remuneración económica; 17. Viajes; 18. Audiciones; 19. Coreografía; 20. La tuna, una gran familia; 21. Reconocimientos; 22. Aportaciones.

Capítulo V: Tunas que surgieron en la Isla parecidas a la Tuna Estudiantina de Cayey..............169

1. Otras tunas en Cayey: *a. Tuna Taurina Cayeyana; b. Mini Sextuna; c. La Tunita; d. Tuna Cayeyana del Recuerdo*; 2. El *boom* de las tunas (años sesenta): *a. Tuna Panamericana; b. Tuna Escuela Superior de Aguas Buenas; c. Tuna de la Escuela Superior de Comerío; d. Tuna de la Escuela Superior de Ponce; e. Tuna Borincana de Moca; f. Tuna de la Escuela Superior de San Lorenzo*; 3. Años setenta, continuó la "fiebre" de las tunas: *a. Tuna parroquial de Corozal; b. Tuna Allegro; c. Tuna de San Juan; d. Tuna de Las Piedras; e. Tuna de Bayamón; f. Cantores de San Juan; g. Tuna de la Escuela Intermedia Jesús T. Piñero*; 4. Tunas en agencias de gobierno: *a. Tuna Departamento del Trabajo; b. Tuna Departamento de Salud; c. Tuna Departamento de Vivienda*; 5. Las tunas en las universidades: *a. Tuna de la Universidad Interamericana de Puerto Rico; b. Tuna Pionera de la Pontificia Universidad Católica de Puerto Rico; c. Tuna de la Universidad del Sagrado Corazón.*

Capítulo VI: Tunas en la actualidad..............197

1. Década de los ochenta: *a. Tuna los Payadores; b. Tuna Juglares; c. Tuna Las Romanceras*; 2. Década de los noventa: *a. Tuna Cardenales; b. Tuna Segreles; c. Tuna de Chavalas; d. TunAmérica Universitaria de Puerto Rico; e. Tuna de Bardos de la Universidad de Puerto Rico; f. Tuna*

Página

Femenil Alondras; g. Tuna de la Universidad de Puerto Rico en Arecibo (UPRA); 3. Desde el año 2000: *a. Tuna Gitanas; b. Tuna de la Universidad de Puerto Rico en Bayamón (Tuna Vaquera); c. Tuna de Derecho de la Pontificia Universidad Católica de Ponce; d. Tuna San Blas; e. Tuna PSMHS (Tuna Medicina Ciencias de la Salud Ponce); f. Tuna Inter de San Germán (mixta, 2012); g. Tuna Antillana; h. Tuna Taínos de la Universidad Ana G. Méndez recinto de Gurabo.*

Hallazgos 209

Índice de Ilustraciones 215

Bibliografía 223

PRÓLOGO

Beatriz González Alejandro descubrió el interés por estudiar historia desde que estaba en la escuela superior. Al iniciar sus estudios en el Colegio Universitario de Cayey optó por especializarse en esa materia. Se graduó de Bachillerato en Educación con una concentración mayor en Historia. Desde ese momento ha tenido un contacto permanente con su preparación profesional ya que obtuvo una plaza como maestra de Historia y de Estudios Sociales en el Departamento de Educación Pública. Realizó sus estudios graduados en el Centro de Estudios Avanzados de Puerto Rico y el Caribe, localizado en el Viejo San Juan. En esta emblemática institución, fundada por el Dr. Ricardo Alegría Pons, obtuvo una Maestría en Historia de Puerto Rico y el Caribe. Su tesis de grado fue aprobada en el 2015 con el título de *La Tuna Estudiantina de Cayey y la criollización de las tunas en Puerto Rico*.

Durante el mes de agosto de este año recibí la noticia de que Beatriz González Alejandro estaba dando sus primeros pasos encaminados a publicar su tesis, obra que hoy nos honra en presentar. Mi reacción fue de gran satisfacción. Desde antes de culminar su investigación le había expresado que su estudio tenía que ser publicado. Mi sugerencia tenía una base muy sólida. En la medida que ella investigaba y plasmaba sus hallazgos, en esa misma medida se fortalecía mi juicio sobre la importancia y pertinencia del trabajo. Esa recomendación estuvo enmarcada en el convencimiento de que su investigación es otro capítulo importante de la historia cultural de Puerto Rico.

Desde que surgió el programa graduado de historia de la Universidad de Puerto Rico, hace poco más de sesenta años, las tesis presentadas y defendidas en nuestros centros universitarios tenían como objetivo principal los temas relacionados con nuestra historia política. La lista de las investigaciones es numerosa y en esa dirección se sigue produciendo. Sin embargo, gracias al interés suscitado por los temas económicos y sociales, la situación comenzó a cambiar en la década de los setenta. A esa nueva producción de investigaciones y publicaciones, la Academia la ha reconocido con el nombre de Nueva Historiografía. Posteriormente, gracias a la toma de conciencia sobre la necesidad de conocer los procesos relacionados con todo el espectro de nuestras actividades colectivas, las escuelas graduadas continuaron su apertura de recibir nuevas propuestas temáticas.

A partir de ese momento, las universidades abrieron sus puertas al universo temático de nuestra cultura, entre ellos la religión popular, es decir, fuera del contexto de la iglesia como institución, con temas tan relevantes como el espiritismo, los Hermanos Cheo, y la Diosa Mita. Ese es un buen ejemplo. Lo mismo ocurrió con la música, en particular la popular. Para que tengamos una idea de esa proliferación podemos mencionar la experiencia ocurrida en el Centro de Estudios Avanzados de Puerto Rico y el Caribe. Durante sus primeros veinte años de existencia, fueron presentadas cuatro tesis sobre la música. En cambio, en los siguientes veinte, la cifra se elevó a diez. Esa tendencia sigue en aumento. Es necesario reconocer este fenómeno para entender el contexto historiográfico en que surge esta obra.

Esta nota referente a los cambios temáticos que ocurrieron en la presentación de las tesis de historia aprobadas en nuestras universidades no se puede interpretar como que en esas temáticas culturales no hay una presencia de asuntos relacionados con la política y la economía del país. No puede haber una total separación porque en el determinado proceso histórico que se estudie siempre estará presente, directa o indirectamente, la base económica y las políticas que afecten ese proceso. En este contexto, la obra de Beatriz González Alejandro tiene el gran acierto de resaltar el terrible impacto que tuvo la Guerra Civil Española y sus efectos en la actividad estudiada. La autora cita fuentes autorizadas que presentan evidencia sobre medidas específicas de esa dictadura contra la actividad de las tunas. Otro acontecimiento político que trata con gran precisión es los efectos de la represión política que implementó el gobierno militar impuesto por Estados Unidos a Puerto Rico después de la invasión ocurrida en 1898. Lo documenta con fuentes inexpugnables como la de Pedro Malavet Vega.

En esta investigación, González Alejandro presenta una síntesis sobre el trasfondo histórico de las tunas, sobre orígenes tan lejanos que se remontan al mundo de la Europa Medieval. En ella nos ofrece detalles sobre la evolución de esta actividad sin dejar de mencionar el contexto social en que surgen y las diferencias regionales que iban apareciendo a lo largo del tiempo. En esta narración el lector puede entrar, a veces hasta sensorialmente, a ese micro mundo de la expresión juvenil de aquellos estudiantes que, con su perseverancia, mantuvieron la actividad tunera. También logra ubicarnos en los contextos culturales en que se expresaban, y la influencia que tuvieron por parte de la presencia musulmana. De esta forma el lector, como observador, puede ver los escenarios en los cuales la juventud se abría paso para disfrutar su tiempo lúdico y perpetuarlo socialmente.

Esta tesis nos lleva a través de las distintas experiencias que tuvieron las tunas precursoras en España las cuales surgían en un contexto de clase social vinculado con la lucha por lograr la subsistencia, a ese mundo formado por los pobres de la tierra. Del entorno europeo nos lleva hasta los orígenes históricos de las tunas en Puerto Rico. Cita varias fuentes para poder precisar que la actividad de las tunas se remonta al siglo XIX y nos presenta una cronología referente a las que nos visitaron desde España. Luego ocurre la gran ruptura, anteriormente mencionada, como resultado de la llamada Guerra Hispanoamericana. Durante las primeras seis décadas del siglo XX no recibimos visitas de tunas de ningún país. La primera visita ocurre a fines de diciembre de 1961, poco después de la fundación de la Tuna de la Universidad de Puerto Rico.

En el ámbito del desarrollo, netamente boricua, nos ubica en esa década importante de los sesenta, donde surgen la Tuna de la Universidad de Puerto Rico (1961) y la Tuna de Cayey (1964), fundadas por la profesora Norma Urrutia de Campo y el Dr. Juan Ángel Nogueras Rodríguez, respectivamente. El impacto de estas tunas fue multiplicador. Surgieron tunas en las universidades, en distintos pueblos, en diversas escuelas superiores, en escuelas intermedias, una de ellas en el interior de la montaña cafetalera, en entidades privadas y en agencias del gobierno; en fin, se multiplicaron aceleradamente desde mediados de la década del sesenta hasta la década del setenta. Otras aparecieron en los noventas y algunas continuaron surgiendo en el siglo XXI.

Detrás de toda esta historia de logros individuales, alcanzados por grandes maestros como Gregorio Acevedo González, en la UPR, y Juan Ángel Nogueras Rodríguez, en Cayey, y de logros colectivos, a través de las nuevas tunas que aparecieron por todo el país, corre, subterráneamente, la capacidad, siempre creadora, de nuestros compositores, músicos, artistas y cantantes. La grandeza de esa historia tiene sus cimientos en ese nacionalismo cultural que nos corre por las venas. Nuestra fórmula está vigente. Recibimos una expresión musical extranjera y, casi al instante, la transformamos en otra totalmente nuestra. En ambas experiencias creativas, la de mayor trascendencia en esa capacidad de trasformar fue, precisamente, la cayeyana, por tener una base más folclórica y popular. A tal extremo que revolucionó el repertorio del cancionero navideño a la hora de dar parrandas.

La lectura de este libro es la mejor evidencia para demostrar y reafirmar que somos una nación culturalmente diferenciada. Y lo es doblemente, porque nuestra praxis no se limitó a transformar las tunas. Tuvimos el atrevimiento, como dice la sabiduría del pueblo, "de bailar en casa del trompo". No titubeamos en ir a competir a Europa, a medir capacidades con países que son cunas del arte tunero. Desde hace años, como muy bien lo demuestra la obra de Beatriz González Alejandro, nuestras tunas vienen participando y compitiendo en el exterior, en competencias de carácter internacional, con resultados extraordinarios. Con solo dos ejemplos basta. Las Tuna de la Universidad de Puerto Rico, de los Recintos de Río Piedras y Arecibo han logrado la hazaña de ganar los premios más importantes en competencias realizadas en Portugal y en España. En esos escenarios demostramos, desde que dimos nuestros primeros pasos en el exterior, que teníamos la capacidad de tirar puentes, de ser un gran agente unificador, porque divulgábamos nuestro folclor y sentimiento, pero también éramos capaces de hacer lo mismo con los repertorios de América Latina y de la Península Hispano Portuguesa.

Uno de los grandes méritos de este libro fue recurrir a la metodología de investigación de la historia oral. La autora nos sorprende con su esfuerzo de investigar en periódicos, revistas, y en documentos rescatados por historiadores y cronistas especializados en la historia de las tunas en Europa. Sin esa labor titánica, realizada por otros, no podía ofrecernos la memoria de más de cincuenta tunas que estuvieron involucradas en el largo proceso de transformación de esta actividad que es un tesoro cultural de la humanidad. Sin embargo, jamás hubiese podido reconstruir la epopeya de las tunas en Puerto Rico sin utilizar la historia oral. Le agradezco a Beatriz el haber dedicado innumerables horas de trabajo a la tarea embrionaria de localizar personas de tres generaciones para lograr entrevistarlos. Asimismo, agradecer su encomiable tarea de invertir parte de su tiempo en recoger la palabra viva, sus testimonios, para reconstruir esta historia de grandes esfuerzos y sacrificios. Gracias a esa labor, pudo reunir información, de primera mano, de la voz autorizada de los protagonistas, para reconstruir el relato. Gracias a ese esfuerzo, rescató del olvido a decenas de tunas y las fechas y lugares donde surgieron. Algunas de ellas, poco conocidas en el ámbito nacional, están acompañadas por datos referentes a sus ejecutorias.

Este escrito tiene otro gran acierto. Las narraciones referentes a la historia de las dos principales tunas dejan escapar las emociones de sus protagonistas. La historia social, la llamada historia científica, nos restringe, casi como una prohibición, las expresiones de esa naturaleza. Por lo general, se piensa que lo correcto es presentar el dato frio, escueto, sin expresiones emotivas. Juan Antonio Corretjer Montes decía que una historia sin emoción no es historia. Podemos pensar que ese pensamiento proviene de él porque era poeta; pero se nos olvida que también fue historiador. La historia es la narración de acciones humanas y, por ser humanas, no podemos separarlas de la emoción. En esta obra de la historia de las tunas hay varias anécdotas estelares que son muy emotivas. Gracias a ellas podemos deducir e interpretar las reacciones de los boricuas en Nueva York al escuchar ciertas canciones. La narración es una radiografía que refleja toda una historia del racismo padecido y la nostalgia que produce el amor al terruño, como diría Virgilio Dávila. Y a través de otras, que la autora logró desenterrar, nos demuestra que los miembros de las tunas vivían su música como si fuese el oxígeno que respiraban, pero también vivían en una organización solidaria que funcionaba como una cooperativa de fraternidad y de hermandad.

Juan Manuel Delgado Colón
30 de septiembre de 2019

INTRODUCCIÓN

Las tunas son agrupaciones musicales que tienen características muy distintivas. En la Isla hay una gran cantidad de estos grupos, en su mayoría integrados por estudiantes universitarios, y además, los fundados por extunos egresados de esos centros educativos. En ocasiones hemos disfrutado de algunas de sus presentaciones y nos han llamado la atención las canciones que interpretan, los instrumentos musicales y sobre todo la vestimenta. Muchos espectadores desconocen el origen y la procedencia de las tunas y los motivos de tan peculiares características.

La *Historia de la criollización de las tunas en Puerto Rico* nos presenta el origen de estas agrupaciones, los primeros de estos grupos en llegar a la Isla y, una vez surgen las primeras tunas en el país, cómo fueron introduciendo elementos hasta criollizar esta tradición.

El origen de la tuna se remonta al nacimiento de las primeras universidades en España. Con estos centros de estudios nace un nuevo grupo social formado por los estudiantes. No todos los estudiantes contaban con los recursos para poder costear los gastos que conllevan los estudios en la universidad. Estos se acercaban a los conventos en busca de una sopa caliente que se repartía gratuitamente y, de esa forma, hacían uso de su picardía, ingenio y habilidades artísticas para ganar un sustento. Tocaban y cantaban en mesones, tabernas, conventos, plazas y en las calles. Para esto se reunían en grupos a los que se les conoció como "cuadrillas". Llevaban sus instrumentos y a través de su recorrido actuaban en los distintos pueblos para ganar dinero. A esa actividad se le llamó "correr la tuna".

La costumbre de los estudiantes de correr la tuna perduró hasta la primera mitad del siglo XIX. Esta desaparece por varias razones, entre ellas, el cierre de los conventos, donde los estudiantes recibían alimentos y la llegada del ferrocarril ya que los estudiantes no tenían que caminar para regresar a sus casas o de vuelta a la universidad. La tuna es el resultado de un proceso evolutivo en la vida de los estudiantes y en los cambios en la sociedad. En el siglo XIX comenzaron las tunas o estudiantinas como las conocemos hoy día.

En ese tiempo hubo distintos tipos de tunas o estudiantinas. Existieron algunas integradas por estudiantes y otras por músicos profesionales. La presencia de niños en estas agrupaciones se utilizaba como elemento de adorno y para buscar la simpatía del público, incluso existieron agrupaciones integradas completamente por niños. Para finales de ese siglo existieron las estudiantinas en centros preuniversitarios en España. Algunas mujeres participaron en estudiantinas profesionales y en la universidad, a las interesadas, se les permitió ser integrantes de las tunas compuestas por varones, creándose de ese modo las estudiantinas mixtas. También existió una estudiantina integrada por niñas.

Es también en el siglo XIX que estas agrupaciones comienzan sus viajes fuera de España. Visitaron varias ciudades importantes de países europeos. En América realizaron presentaciones en varios países incluyendo a Puerto Rico. Las próximas de estas agrupaciones en visitarnos lo hicieron en la segunda mitad del siglo XX.

El origen, desarrollo y permanencia de las tunas en Puerto Rico es un proceso que sobrepasa medio siglo de historia. La primera tuna en la Isla se fundó en la universidad para la década del sesenta y las siguientes de estas agrupaciones en escuelas superiores del país. Finalizada esa década se organiza la segunda tuna universitaria. Para los años setenta hubo un *boom* de estos grupos musicales que desarrollaron la tradición tuneril. La fundación de tunas continuó y hoy día contamos con una gran cantidad de estas agrupaciones.

Este libro es producto de la investigación que realicé para mi tesis de maestría. Inicialmente, la razón que me motivó e impulsó a llevar a cabo este trabajo fue el deseo de documentar y dar a conocer la vida y las aportaciones educativas y culturales del Dr. Juan Ángel Nogueras Rodríguez, personalidad muy destacada en el pueblo de Cayey. El Dr. Nogueras fue educador en su ciudad natal y a través de la música, sus canciones y la fundación de la Tuna Estudiantina de Cayey, enriqueció y dio a conocer aspectos de la cultura puertorriqueña en Puerto Rico y en otros países. Fue una persona que vivió orgulloso de sus raíces y a través de las letras de sus canciones resaltaba la naturaleza, costumbres y personajes de pueblo. Joseph Prewitt Díaz, su amigo de toda la vida, señala que: "Como cayeyano auténtico, con su visión, dinamismo y versatilidad logró explicar al mundo la cultura del pueblo cayeyano a través de la prosa picaresca y las notas musicales que combinan instrumentos de cuerda y percusión"*.

Por todas esas cualidades originalmente pensé en la figura del Dr. Nogueras y sus aportaciones como tema de trabajo, ya que a través de sus conocimientos y su talento hizo grandes contribuciones a la cultura de Puerto Rico.

En una conversación con mi director de tesis, el profesor Juan Manuel Delgado, me recomendó que no hiciera la investigación sobre una persona y que no la limitara a producir una biografía. Me sugirió que enfatizara en la historia del colectivo. Me señaló que, en el contexto de la historia cultural, la Tuna Estudiantina de Cayey es la aportación más grande del Dr. Nogueras. De esta forma, al investigar sobre el trasfondo histórico de esta tuna, también contribuiría a llenar el vacío sobre el origen de las tunas y su historia en Puerto Rico.

En el proceso de la investigación sobre el trasfondo histórico, me fui percatando de que en efecto había un vacío sobre ese tema. No encontré libros, ni obras sobre las tunas en la Isla. A partir de ese momento comencé a investigar la historia de estas agrupaciones en Puerto Rico, poniendo énfasis en la importancia de la Tuna Estudiantina de Cayey y la criollización de estos grupos en Puerto Rico.

Para el buen resultado de este trabajo fue necesario implementar diferentes estrategias de búsqueda. Una de ellas fue la utilización de la historia oral. Como primer paso tomé el curso de Metodología y Técnicas de Investigación de la Historia Oral ofrecido por el profesor, Dr. Juan Manuel Delgado, en el Centro de Estudios Avanzados de Puerto Rico y el Caribe. Para obtener la información elaboré una serie de cuestionarios los cuales se utilizaron para realizar las entrevistas. Los entrevistados ofrecieron testimonios muy importantes ya que son personas que participaron de los sucesos investigados en este trabajo, convirtiendo esas entrevistas en fuentes primarias para esta investigación.

En la búsqueda y recopilación de la información, utilicé diferentes fuentes entre ellas libros, diccionarios, revistas, periódicos en copia física, digital o microfilmada, carátulas de discos, artículos y conferencias.

---

* Joseph O. Prewitt Díaz, "Celebración a la vida de mi amigo Juan Ángel Nogueras Rodríguez". Oratoria durante la despedida del duelo. 21 de octubre de 2011. Escrito facilitado por el autor mediante correo electrónico.

El presente trabajo se divide en seis capítulos. El primer capítulo, *Trasfondo histórico de las tunas*, presenta el origen de estos grupos, origen y definición de los conceptos tuna y estudiantina, los tipos de estudiantinas, el desarrollo de estas agrupaciones y los elementos que cambiaron a través del tiempo. También la manera en la que estos grupos salieron de España y la presencia de la mujer y de niños en estas agrupaciones. Explica las características y los elementos distintivos de estos grupos, como la vestimenta, los instrumentos y el repertorio.

El segundo capítulo, *Las estudiantinas y tunas llegan a Puerto Rico*, se expone cómo llegaron estas agrupaciones a la Isla y cuáles fueron las primeras en visitar el País en el siglo XIX. También cuáles fueron los factores por los que estos grupos dejaron de venir a la Isla. Nos referimos a la primera tuna española que llegó a Puerto Rico en el siglo XX y otra tuna española que nos visitó en esa misma época.

El tercer capítulo, *La primera tuna en el país, la Tuna de la Universidad de Puerto Rico*, es una descripción del origen, características, desarrollo, discografía, premios logrados y aportaciones de esta agrupación.

El cuarto capítulo, *La segunda tuna en la Isla, la Tuna Estudiantina de Cayey*, es la historia de esta agrupación, su origen, características, desarrollo, discografía, aportaciones y los elementos que criollizaron la tuna.

El quinto capítulo, *Tunas que surgieron en la Isla parecidas a la Tuna Estudiantina de Cayey*, presenta unos apuntes históricos importantes sobre las tunas que se organizaron tomando como ejemplo a la Tuna Estudiantina de Cayey. Otras que se fundaron en Cayey, tunas en varias escuelas superiores del País, tunas en agencias de gobierno. Explica cómo surgieron, sus características y desarrollo.

El capítulo final, *Tunas en la actualidad*, es un breve resumen de algunas de las tunas activas en Puerto Rico, tanto universitarias como profesionales.

La *Historia de la criollización de las tunas en Puerto Rico* tiene el propósito de realizar una aportación a la historia cultural de la Isla, referente al origen, desarrollo y presencia de estas en el país. Nos presenta la forma en que las tunas que surgieron en Puerto Rico introdujeron cambios en las costumbres de estos grupos, criollizando esta tradición y formando estilos propios. También tiene la finalidad de auscultar la importancia de estas agrupaciones como difusoras del acervo musical de la Isla.

El libro está dirigido al público en general, a las personas que esta tradición les atrae y quieren conocerla. También está dirigido a todos los tunos, que mantienen viva esta tradición y a los extunos, porque como aprendí durante la investigación de este trabajo, se es tuno toda la vida. Deseo que esta lectura sea de su agrado. Sin duda alguna las tunas llegaron a Puerto Rico para quedarse.

CAPÍTULO I

Trasfondo histórico de las tunas

1. Las universidades

Para comprender el origen de las tunas hay que contextualizar el surgimiento explicando el origen de las universidades, ya que la tuna nace en esta institución. La misma fue un lugar de reunión para los estudiantes y ellos dieron origen a esas agrupaciones. Muchos discípulos no tenían los medios económicos para costear los gastos que conllevaban los estudios y, a veces, no tenían ni para comer. Para sobrevivir a esa situación y lograr el objetivo de estudiar, se las tenían que ingeniar y hacer uso de sus habilidades. De esa manera, tocando algún instrumento y cantando comenzaron a ganar un poco de dinero y comida. Algunos estudiantes se unieron a otros y empezaron a formar pequeños grupos que permanecieron a través del tiempo hasta que dieron origen a lo que se le llamó la "tuna".

A principios de la Edad Media la educación estaba en manos de la iglesia, la cual se impartía en las escuelas que se encontraban en los monasterios y catedrales y servían para la preparación del clero. En estos lugares los clérigos estaban a cargo de la educación religiosa. Por la falta de instituciones educativas, algunas de estas escuelas comenzaron a recibir estudiantes que no iban a seguir una carrera eclesiástica, pero deseaban instruirse. Sobre este particular nos dice, el licenciado en Filosofía y Teología, Luis Pinchao Benavides que: "Las universidades, tal como las conocemos hoy día, con profesorado, estudiantes y grados académicos fue producto de la Alta Edad Media; estuvieron, inicialmente, lideradas por la iglesia católica, orientadas principalmente para formar nuevos sacerdotes, sin embargo, se admitía a civiles que deseaban contar con alguna educación"[1]. El número de maestros y estudiantes aumentó, de igual

---

[1] Luis E. Pinchao Benavides, "Surgimiento de las universidades en el mundo". Identidad Institucional, párr.4. https://sites.google.com/site/identidadinstitucional/surgimiento-de-las-universidades.

manera la variedad en las materias que se enseñaban. Además hubo un gran desarrollo y algunas de ellas alcanzaron mucho renombre. Como explica, Iyanga Pendi, doctor en Filosofía y Letras:

> Y las causas que llevaron a ello son principalmente las siguientes: a) hay una enorme afluencia de alumnos; b) la autoridad de los maestros; c) la buena organización; d) la ayuda que gozan de príncipes y pontífices; e) el responder adecuadamente a las necesidades de la vida municipal[2].

Es con estos cambios que estas escuelas contribuyeron al nacimiento de lo que se llamó *Studium Generale* o Estudios Generales, que eran centros donde se impartía la enseñanza superior. Para la alta Edad Media los Estudios Generales habían evolucionado y se convirtieron en las primeras universidades. Barcala Muñoz, en su escrito, indica al respecto: "Diversos fueron los nombres con que se designó a las universidades durante la Edad Media. En España, los documentos de la época las llaman *scholas*, escuelas, academia, estudio, *Studium, studium solemne, studium generale* y *universitas*"[3].

Las primeras universidades europeas surgieron en Italia, Francia, Inglaterra y España. La primera fue la Universidad de Bolonia en Italia. Iyanga Pendi señala que: "Aunque no es posible determinar con exactitud el momento en que hizo su aparición, pero la fecha orientativa de sus comienzos puede situarse a finales del siglo XI, hacia el año 1088"[4]. Esta sirvió de ejemplo para la fundación de las universidades en otros países europeos. La segunda en establecerse fue la de París y se llamó Colegio Sorbona. Allí se recibían estudiantes de otros lugares del continente como por ejemplo de Inglaterra. Para finales del siglo XI en Inglaterra se fundó la Universidad de Oxford que siguió el modelo de la Universidad de París. Sobre este asunto Iyanga Pendi indica que: "Oxford adoptó un modelo de organización similar al de la Universidad de París, tanto en estructura académica como en el sistema de enseñanza"[5]. El establecimiento de esta institución llevó a la fundación de la Universidad de Cambridge. En el año 1167 el rey Enrique II de Inglaterra prohibió a los

---

[2] Augusto Iyanga Pendi, *Historia de las universidades en Europa*. Valencia, España: Universidad de Valencia, 2000, p. 34.
[3] Andrés Barcala Muñoz, *Las universidades españolas durante la Edad Media*. España: Consejo Superior de Investigaciones Científicas, 1985, p. 87.
[4] Iyanga Pendi, *op. cit.*, p. 62.
[5] Iyanga Pendi, *op. cit.*, p. 97.

estudiantes de su país acudir a París a educarse. Con esa prohibición comenzó el florecimiento de las universidades en Inglaterra. Con el inicio de estos lugares en países europeos, tanto los reyes como los príncipes y los papas compitieron en la fundación de estos centros universitarios. Pinchao Benavides recalca que: "A finales de la edad media había ochenta universidades en Europa, la mayoría de ellas localizadas en Inglaterra, Francia, Italia y Alemania"[6]. En estos centros, la enseñanza se llevaba a cabo en latín y el ofrecimiento de cursos era variado. Sobre esto García Mercadal, historiador y periodista español, escribió: "En esas universidades medievales, a las que el latín dotaba con su propio estímulo de lengua universal, se daban clases orales de Teología, Derecho, Filosofía y Medicina, entrando en ésta las ciencias naturales, y en el derecho las morales y económicas"[7].

Las primeras universidades en España se crearon en el siglo XIII. Antes de su fundación los hijos de los nobles eran enviados a París a estudiar. La primera universidad en España fue la de Palencia en el año 1208 en el reino de Castilla, esta duró solo unas décadas. Lo que terminó tan pronto en este lugar comenzó a desarrollarse y perdurar en otras ciudades del país. Al respecto, Karla Vomelová, señala en su tesis que: "La primera universidad que perduró fue la de Salamanca creada en 1218 por Alfonso IX de León y confirmada por la bula de Alejandro IV del 6 de abril de 1255"[8]. A esta le siguieron otras, como expresa Gómez García en un artículo: "Entre ellas las más antiguas serán Valladolid (1260), Sevilla (1254), Montpelier (1265), Lérida (1300), Huesca (1354), Valencia (1441), Gerona (1446), Barcelona (1450), Zaragoza (1478) y Alcalá de Henares (1508)"[9]. Luego de la fundación de estas universidades al norte se instituyeron otras a través de todo el territorio español, hasta las más recientes, establecidas en el siglo XX. Es pues acertado afirmar que

---

[6] Pinchao Benavides, *op. cit.*, párr. 8.
[7] José García Mercadal, *Estudiantes, Sopistas y Pícaros*. Madrid, España: Editorial Plutarco, 1934, p. 18.
[8] Karla Vomelová, *El fenómeno de la tuna- su historia y presente*. Tesis de Doctorado, Olomouc, República Checa, Universidad Palacky, Facultad de Filosofía, 2008, p. 6. http://theses.cz/id/3mx8n5/31448-996202320.pdf.
[9] María N. Gómez García, *Las primeras universidades europeas: Anotaciones sobre sus características diferenciadoras*. España: Secretariado de Publicaciones de la Universidad de Sevilla, 1986, p. 19.

la universidad es una de las instituciones más antiguas que ha perdurado a través de la historia. Las tunas estudiantiles tienen una relación intrínseca con estas organizaciones de enseñanza superior.

2. Los estudiantes

Con la fundación de las universidades surgieron los estudiantes, aquellas personas que, deseosas de conocimiento, llegaban a la universidad a instruirse. En el siglo XII los estudios se dividían por facultades. Martín Sárraga utiliza la lectura *La Baja Edad Media. Las universidades* para explicar esa organización:

> Los estudios se dividieron por facultades dirigidas por decanos y dedicadas a una rama de la enseñanza: Derecho, Medicina, Teología y Artes. Los estudios duraban seis años, eran cursados por alumnos de 14 a 20 años y concedían el título de bachiller, el nivel inferior de estudios. El nivel superior correspondía a la Teología, materia en la que la universidad de París sobresalió sobre las demás[10].

Ese deseo de saber lleva a estas personas a alejarse de su hogar rumbo a ese lugar donde iban a obtener el conocimiento, sin importar cuan lejos tuvieran que viajar, ni las dificultades que tuvieran que enfrentar. Sobre este asunto Asencio González señala que:

> A la par con los primeros Estudios nace una nueva casta o grupo social, o si se prefiere profesional, el conformado por los estudiantes que, abandonando familia y raíces recorren polvorientos caminos en busca de los saberes que se alojan en dichos flamantes templos de conocimiento[11].

También llegaron a las universidades estudiantes que no tenían interés en los estudios y que solo buscaban un refugio y la protección que la universidad brindaba a sus estudiantes, ya que en el siglo XII estos gozaban de los privilegios otorgados por los fueros académicos. Ese tipo de estudiante siempre estaba metido en problemas y buscaba el amparo de esas concesiones. Alfonso X el Sabio otorgó una serie de privilegios a los estudiantes entre los que se encontra-

---

[10] Félix O. Martín Sárraga, "Universidad y vida escolar (siglos XII al XIX), costumbres y tradiciones". Ponencia al Internacional, Chile, 8 de junio de 2012, pp. 4-5. http://tunaemundi.com/images/stories/conferencias/universidad-y-vida-escolar-siglos_%20XIII-costumbres-y-radiciones.pdf.

[11] Rafael Asencio González, "Tradiciones universitarias en el antiguo régimen: Antiqui mores serventur", *Tradiciones de la antigua universidad: estudiantes, matraquistas y tunos*. Alicante, España: Cátedra Arzobispo Loazes, 2004, p. 45.

ban exenciones a los impuestos de venta de bienes, obligación de hospedajes, alojamientos y atención médica gratuita, si se enfermaban. Para los alumnos que siempre andaban metidos en problemas el beneficio más llamativo era que estos no serían juzgados por la justicia ordinaria, sino por la justicia universitaria. Martínez del Río, en uno de sus ensayos, indica al respecto:

> La universidad, debido a los privilegios que fueron otorgados, disponía de su propia jurisdicción. La cárcel del estudio estaba destinada a servir como lugar de reclusión a los escolares y el juez escolástico era el encargado de hacer cumplir la legislación vigente. El mundo estudiantil en el antiguo Régimen amparaba sus fechorías en el fuero universitario, mucho más clemente que la justicia ordinaria[12].

García Mercadal, en su libro *Estudiantes, Sopistas y Pícaros*, explica que otro de los beneficios que tuvieron estos estudiantes fue eximirlos del servicio militar.

No todos los estudiantes tenían buenas condiciones económicas. Los que no contaban con suficientes medios de subsistencia para poder costear los gastos que conllevaba estar en la universidad tenían que sobrevivir y mantenerse con pocos recursos. A esos estudiantes se les llamó "manteístas"[13]. Esos escolares se acercaban a los conventos en busca de una sopa caliente que repartían gratuitamente en estos lugares y era conocida como "sopa boba"[14]. Además, hacían uso de su picardía, ingenio y habilidades artísticas para ganar un sustento. Tocaban y cantaban en mesones, tabernas, conventos, plazas y en las calles. Los instrumentos principales eran la guitarra y la bandurria con los cuales acompañaban las coplas populares que cantaban. De esa manera, esos estudiantes se ganaban un poco de dinero y, en muchas ocasiones, un plato de sopa por lo que se les llamó "sopistas"[15]. Esos jóvenes siempre llevaban con ellos una

---

[12] Roberto Martínez del Río, "La supervivencia del estudiante pobre en el antiguo régimen: correr la tuna", *Tradiciones de la antigua universidad: estudiantes, matraquistas y tunos*. Alicante, España: Arzobispo Loazes, 2004, p. 35.
[13] Estudiantes de escasos recursos que no habían sido admitidos como colegiales, llamados así por usar el manteo que era una capa larga con cuello.
[14] Llamada también bazofia: comida, al parecer poco apetitosa, hechas con sobras o desechos de otros alimentos, en la Edad Media habitualmente estaba bañada por un caldo.
[15] Estudiante pobre y desvergonzado que, sin repugnancia ni soberbia, se sujetaba a vivir a expensas de tal o cual comunidad que repartía la sopa del convento a los pobres de solemnidad.

cuchara y un tenedor de madera para poder comer en donde se presentara la oportunidad. Por tal motivo, dichos cubiertos se hicieron distintivos de los sopistas y luego pasaron a ser símbolo de las tunas. Sobre ese tema, Rivera Lozano, expresa en un artículo que:

> Los sopistas, ofrecían su música, simpatía y picardía recorriendo figones, conventos, calles y plazas a cambio de un plato de sopa y monedas que les ayudaban a costear sus estudios, y no escaseaban las situaciones e historias en donde los estudiantes haciendo uso de su ingenio, picardía y muchas veces de sus malas artes, acababan en problemas con la justicia[16].

Martín Sárraga comenta en su ponencia "Universidad y vida escolar (siglos XII al XIX). Costumbres y tradiciones", que fueron varias las costumbres que llegaron a la Península Ibérica con los musulmanes en el año 711. Una de esas costumbres era que los maestros que impartían clases en sus casas al terminar la jornada les ofrecían sopa a sus alumnos. Además, señala que en el islam es obligación religiosa dar limosna al escolar y, en particular, alimento.

Durante las vacaciones y en el viaje de regreso a sus casas, a través de ese largo camino por recorrer, esos estudiantes pobres también hacían uso de sus habilidades para ganar un poco de dinero y comida para seguir costeando sus estudios y hospedaje. Para esto, se reunían varios de ellos en grupos a los que se conoció como "cuadrillas"[17]. Llevaban sus instrumentos y a través de su recorrido cantaban, tocaban y actuaban en los distintos pueblos para ganar un sustento. A esa actividad de tocar y cantar de lugar en lugar se le conoció como "correr la tuna"[18].

Según Martín Sárraga otra costumbre musulmana asimilada en la península fue el paseo que hacían los estudiantes del occidente islámico para mendigar la cena, costumbre que en 1899 se le llamó "viaje de mendicidad hecho por estudiantes". Para este autor no hay duda de que en la España musulmana, se dio la costumbre de

---

[16] Oscar G. Rivera Lozano, "Historia de la tuna", *Revista de capas y panderetas y del arte en general*. Año 1, N° 1, enero, 2006, p. 5.
[17] Pequeños grupos formados por escolares pobres que se unían para correr la tuna en época de vacaciones.
[18] Así se conocía al hecho de salir de romería (gran número de personas que acuden a un sitio) en las vacaciones de verano para recibir de la caridad los medios para alcanzar la sabiduría.

ese "paseo mendicante"[19]. Sobre este tema indica que:

> De esta manera dos costumbres islámicas relativas a sus escolares fueron asumidas por los estudiantes cristianos de la Edad Media: una es el "paseo mendicante", la otra está relacionada con la creación de instituciones pías que proporcionaban a los estudiantes o sopistas un plato de sopa[20].

Esa costumbre de ir cantando alegremente por distintos lugares, además de ser utilizada por estudiantes de escasos recursos económicos para ganar dinero, fue utilizada por escolares que, aunque no tenían necesidad, lo hacían porque les gustaba y para divertirse durante las romerías o las fiestas de los pueblos. Los estudiantes también utilizaron esta costumbre para enamorar a las chicas que pretendían.

No todos los estudiantes eran pobres. A los escolares hijos de nobles, hidalgos y terratenientes los llamaron "colegiales" y para diferenciarlos de los manteístas utilizaban una beca. Martín Sárraga la describe así: "La beca era una banda de fieltro que lucían sobre el manteo cruzando el pecho a modo de una "V" cuyos extremos colgaban posteriormente sobre los hombros según estilo del Colegio"[21]. Los estudiantes que más abundaban eran los pobres que, en muchas ocasiones, servían de criados a los más acomodados. Martínez del Río explica que:

> Otros manteístas venidos a menos, ofrecían sus servicios a cambio de: algo de dinero, comida, ropas o un techo donde cobijarse. Sus funciones eran las de acompañar a su amo, hacer recados, realizar las compras, cepillar atuendos, llevar los libros y cartapacios, guardar el sitio en el aula o hacer funciones de correveidile y celestino[22].

En 1538 se dictó la "Instrucción para bachilleres de pupilos" una norma con la cual los estudiantes más pobres se beneficiarían del uso de viviendas. Entre estos estudiantes se encontraban los sopistas, quienes se acogieron a esas viviendas benéficas. Sobre ese particular, sor Águeda María Rodríguez Cruz, indica que: "A partir de los estatutos elaborados en 1538 aparecen las primeras ordenaciones universitarias con respecto a los bachilleres de pupilos. Era la

---

[19] Paseo que hacían los escolares del occidente islámico para mendigar la cena.
[20] Félix O. Martín Sárraga, "Universidad y vida escolar...", *op.cit.*, p.3.
[21] Martín Sárraga, *op. cit.*, p. 9.
[22] Martínez del Río, *op. cit.*, p. 21.

universidad la única que podía permitir este género de industria"[23].
Sobre este tema García Mercadal escribió:

> Como no todos los estudiantes lograban alcanzar plazas en los colegios, era preciso que el mayor número viviese en las casas llamadas "bachilleres de pupilos", hospedaje generalmente modesto, al que solían acogerse los "manteístas", así llamados por el manteo o capa larga que llevaban los "sopistas" o caballeros de la Tuna[24].

Con ese beneficio de tener dónde vivir, los sopistas se convirtieron en bachilleres de pupilos.

Algunas características de esta comunidad estudiantil eran que los alumnos se agrupaban de acuerdo a su disciplina de estudio y que los estudiantes veteranos o bachilleres de pupilos se encargaban de ayudar y apoyar a los nuevos en sus estudios. Cuando los estudiantes nuevos conocidos con el nombre de "bobos" se unían a un grupo de sopistas les servían de "escuderos"[25] a los veteranos y aprendían de estos las técnicas para sobrevivir. Esto les permitió a los sopistas experimentados vivir casi como los escolares ricos. Los novatos pasaban por un período de aprendizaje en el cual eran víctimas y objeto de bromas por parte de sus compañeros debido a su torpeza, pero una vez terminada la etapa de aprendizaje o pupilaje, el nuevo era admitido como uno más en el grupo y tenía la responsabilidad de educar a otros. Algo parecido ocurre con los novatos o "pardillos"[26] en la actualidad.

En cuanto a las bromas o novatadas, Asencio González señala: "Suponen en si misma auténticos ritos de iniciación no oficializados que han de superar los pretendientes para tomar estado de estudiante, es decir, reconocimiento por parte de quienes ya lo son"[27]. Además, indica que se diseñó una jerarquía donde los que habían alcanzado la veteranía adquirían una serie de derechos sobre los nuevos que integraban el grupo. Esto representó un gran cambio en las costumbres de los estudiantes y en las razones que ellos tenían para "correr la tuna". Muchos estudiantes continuaron con esa actividad por necesi-

---

[23] Sor Águeda María Rodríguez Cruz, *Vida estudiantil en la hispanidad de ayer.* Colombia: Instituto Caro y Cuervo, Thesaurus, Tomo XXVI. Núm. 2, 1971, p. 365.
[24] García Mercadal, *op. cit.*, p. 83.
[25] Hombre que antiguamente se ocupaba de asistir y atender a un señor o persona distinguida.
[26] En la tuna es aquel novato que ingresa a la institución como aprendiz.
[27] Asencio González, "Tradiciones...", *op. cit.*, p. 45.

dad, sobre todo, durante las vacaciones. Otros lo hacían por diversión y durante todo el año. Esos estudiantes que corrían la tuna fueron los predecesores de los tunos y los grupos formados por ellos constituyen el origen de las tunas. Lo que primero existió fue la actividad de correr la tuna y la palabra "tuna" aparece mucho tiempo después como nombre para esa actividad.

3. Etimología de la palabra tuna

Rafael Asencio González explica la etimología del término tuna en su escrito *Historia y orígenes de la tuna*, señalando que es en la obra *La vida de Estebanillo González*, cuya primera impresión data del año 1646, donde por primera vez se recoge la palabra "tunante". Estebanillo González, se confiesa, entre otras cosas, romero medio tunante. También menciona que la voz "tunar" apareció en 1672 en el Entremés para el auto *¿Quién hallará mujer fuerte?*, de Calderón. Esto nos indica que las palabras relacionadas al término tuno aparecen inicialmente en la literatura.

El vocablo tuna apareció, por primera vez, en el *Diccionario de Autoridades* elaborado entre 1726 y 1739. En este diccionario tuna, tunar y tunante están definidas de esta manera:

> TUNA. Se llama también la vida holgazana, libre, y vagamunda. Lat. *Vita vaga*.

> TUNAR. v. n. Andar vagando en vida holgazana, y libre, de Lugar en Lugar. Lat. *Vagam vitam agere*.

> TUNANTE. part. act. del verbo Tunar. El que tuna, ò anda vagando. Lat. *Vagus*, vel *vagam vitam agens*. ESTEB. cap. 4. Como hombre más experimentado, con tono fraternal nos informó en las ceremonias, y puntos de la vida tunante[28].

Martín Sárraga comenta que fue Vicente de la Fuente, autor de *Costumbres estudiantinas. La tuna*, quien ofreció la primera definición de tuna y lo cita:

> Dicho autor aportó en 1842 la primera definición de "tuna" al decir: "La tuna se define, una vida vagamunda y holgazana; pero en lenguaje estudiantil significa mas, pues equivale á divertirse y co-

---

[28] Real Academia Española. *Diccionario de Autoridades*, Tomo IV, 1739. http://www.rae.es/recursos/diccionarios/diccionarios-anteriores-1726-1996/diccionario-de-autoridades.

mer sin estudiar. Se divide en solitaria y simultanea. La primera es cuando un estudiante se halla declarado en trueno pero á pesar de eso continua durante el curso sus estudios, sin agregarse á ninguna pandilla, frecuentando la sopa de los conventos: La segunda es cuando un estudiante se agrega con otros para vivir á patio, bajo las reglas de buena sociedad, y especular con su buen humor y sus instrumentos pro pane lucrando" (palabras del bachiller Sotanillas)[29].

Existen varias teorías que explican el origen de la palabra tuna. Para Asencio González son cuatro y las expone de esta manera: Comienza con la teoría de Corominas, quien:

> Hace derivar la palabra "Tuna" del francés "Tune", hospicio de los mendigos, limosna, propiamente la mendicidad; tomado del nombre "Roi de Thunes" o jefe de los vagabundos franceses, a quien se dio este apelativo de Rey de Túnez en memoria del Duque del Bajo Egipto, modo en que era conocido el jefe de los gitanos cuando sus bandas llegaron a París en el año1427[30].

La segunda teoría que señala es la de Emilio de la Cruz. Asencio describe que: "Emilio de la Cruz sostiene por su parte, que la voz en cuestión procede del latín *Tonus-Tonare*, sonar estrepitosamente. El paso de *Tonare* por Tunare, según de la Cruz, habría ocurrido de forma natural, pues tales oscilaciones eran frecuentes, citando por ejemplo entre *Tundo* y *Tondeo* formas que llegarían a convivir"[31].

Según Roberto Martínez del Río esta teoría no tiene una base sólida, ya que el comportamiento de los primeros tunos aparece ligado a la vida vagabunda y picaresca y no al concepto fundamentalmente musical.

La tercera teoría mencionada por Asencio González es la de Julián de Zugasti (El bandolerismo, 1877), quien:

> Opina que el término en cuestión derivaría de un supuestamente existente "Reino de Tunia", y es que a decir de este autor la Tunia y la Germanía serían las dos entidades en las cuales se dividiría el hampa española, siendo la Tunia la hermana menor de la Germanía, en cuanto que englobaría pícaros de menor calado delictivo,

---

[29] Félix O Martín Sárraga, "Sociedad, universidad y tuna." Conferencia impartida en el I Congreso Iberoamericano de Tunas, Centro Cultural 'Puertas de Castilla', Murcia, 13 de abril de 2012, p. 4. http://issuu.com/tunae_mundi/docs/sociedad_universidad_y_tuna.
[30] Rafael Asencio González, "Historia y orígenes de la tuna". párr. 16. http://www.tunaempresariales.uji.es/historia2.htm.
[31] Ibíd., p. 18.

aun cuando compartiría con ésta la normatividad y el lenguaje jergal propio de los bajos fondos. La Tunia contaría entre sus adeptos a muchos estudiantes que, atraídos por esta forma de vida libre y antojadiza tomaron el nombre de tunos[32].

Para Asencio González esta teoría es atractiva, pero carece de fuentes bibliográficas. La cuarta teoría que describe este autor es la más antigua y corresponde a Fray Martín Sarmiento quien, en el siglo XVII, en su obra *De los atunes y de sus transmigraciones y sobre el modo de aliviar la miseria de los pueblos* expone:

> Los atunes no tienen patria ni domicilio constante, todo el mar es patria para ellos. Son unos peces errantes y unos tunantes vagabundos, que a tiempos están aquí y a tiempos están allí. Y si por imitación de los atunes no se formaron las voces tuno, tunante y tunar de la voz atún o del thunnus latino, no se puede negar que los vagabundos y tunantes son unos atunes de tierra, sin patria fija, sin domicilio constante y conocido, sin oficio ni beneficio público, y tal vez sin religión y sin alma[33].

Esta es la teoría que Asencio González considera más acertada, puesto que opina que el origen del actual vocablo "tuna" que el *Diccionario de la lengua española* define como "estudiantina", puede encontrarse en las definiciones de Fray Martín Sarmiento cuando la define como "vida holgazana, alegre y vagabunda".

El *Diccionario de la lengua española* en la 22ª edición con las enmiendas incorporadas hasta el año 2012, define la palabra tuna de la siguiente manera:

> tuno2, na.
> (Del fr. *roi de Thunes,* rey de Túnez, usado por el jefe de los vagabundos).
> 1. adj. Pícaro, tunante. U. t. c. s.
> 2. m. Componente de una tuna (grupo musical de estudiantes).
> 3. f. Grupo de estudiantes que forman un conjunto musical.
> 4. f. Vida libre y vagabunda[34].

Estas definiciones solo nos mencionan la relación de la tuna con una vida vagabunda que hace referencia a los orígenes de la palabra.

---

[32] *Ibíd.*, párr. 19.
[33] *Ibíd.*, párr. 21.
[34] Real Academia Española. *Diccionario de la lengua española,* 22ª ed. 2012. http://www.rae.es/recursos/diccionarios/drae.

También menciona que la tuna es un grupo de estudiantes que forman un grupo musical sin dar detalles de las características que lo distinguieron y siguen distinguiendo a estas agrupaciones. Esta definición no indica que los vocablos tuna y estudiantina son sinónimos. Sin embargo, este diccionario define la palabra estudiantina así:

> estudiantino, na.
> 1. adj. coloq. Perteneciente o relativo a los estudiantes.
> 2. f. Grupo de estudiantes que, vestidos a la usanza tradicional universitaria y provistos de instrumentos musicales, van tocando y cantando por las calles y otros lugares.
> 3. f. Comparsa de carnaval que imita en sus trajes el de los antiguos estudiantes[35].

Esta definición se acerca más a lo que conocemos como tuna en la actualidad. Sobre estas agrupaciones, Asencio González dice que:

> Una definición simplificada la describiría como aquel grupo de jóvenes estudiantes que, vistiendo unos trajes de corte antiguo y pintoresco, se dedican a cantar y tañer instrumentos para divertirse y allegar algo de dinero a sus bolsas, llevando un estilo de vida guasón y apicarado[36].

TVNAE MVNDI es una asociación académica internacional sin ánimo de lucro que se fundó el 22 de febrero de 2012 y promueve la investigación y difusión sobre el pasado y el presente de la tuna. La misma define tuna como:

> Agrupación iniciática, musical y permanente de estudiantes de vida alegre, bohemia y pícara que se reúne y viaja por diversión y que mayoritariamente viste traje inspirado en el de los escolares españoles del siglo XVII y XVIII al que en el siglo XX se añadió la beca, prenda colegial que se ha convertido en su elemento distintivo más importante[37].

4. Origen de la tuna

El origen de la tuna no está claramente determinado. Para algunas personas sus inicios se encuentran en los goliardos en los siglos X al XIII, y los juglares y trovadores medievales que para ellos marca

---

[35] *Diccionario de la lengua española, op. cit.*
[36] Asencio González, "Historia...", *op. cit.*, párr. 1.
[37] TVNAE MVNDI. Estatutos, 2012. http://tunaemundi.com/index.php/nosotros/estatutos.

el comienzo de los tradicionales grupos musicales universitarios. La cultura goliárdica nació en Francia en el siglo XII y luego se fue extendiendo por toda Europa gracias a los goliardos que se dedicaban a vagar por las escuelas de ciudad en ciudad.

Los estudiantes llamados goliardos aparecen por toda Europa componiendo e interpretando canciones y poemas en latín que pasaron a formar parte de la literatura de esa época. Estos se autodenominaban goliardos por una oscura referencia al mítico obispo Golias. Uno de los orígenes de esta palabra está en la carta que san Bernardo, reformador del Císter, escribió al papa Inocencio II contra el que se considera el primer goliardo, Pedro Abelardo de Pallet. Sobre ese asunto Gómez Blasi explica que:

> En ella llama a Abelardo "Golias" (el Goliat de la Biblia) por su orgullo y su beligerancia con el pueblo de Dios. Con este término pretendía insultar a Abelardo, pero a sus seguidores le pareció un elogio, y como réplica se llamaron a sí mismos goliardos, es decir, seguidores de Golias[38].

Estos estudiantes obtenían comida o algo de dinero de los conventos como recompensa por sus narraciones, cantos y poemas. Para Rivera Lozano:

> Los goliardos o clérigos vagantes eran estudiantes o profesores que frecuentemente tenían órdenes menores y andaban por las escuelas de Europa buscando a los mejores maestros y entregados a una vida disoluta por tabernas y burdeles, cantando las canciones que ellos mismos componían exaltando el vino, celebrando la belleza de alguna dama o criticando la prepotencia y corrupción del clero[39].

Así, que los goliardos vivían como trovadores y juglares quienes surgieron en Francia para la misma época. El trovador era una especie de poeta cortesano y músico que componía sus obras y las interpretaba, o las hacía interpretar por juglares. Los trovadores pertenecían a la nobleza, pero no tenían que ser nobles para ser trovadores. Los que no eran nobles estaban protegidos por algún mecenas quien les proporcionaba el medio de vida. Las damas de la Corte disfrutaban de sus trovas románticas, pero ellos también componían

---

[38] Raimundo Gómez Blasi, "Lirica universitaria: aproximación a los cantos de escolar", *Tradiciones en la antigua universidad: estudiantes, matraquistas y tunos*. Alicante, España: Arzobispo Loazes, 2004, p. 78.
[39] Rivera Lozano, *op. cit.*, p. 5.

sobre política y sobre su visión del mundo.

Por otro lado, estaban los juglares que tenían una posición económica más humilde que los trovadores. Los juglares eran personas parecidas a los pregoneros pues se dedicaban a contar las cosas que sucedían en la realeza. Esto lo hacían acompañados de un instrumento musical, como el laúd o la flauta. Los juglares no se sometían a un texto exacto, sino que actuaban según los gustos del público y de sus gustos personales. El juglar recitaba de memoria, pero cuando esta le faltaba eran capaces de improvisar en verso y seguir así el relato cantado. Ofrecían su espectáculo en las plazas públicas y, en ocasiones, eran contratados por los reyes para participar como atracción y entretenimiento en fiestas y banquetes.

Los goliardos vivieron como lo hacían los trovadores y los juglares, una vida desordenada y andariega, lo que provocó que la sociedad los rechazara y las jerarquías eclesiásticas intervinieran en su estilo de vida. Gómez Blasi menciona que:

> Diferentes condenas van apareciendo a lo largo del siglo XIII que culminan en 1298 con un decreto del Papa Bonifacio VIII en el que expresa la necesidad de castigo que precisan los clérigos que no desarrollen con dignidad su menester y hagan de juglares y goliardos. A mitad del siglo XIII el goliardismo había desaparecido[40].

Para otras personas, el origen de la tuna se encuentra en la aparición de las primeras universidades españolas en el siglo XIII y en los grupos de estudiantes que se formaron en estas instituciones, quienes se organizaban para volver a sus hogares en la temporada de vacaciones y en ese recorrido hacían uso de sus habilidades actuando en pueblos de camino a sus casas.

Según Roberto Martínez del Río: "La Tuna es el resultado de un proceso evolutivo en la forma de vida y en las costumbres de los estudiantes. Su origen se encuentra en la hambruna que durante siglos padeció este colectivo y el ingenio empleado para paliarla"[41].

5. Cambios en el siglo XIX

Calcula Rafael Asencio González que la costumbre de los estudiantes de correr la tuna perduró hasta la primera mitad del siglo XIX.

---

[40] Gómez Blasi, *op. cit.*, p. 90.
[41] Martínez del Río, *op. cit.*, p. 13.

Con el pasar del tiempo la palabra tuna, que definía el tipo de vida que estos llevaban, se comenzó a utilizar para hacer referencia al grupo de escolares que practicaban esa costumbre. La palabra estudiantina en un principio designaba a las personas que cursaban estudios y luego fue utilizada para definir a los estudiantes que corrían la tuna. Debido a eso las palabras tuna y estudiantina se convirtieron en sinónimos. En el siglo XIX es cuando comienza la tuna o estudiantina como la conocemos hoy día. Suele confundirse la antigua costumbre escolar con lo que es la tuna en la actualidad. Para explicar esto Asencio González divide este proceso histórico en dos etapas.

La primera fase comienza en el siglo XIII hasta la primera mitad del XIX y este autor la llama "picaresca". Asencio González indica al respecto que: "La Tuna no existe como colectivo individualizado y perfectamente identificable por el común de las gentes, apareciendo tan sólo como costumbre estudiantil. Llanamente, no existe la Tuna y sí la costumbre estudiantina de correr la tuna"[42].

Eran varias razones las que motivaron a los escolares de ese tiempo a practicar esa actividad. Asencio González menciona:

> Los tunos de antaño, aunque a veces montaban cuadrillas con el exclusivo objeto de disfrutar de las fiestas de los pueblos vecinos, corrían la tuna por necesidad, siendo la tuna la respuesta ideada por el agudo ingenio estudiantil para intentar dar solución a una situación que se repite inexorablemente año tras año: la vuelta al hogar cuando los estudios cierran sus puertas por vacaciones, el regreso a la Universidad una vez finalizadas las mismas, o la cruda subsistencia sin más durante este período, al no tener casa a la que volver o de la que partir[43].

Fueron varios los motivos por los cuales la costumbre de correr la tuna desaparece en la primera mitad del siglo XIX. En ese tiempo ocurren una serie de sucesos que trajeron cambios en las costumbres de esa época y, por lo tanto, en las que practicaron por mucho tiempo los estudiantes. Rafael Asencio González, en su libro *Las estudiantinas del antiguo carnaval alicantino*, menciona cinco motivos para esos cambios. La primera causa que menciona es el despotismo ilustrado que destruyó las libertades que hasta entonces eran inherentes a la universidad. En segundo lugar, en 1835 se les ordenó a las estudian-

---
[42] Asencio González, "Historia…", *op. cit.*, párr. 3.
[43] Ibíd., párr. 5.

tes dejar de usar el uniforme escolar y utilizar la ropa que utilizaban las demás personas, de esa manera ya los estudiantes que corrían la tuna no se diferenciaban. Como tercer motivo explica que con el título V de la Constitución Gaditana de 1812, se eliminó la protección y los privilegios que, durante tantos años, les había proporcionado el fuero académico a los estudiantes. El cuarto motivo fue la disolución de algunas órdenes religiosas y el cierre de los conventos donde los estudiantes recibían alimentos, el cual era parte de su sustento. Por último, señala al ferrocarril que trajo la modalidad de que los estudiantes regresaran a sus casas o de vuelta a la universidad en este medio de transporte y no caminando, razón por la cual se dejó de practicar el correr la tuna de ciudad en ciudad.

La segunda etapa va desde la primera mitad del XIX hasta el presente. Sobre esta fase Asencio González explica que:

> En su errar bribiático los escolares primigenios carecían también de la estabilidad y organización de las actuales Tunas Universitarias, fraternidades conformadas por un número constante de miembros que viven en su seno durante un segmento temporal más o menos duradero, que se renuevan periódicamente con la incorporación de elementos nuevos, y que ejercen su magisterio en cualquier estación del año, representando a su Universidad, Facultad, Escuela o Colegio Mayor[44].

Un motivo por el cual los estudiantes en la actualidad forman tunas o se integran a las ya existentes es la diversión y no la necesidad de comer y costear los estudios. Con esta división queda establecido que lo primero que existió fueron las cuadrillas que corrían la tuna y esta actividad se practicó hasta el siglo XIX. De ese momento en adelante se forma la tuna o estudiantina como la conocemos hoy día.

Indica Asencio González que la costumbre escolar de correr la tuna desaparece en la década de los treinta del siglo XIX y, para ese mismo tiempo, nace el carnaval madrileño. Ese carnaval se caracterizó por sus miembros que vestían como los antiguos estudiantes y por interpretar aires nacionales que estaban ligados a los estudiantes. Esas interpretaciones estaban acompañadas por una orquesta compuesta, principalmente, por guitarras, panderetas y otros instrumentos diversos. Además, pedían monedas a los que disfrutaban

---

[44] Ibíd., párr.4.

de sus ejecuciones. Este modelo de carnaval se popularizó mucho y ya en la década de los cuarenta se les comenzó a llamar estudiantina. Asencio señala al respecto:

> Tal es el éxito de estas comparsas de estudiantes que la especie se sustrae de uno de sus elementos esenciales, las vestimentas, pasando a conocerse como estudiantinas a toda comparsa postulante que interprete música, siempre que no pueda incluirse en otros tipos de comparsa de definición obvia, como las "comparsas de ciegos" o las "de impedidos"[45].

Existieron estudiantinas integradas por los verdaderos estudiantes que asistían a la universidad. También existieron estudiantinas compuestas por falsos escolares, es decir, personas que no eran estudiantes. Ambos tipos de estudiantinas, la mayor parte del tiempo, convivieron sin tener problemas unas con otras. Sobre este asunto Asencio aclara:

> Con posterioridad y para diferenciar a ambas realidades, las estudiantinas compuestas por estudiantes recuperaron el nombre de "Tuna", quedando el término "Estudiantina" para designar a toda agrupación no universitaria, aunque se pueden hallar muchos ejemplos de agrupaciones no universitarias que se intitulan a sí mismas como "Tuna"... algo parecido a lo que ocurre hoy en día[46].

Ambos tipos de estudiantinas hacían lo mismo, pero las que no estaban integradas por estudiantes trajeron varios cambios a estas agrupaciones. Asencio González menciona que añadieron los instrumentos de viento a la clásica orquestación de guitarras, bandurrias, laúdes, flautas y panderetas. Algunos de estos grupos solo utilizaron instrumentos de viento. Otra diferencia alude a los motivos temáticos de sus letras, pero un cambio muy grande fue que, entre ellas, se constituyeron estudiantinas infantiles, femeninas y mixtas. Esto fue muy significativo ya que esa actividad había sido practicada, exclusivamente, por varones.

---

[45] Rafael Asencio González, "La tuna "moderna" o la institucionalización de la estudiantina". Ponencia, 2012, p. 3. http://tunaemundi.com/images/stories/conferencias/la-tuna-moderna-o-linstitucionalizacion-de-la-estudiantina.pdf

[46] Rafael Asencio González, *Las estudiantinas del antiguo carnaval alicantino. origen, contenido lírico y actividad benéfica (1860-1936)*. España: Catedra Arzobispo Loazes, Universidad de Alicante, 2013, p. 28.

6. Diferencias entre las dos etapas de la tuna

Martín Sárraga señala varias diferencias entre las cuadrillas que corrían la tuna y las tunas actuales. Algunas de las diferencias tienen que ver con el número de integrantes de las cuadrillas (de tres a siete) mientras que las tunas podrían tener cien o más integrantes. Otra diferencia es la permanencia temporal ya que antes se formaban para viajar de la universidad a la casa durante las vacaciones y en la actualidad se mantienen durante todo el año. El escenario también era distinto. La actividad de correr la tuna se hacía en las calles y plazas, pero a partir del siglo XIX las tunas añadieron los escenarios de los teatros. También se diferencian en la finalidad del dinero recaudado. Antiguamente, el dinero se utilizaba para cubrir las necesidades del estudiante y en las tunas se solía dedicar el dinero a fines benéficos. La vestimenta es otro elemento diferenciador. Las cuadrillas se vestían con el traje escolar vigente hasta 1835-37 y las tunas copiaron la vestimenta de la Estudiantina Española que viajó a París en 1878. En la actividad de correr la tuna no existían la jerarquía interna, la organización musical, el ensayo ni la vinculación con el centro universitario. Tampoco tenían bandera, ni prestigio social. Todo lo contrario a las tunas actuales que cuentan con todos esos componentes. La visión que se tenía de los estudiantes que corrían la tuna era la de ser vagos, sin embargo, hoy día los tunos son vistos como humanitarios y generosos.

1. Estudiantina Española por las calles de París

7. Estudiantinas fuera de España

En el siglo XIX las estudiantinas tuvieron mucho éxito y eso las motivó a organizar salidas que, en un principio, eran para los carnavales. Luego organizaron presentaciones durante las vacaciones y efectuaban giras por varias ciudades y países como representantes de sus universidades. Sobre este tema Asencio González indica que:

La más importante de estas «estudiantinas españolas» fue la que viajó a París durante la Exposición Universal del año 1878. El traje discurrido para esa estudiantina, confeccionado por la sastrería del Teatro Real, con la cuchara de marfil en el sombrero y calzas, trusa y ferreruelo, sirvió de modelo al resto de estudiantinas que se formaron a partir de entonces, a lo que contribuyó la inmensa popularidad que alcanzó la del 78, retratadísima por la prensa de la época[47].

Martín Sárraga utilizó la prensa de ese tiempo para efectuar una investigación sobre el viaje que realizó la Estudiantina Española al Carnaval de París de 1878. Entre sus hallazgos se encuentra que el 26 de febrero de 1878, un periódico de Madrid publicó que sesenta jóvenes pertenecientes a familias acomodadas de esta ciudad organizaron una estudiantina para correr las calles de París en el próximo carnaval. Lucían ricos y vistosos trajes y ejecutaban con bandurrias y guitarras, aires españoles. El traje utilizado por esta estudiantina (confeccionado por Lorenzo París quien era el sastre del Teatro Real de Madrid), fue el modelo a seguir por las demás tunas y estudiantinas. Este traje estaba inspirado en el clásico traje de los estudiantes de Salamanca y Alcalá.

2. Estudiantina Española en París

Estas estudiantinas se organizaban para el carnaval o para las giras y no funcionaban el resto del año. Las estudiantinas constituidas por estudiantes comenzaron a identificarse con su universidad y esto los condujo a que el nombre de la estudiantina revelara su procedencia. En otras palabras, a la universidad a la que pertenecían. De ese asunto Asencio González expresa:

> Y, cuando durante los años veinte se produjo una verdadera explosión de fundaciones de estudiantinas, de modo que cada ciudad universitaria contó con más de una, se agruparon sus miembros

---
[47] Ibíd., p. 36.

conforme a la carrera que cursaban, bautizándolas entonces conforme al nombre de la facultad común («Tuna de la Facultad de Medicina de Granada», «Tuna Escolar Veterinaria de Córdoba»...), aun cuando es posible encontrar denominaciones de este tipo ya en el siglo XIX[48].

Los logros obtenidos por la Estudiantina Española en el carnaval de París motivaron a que otros grupos parecidos se organizaran también. Para esa época nacen en España las 'orquestas de pulso y púa' que se les conocieron como "estudiantinas". Estas no estaban integradas por estudiantes, sino por músicos profesionales que utilizaban el traje escolar en todas sus presentaciones. Entre ellas se destacó la Estudiantina Española Fígaro, fundada por el músico y compositor Dionisio Granados en 1878 en Madrid. Esta agrupación recibió el estimulo por el logro de la Estudiantina Española. La Fígaro estaba compuesta por un violín, siete bandurrias, cuatro guitarras y un violonchelo. Este grupo, desde sus inicios comenzó a presentar-

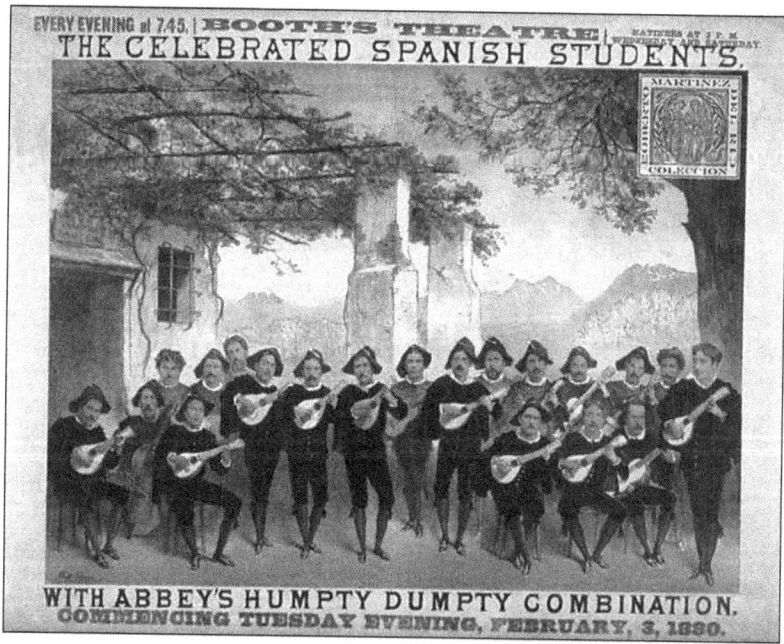

3. Cartel anunciador de la Fígaro en Nueva York "The Celebrated Spanish Students"

---

[48] Ibíd., p. 38.

se, con mucho éxito, en las principales ciudades de los países europeos. Tales éxitos inducen a este grupo a realizar un viaje a América en el año 1879. Como menciona Ramón Andreu Ricart en su libro *Estudiantinas chilenas origen, desarrollo y vigencia (1884-1955)*, esta estudiantina recorrió gran parte de Europa y también de América. Se presentó en las principales ciudades de España, Portugal, Italia, Francia, Austria, Rumania, Bélgica, Rusia, Inglaterra y Holanda. En América, realizó presentaciones en Estados Unidos, Canadá, Cuba, Puerto Rico, México, Guatemala, El Salvador, Costa Rica, Ecuador y Perú, antes de llegar a Chile. Esta estudiantina realizó un segundo viaje a América en 1884, bajo la dirección del destacado guitarrista español, Carlos García Tolsa. En esa ocasión, Dionisio Granados no los acompañó ya que se encontraba trabajando en la organización de una estudiantina femenina. Ricart añade: "quienes, acompañadas de guitarras, bandurrias, castañuelas y panderetas, preparaban un viaje por América"⁴⁹.

4. Una tuna femenina

En su segundo viaje, la Estudiantina Española Fígaro visitó Argentina, Chile, Bolivia y el Perú. El éxito y la aceptación de este grupo en el continente Americano fueron tan grandes que en muchos países se organizaron estudiantinas utilizando a esta agrupación como modelo. Por ejemplo, en Estados Unidos unos obreros italianos organizaron una que imitó a la Fígaro hasta en el nombre de sus integrantes. Sobre este tema Rivera Lozano da un ejemplo:

> Luego de la visita de la Estudiantina Española Fígaro en 1886, el 22 de mayo del mismo año se funda la primera estudiantina en Vene-

---

[49] Ramón Andreu Ricart, *Estudiantinas chilenas, origen, desarrollo y vigencia 1884-1955*. Santiago de Chile: Ministerio de Educación, Fondo de Desarrollo de la Cultura y las artes, 1995, p. 20.

zuela a cargo del músico español Manuel Martín Marrero fundando la Estudiantina Fígaro (de Venezuela), que era integrada por jóvenes nativos de Islas Canarias que radicaban en dicho país[50].

Otra estudiantina que también tuvo éxito en España y en otras ciudades de Europa, y que visitó el continente americano fue la Estudiantina Pignatelli, la cual estaba integrada por músicos al igual que La Fígaro. Esto fue debido a la experiencia, preparación y prestigio que ya tenían sus fundadores. Andreu Ricart atribuye a Dionisio Granados y a José Orós, la organización de la Estudiantina Pignatelli y dice: "Por esos años se sabe de una nueva iniciativa del músico Dionisio Granados: junto al maestro Orós había organizado la Estudiantina Pignatelli, en Madrid"[51].

La Pignatelli ofreció conciertos para recaudar fondos con el propósito de realizar sus giras por España, Europa y América. Sobre ese particular Martín y Munguía señalan:

> La tal Estudiantina Pignatelli está formada por una orquesta de 10 profesores y un director, que con 5 bandurrias, 4 guitarras y un violoncello causan efectos orquestales incomprensibles, pues la combinación de guitarras y el violoncello producen en casos dados, efectos metálicos los más suaves y, como se comprende, exentos de toda estridencia. Una de las cosas más admirable es la habilidad con que el inteligente director D. José Orós, primer premio del Conservatorio de Madrid y concertino del Teatro Principal de Zaragoza, hace las reducciones para la original orquesta de las piezas más conocidas del repertorio moderno y el buen criterio que muestra en escoger las que son propósito para ser reunidas y puedan causar mayores efectos[52].

Sobre sus instrumentos Martín Sárraga y Munguía Tiscareño citan a Andreu Ricart quien menciona que disponía de violines, guitarras, bandurrias, laúdes y un oboe. Sobre el repertorio, el antes mencionado autor, indica que: "Incluía tanto la castiza música espa-

---

[50] Oscar G. Rivera Lozano, "Estudiantinas (en América)". *Revista de capas y panderetas y del arte en general*. Año 1, Nº 1, enero, 2006, p. 6.
[51] Ramón Andreu Ricart, "Las páginas olvidadas de las estudiantinas chilenas del 1900", *Revista Occidente*. http://www.academia.edu/6526498/Revista_Occidente_Julio_2011.
[52] Félix O. Martín Sárraga y María Guadalupe Munguía Tiscareño, "La Estudiantina Pignatelli, otra agrupación de músicos que viajó a América en el siglo XIX". Investigación personal, 2 de marzo de 2014, párr. 13. http://www.tunaemundi.com/.../384-la-estudiantina-pignatelli-otra-agrupacion-de-

ñola como selectos trozos de música clásica, hábilmente arreglados por los maestros Granados y Orós" y de los que cita específicamente al Potpourri de aires españoles compuesto por Granados"[53].

Bajo la dirección de José Orós, la Estudiantina Pignatelli realizó un viaje a América, en el cual visitaron las ciudades de La Habana y Chicago. En 1902, esta agrupación estuvo bajo la dirección de José Tremps. La misma estuvo cosechando éxitos hasta el 1919, cuando se disolvió. Según Mateo Montalbán, esta se disuelve por el fallecimiento de su director, el maestro Tremps[54].

La primera estudiantina en viajar a América fue la Estudiantina Española Fígaro y luego la Estudiantina Pignatelli, ambas integradas por músicos profesionales y no por estudiantes. La primera agrupación integrada por estudiantes que realizó un viaje a América fue la Estudiantina Jovellanos. Sobre este tema, Martín Sárraga, hace una investigación en la cual encontró un artículo en el periódico *La Ilustración Artística*. Del mismo citó:

> La Tuna Jovellanos. Procedente de Zaragoza y de paso para la Habana ha estado unas horas en nuestra ciudad la estudiantina gijonense 'La Tuna Jovellanos', compuesta de 32 jóvenes. Visten éstos el clásico traje estudiantil y tocan violines, guitarras, bandurrias, cítaras y una flauta; y uno de ellos, vestido con el típico traje asturiano, toca la gaita. Dirígelos el maestro Alfonso Vega y llevan la bandera regional de Asturias con el escudo de Pelayo en el centro. En la tarde del día de su llegada fueron a las Casas Consistoriales, en donde las recibió el alcalde Sr. Sostres, a quién obsequiaron con un pequeño concierto ejecutando con gran precisión un potpurrí de *aires asturianos* y otro de *aires españoles* que les valieron muchos aplausos. Muy aplaudido fue también el gaitero, que tocó admirablemente una danza popular de Asturias. El alcalde los felicitó, deseándoles un buen viaje y haciéndoles un importante donativo. Desde la Casa de la ciudad dirigiéndose los gijonenses al Centro Hispano-Americano, en donde tocaron algunas composiciones y fueron obsequiados con un *lunch*. Al día siguiente embarcaron en el vapor 'Manuel Calvo' con rumbo a la capital de Cuba. El objeto del viaje de 'La Tuna Jovellanos' es devolver a la colonia asturiana de la Habana la visita que gran número de individuos de ésta hizo hace tiempo a Gijón, en donde con tal motivo se celebraron grades festejos[55].

---

[53] Ibíd.
[54] Serafín Mateo Montalbán, "La rondalla y la jota". *Revista de capas y panderetas y del arte en general*. Año 1, N° 1, enero, 2006, p. 8.
[55] Félix O. Martín Sárraga, "La Estudiantina Jovellanos, tuna escolar pionera en

Una costumbre estudiantil de tanto tiempo en España llegó a América a finales del siglo XIX, por dos estudiantinas muy profesionales y exitosas, pero que no estaban integradas por escolares. Fueron la Estudiantina Española Fígaro y la Estudiantina Pignatelli, quienes llevaron al continente americano, el ejemplo de lo que era una estudiantina española. Sobre todo, la Estudiantina Fígaro que luego de sus visitas a los distintos países sirvió como modelo a seguir en la organización de muchas agrupaciones que surgieron en América. Asencio González expresa al respecto que:

> A su imagen se creó en el continente hermano una gran cantidad de estudiantinas que han perdurado hasta nuestros tiempos. La polinizadora Fígaro llegó incluso hasta los EE. UU., y probablemente sea también la fuente de las organizadas en otros países como Francia o Grecia[56].

Este grupo, además de ser el primero en viajar a América, fue el que más países de ese continente visitó en sus viajes. En su primer viaje, realizado en 1879, se presentó en Canadá, Estados Unidos (Nueva York), México, Cuba, Puerto Rico, Guatemala, El Salvador, Costa Rica, Ecuador y Perú. En otros viajes a América, llegó a Chile, Argentina, Bolivia y Venezuela. Uno de los países más visitados por esta estudiantina lo fue México porque, además de ir en su primer viaje, realizó presentaciones en tres ocasiones más. Estos viajes, en los cuales llegaban a varios países, convirtieron a la Fígaro en la agrupación que más viajes realizó en el siglo XIX. Por su parte, La Pignatelli solo visitó a Cuba y los Estados Unidos. Estos grupos, aunque no estaban integrados por estudiantes, habían adoptado muchas características de las estudiantinas que sí estaban integradas por escolares, así que llevaron muchos elementos distintivos de esos grupos como la vestimenta, los instrumentos y las canciones a esos países.

Las presentaciones de estos grupos se disfrutaron hasta principios del siglo XX. La Fígaro parece haberse disuelto en 1904. Andreu Ricart encontró que: "Según, Matanya Ophee, en su artículo "Quién hizo, que cosa, con quien y a quien" (publicado en 1984, y

---

cruzar el Atlántico". Investigación, 2014. http://tunaemundi.com/index.php/publicaciones/sabias/313-la-tuna-jovellanos-pionera-en-cruzar-el-atlantico-en-1913?hitcount=0.

[56] Asencio González, *Las estudiantinas...*, op. cit., p. 41.

traducido por Eleazar Torres), afirma que la Fígaro se habría disuelto en 1904"⁵⁷. La Pignatelli llegó a su fin cuando muere su director, José Tremps, en 1919 como se mencionó anteriormente.

A principios del siglo XX la Estudiantina Jovellanos, también llamada Tuna Jovellanos, la cual estaba integrada por estudiantes, visitó el continente americano, aunque solamente a Cuba. Más adelante llegaron otras estudiantinas y tunas a visitar distintos países de América.

8. Las tunas durante la Guerra Civil Española y la dictadura del General Franco

Las tunas y estudiantinas continuaron participando de los carnavales durante el siglo XX. Algunas de ellas hacían actividades para recaudar fondos para causas benéficas. Las estudiantinas femeninas, mixtas, preuniversitarias e infantiles, que habían comenzado en el siglo XIX, continuaron en el nuevo siglo. Con la Guerra Civil Española, que comenzó el 17 de julio de 1936, estos grupos desaparecen temporalmente. Esta situación política creada por el ambiente de guerra afectó la actividad tuneril. Álvarez comenta que ya en 1935 en Madrid solo funcionaba una tuna, y que durante la Guerra Civil, "las tunas desaparecieron"⁵⁸. Sobre este tema nos dice Martínez del Río: "La Guerra Civil española supuso la desaparición temporal de la Estudiantina. Serían varios años de postración y olvido, que acabarían con la etapa de máximo esplendor de estas agrupaciones"⁵⁹.

Todo parece indicar que el gobierno cambió la naturaleza de las tunas. Martín Sárraga, utilizando una información del investigador Asencio González, así lo sugiere:

> El 21 de noviembre de 1937 la Jefatura del Estado promulga un Decreto con los Estatutos del Sindicato Español Universitario (SEU),

---

⁵⁷ Ramón Andreu Ricart, "La Estudiantina Española Fígaro, tras una gira por países de Hispanoamérica, se disolvió en 1904". Investigación personal, 2012. http://tunaemundi.com/index.php/publicaciones/sabias/43- sabias-figaro.
⁵⁸ Fernando Álvarez Álvarez, "La Tuna Hispanoamericana pionera en viajar a América". Ponencia en el Congreso Iberoamericano de Tunas en Murcia, p. 4. http://issuu.com/tunar_mundi/docs/la_tuna_hispanoamericana_pionera_en_viajar.
⁵⁹ Roberto Martínez del Río, "Estudiantes, estudiantinas y tunas, ss. XIX y XX", *Estudiantes de Salamanca*. Rodríguez, Luis. et al. Salamanca, España: Ediciones Universidad Salamanca, 2002, p.68.

que será el encargado de reglamentar las actividades de los diversos grupos escolares dotándolos de la infraestructura necesaria, así como de una organización que sirve a los intereses y misiones encomendadas al mismo. Junto a otros colectivos se crea la Tuna como medio de allegar fondos para obras de componente social en favor de los estudiantes necesitados[60].

La Guerra Civil Española terminó el 1 de abril de 1939 y comenzó un régimen dictatorial fascista dirigido por el general Francisco Franco. Este gobierno tuvo como aliada a la iglesia e impuso controles al derecho de asociación y reunión. Por eso, la rigidez fue la característica principal en ese tiempo para toda actividad relacionada con la población. Sobre este tema Martín Sárraga nos expresa:

> Durante el Franquismo cabe señalar el dato de que la Tuna Murciana fue una de las primeras Tunas en reanudar su actividad tras la Guerra Civil, lo que acredita una nota de prensa que señala su actuación el 13 de junio de 1939 en la Gran Semana Deportiva del SEU[61].

En 1942, la primera que aparece en Madrid fue la llamada Tuna del Distrito. En 1947 se fundó la Tuna Hispanoamericana del Colegio Mayor Hispanoamericano Nuestra Señora de Guadalupe de Madrid. Estos son dos ejemplos de agrupaciones que surgieron o se reorganizaron luego de la Guerra Civil Española. Alvarez, sobre ese tema señala que: "La década del 50 del siglo pasado es muy importante para las tunas y sus actividades. Muchas facultades y escuelas especiales crean tunas o reorganizan las existentes antes de la Guerra Civil"[62]. En el año 1955 el gobierno del general Franco estableció directrices y controles para regular todo lo relacionado a las tunas, desde su creación, su composición, los elementos de su indumentaria y los viajes realizados por las tunas.

Martín Sárraga describe que la Circular de la Dirección General de Seguridad del 10 de marzo de 1955 (BOE 18 marzo 1955) reguló el desfile de agrupaciones musicales estudiantiles. Martín Sárraga utiliza la lectura *La Tuna en España durante la dictadura del General Franco* de Asencio González para explicar lo que pasó:

1. A partir de esta fecha, para que puedan actuar y desfilar en la vía pública las Agrupaciones musicales de estudiantes conocidas por

---
[60] Martín Sárraga, "Sociedad, universidad y ...", *op. cit.*, p. 41.
[61] *Ibíd.*, p. 43.
[62] Álvarez Álvarez. *op. cit.*, p. 10.

"Tunas", será requisito indispensable la autorización escrita de la Dirección General de Seguridad, que únicamente se otorgará previo informe del Sindicato Español Universitario. Anexo a dicho documento, que deberá llevar en todo momento consigo el jefe de la "Tuna", irá la relación nominal de los componentes de aquélla, con expresión de domicilios y Facultades en que cursen estudios[63].

2. Por los Agentes de la Autoridad se exigirá, cuando así lo considerasen oportuno, la exhibición del aludido permiso denunciando a la Autoridad Gubernativa correspondiente las infracciones a lo anteriormente dispuesto, para su debida sanción[64].

Sobre la Orden del 12 de noviembre de 1955, núm. 195 (BOE 7 diciembre 1955) Martín Sárraga indica que esa orden obligaba las tunas a:

- Depender del SEU (Sindicato Español de Estudiantes), que llevará la contabilidad de la Tuna y designará a su Jefe. o Establece los requisitos de admisión a la Tuna. o Crea un "Servicio Nacional de Tunas". o Requiere un consentimiento escrito y expreso para los viajes al extranjero (expedido por la Jefatura Nacional) y otro para todo tipo de actuaciones (expedido por el Jefe del Departamento de Actividades Culturales del SEU)[65].

- Que los tunos llevarán en el brazo izquierdo el lazo con los colores de la Facultad o Escuela Especial a la que pertenezcan y sobre el nudo el emblema del SEU" u Obliga que la bandera de la Tuna "llevará en una de sus caras la insignia del Sindicato y en la otra el color del Distrito Universitario"[66].

La dictadura del general Franco terminó en España en 1975 y las tunas volvieron a surgir en las universidades a imagen y semejanza de las tunas anteriores.

9. Estudiantinas infantiles y preuniversitarias

En cuanto a las estudiantinas infantiles, explica Asencio González que, la presencia de niños en agrupaciones universitarias y en las que no eran de estudiantes tuvo lugar en la segunda mitad del siglo XIX. Se utilizaba la presencia de los niños en estos grupos como elemento de adorno y buscando la simpatía que estos despiertan en

---

[63] Martín Sárraga. "Sociedad, universidad y ...", *op. cit.*, p. 46.
[64] Ibíd.
[65] Ibíd.
[66] Ibíd.

el público. Había niños que cantaban, otros tocaban instrumentos y algunos llegaron a ser directores.

Entre los ejemplos, Asencio González, menciona que en 1895 la Estudiantina Cordobesa tenía como uno de sus miembros al niño Manuel García quien tocaba la pandereta de una forma admirable. En 1924, en la Estudiantina Filarmónica, estaba como uno de sus miembros, Rafaelito González López, quien tenía cinco años y además era hijo del director, Ángel González Herrera. A Rafaelito se le permitía dirigir la interpretación de algunas composiciones y lo hacía como un verdadero maestro. La Tuna de Granada en 1922 tenía cincuenta miembros entre ellos, Alfonso Calero de trece años, que era el único cantante del grupo. Todos estos datos fueron obtenidos por el autor en el *Diario Córdoba*.

En el siglo XX continuó la participación de niños en las tunas. Asencio González, añade sobre el tema que luego de la guerra civil volvieron a utilizarlos como "mascotas" de estas agrupaciones, aunque en menor cantidad debido a que estos grupos pasaron a ser casi exclusivos de las universidades. De esta época señala que la Tuna Universitaria del SEU tuvo tres mascotas: en 1951 Rafael Lara Jiménez, virtuoso en la bandurria quien llegó a ser con el tiempo jefe de la agrupación y compositor de canciones para tunas. En 1957, contaron con Serafín Pérez, de diez años quien también tocaba la bandurria. En 1960 el niño Adolfín, llevó a cabo esa tarea[67].

Además de la función de los niños como "mascotas" existieron agrupaciones integradas completamente por niños. Martín Sárraga llevó a cabo una investigación de la cual informa lo siguiente: "'Estudiantina Infantil' integrada por bandurristas en el Madrid de 1882; la 'Estudiantina Infantil Aragonesa', que en 1901 participó en el Carnaval de Madrid y al año siguiente obtuvo una 'mención honorífica'"[68].

Las tunas y estudiantinas infantiles también participaron en el Concurso de Estudiantinas del Carnaval de Madrid. Un ejemplo de

---

[67] Rafael Asencio González. "Niños en las tunas y estudiantinas. La mascota", *Ronda la tuna, el periódico de los tunos*. www.geocities.ws/notitunas/bauldelrecuerdo/mascota.html.

[68] Félix O. Martín Sárraga, "Desde finales del siglo XIX hay constancia de la existencia de estudiantinas infantiles en España". Investigación, 2012, párr. 2. http://www.tunaemundi.com/

esto, señala Martín Sárraga, fue la participación de la Tuna Infantil de Zaragoza que en 1907 y 1908 participó en dicho Carnaval y logró el Segundo Premio de Estudiantina en una competencia en la que también participaron agrupaciones compuestas por adultos. Hubo tunas infantiles que se formaron con el propósito de recaudar fondos para víctimas de desastres.

Otras evidencias sobre la participación de los niños en las tunas o estudiantinas, además de los artículos de prensa, son las fotos de la época que fueron publicadas en los periódicos y muchas veces acompañaban los escritos sobre el tema. Martín Sárraga señala que:

> Las fotografías del Museo Internacional del Estudiante nos aportan evidencia de la incorporación de niños a las Estudiantinas de varones desde, al menos, 1890. Esta incorporación perduró bastante en el tiempo ya que hay fotografías publicadas en la prensa española de 1898, 1901, 1902, 1905, 1910, 1913, 1915, 1925 que así lo atestiguan[69].

En la actualidad existen agrupaciones infantiles. Sobre ese tema Martín Sárraga encontró un dato de una tuna infantil compuesta por los hijos de los integrantes de la Tuna de Medicina de la Universidad de Murcia.

A finales del siglo XIX también existieron las estudiantinas en centros preuniversitarios de España. La evidencia de eso aparece en la prensa de ese tiempo la cual fue consultada por Martín Sárraga y en la que encontró que en 1892 existía la Estudiantina del Colegio Real de Málaga. En el siglo XX también existieron tunas preuniversitarias. De esa época nos menciona

5. Un niño vestido de tuno

---

[69] Ibíd.

que en 1903 la Estudiantina del Instituto Provincial participó del Carnaval de Granada. Para 1933 se señala la existencia de la Estudiantina del Instituto de Segunda Enseñanza de Ceuta y en la década de los cincuenta estaba la Estudiantina Tánger integrada por alumnos preuniversitarios de ambos sexos.

Núñez Olías relata su experiencia como tuno en la Tuna Escolar de San Antón. Al padre Rufino Díaz se le ocurrió la idea de fundar la agrupación y le encargó a Manuel Martínez Millán, quien era estudiante del curso preuniversitario y guitarrista, que la organizara. La misma se formó en el curso escolar 1954-1955. Cuenta Núñez Olías que: "Tras unas sencillas pruebas de aptitud con los diferentes instrumentos se eligieron los cuarenta alumnos de diferentes cursos, con oscilación de edades que iban desde los 10 a los 17 años, que iban a formar esta nueva Tuna Escolar de Madrid"[70]. Esto demuestra que esa tuna preuniversitaria contaba con la participación de niños y jóvenes. La misma quedó organizada con seis panderetas, trece bandurrias, ocho laúdes, diez guitarras, un violín, una armónica y un banderista.

Esta tuna fue muy reconocida en Madrid y solicitada para muchas actividades dentro y fuera del Colegio. A pesar de contar con esa aceptación, Núñez Olías, menciona: "El rechazo de la Universidad, hacia las tunas preuniversitarias, sobre todo las "escolares" como la de San Antón, era patente: En una tuna no cabían los críos; esto desvirtuaba el sentido básico de la tuna"[71].

10. La presencia de la mujer en la tuna

Durante la Edad Media predominaban las ideas de que la mujer era inferior al hombre y que debía obedecerlo. Para ese tiempo, la educación entre ellos era muy diferente. Los varones podían ir a estudiar a las escuelas catedralicias o monacales y luego a las universidades, cuando estas surgieron, pero las féminas no podían participar de ese tipo de educación. Para ellas estaba permitido prepararse en su rol de ser madres y en las tareas del hogar. Eso fue así durante siglos.

---

[70] Julián Núñez Olías, "La Tuna de Escolapios de Madrid. Experiencias en una tuna preuniversitaria". Segundo Congreso Iberoamericano de Tunas. Murcia, España, 23 al 26 de abril 2014, p. 4. http://issuu.com/tunaemundi/docs/la_tuna_de_escolapios_de_madrid._ex.

[71] Núñez Olías, *op. cit.*, p. 20.

En el siglo XIX, específicamente en el año 1888, es cuando se permite el acceso de la mujer a la universidad, ya que se promulgó la Real Orden el día 11 de junio en la que se reconoce su derecho a estudiar en estas instituciones, pero con algunas condiciones. Sobre este asunto, Meluk Orozco, señala que:

> Sobre 1814 en España se permite que se enseñe a la mujer a leer y escribir y solo 70 años más tarde, sobre 1888 es cuando aquí se regulariza el acceso de la mujer a la universidad, en este año se promulga la Real Orden (con fecha 11 de junio) que reconoce su derecho a estudiar en la universidad con restricciones o ciertas exigencias entre ellas solicitar un permiso ante entes superiores[72].

En el Ministerio de Instrucción Pública sus miembros estudiaban el caso y determinaban si la interesada podía realizar sus estudios o si debía estudiar bajo alguna circunstancia especial. Otras condiciones para ser aceptadas fueron que tenían que estar acompañadas, en todo momento, por uno de sus profesores y no se podían sentar con los varones. En el año 1889 se les prohibió la enseñanza universitaria hasta el año 1910 cuando se derogó dicha prohibición y las mujeres españolas no tenían que pedir permiso para ingresar a la universidad.

En ese siglo surgieron los distintos tipos de estudiantinas que, junto a la oportunidad de educarse, fueron dos actividades de las cuales la mujer tuvo la opción de participar. En siglos anteriores la educación y la música estuvieron prohibidas para ellas. En esa fecha comenzaron a asistir a la universidad. El número de féminas que se matricularon fue poco. Meluk específica al respecto:

> Pero nos encontramos con el segundo gran problema (el primero era la idea de mujer que se tenía) y es que el número de estudiantes universitarias es escaso; para finales del siglo XIX no supera las 30 mujeres en toda España. Y en 1910, eran tan solo 21 alumnas mujeres frente a 15.000 estudiantes varones, es decir el 0,1%[73].

Aunque las mujeres comenzaron a tener la oportunidad de pertenecer a estudiantinas, estas no contaban con un número suficiente de integrantes para organizar una agrupación, completamente de

---

[72] Adriana Meluk Orozco, "La mujer en la tuna, del balcón a la calle". Ponencia al I Congreso Iberoamericano de Tunas. Centro cultural Puertas de Castilla, Murcia, España, 12 de abril de 2012, p. 17. http://ISSUE.com/tunae_mundi/docs/la_mujer_en_la_tuna_del_balcon_a_la_calle.
[73] Ibíd., p. 22.

mujeres, en la universidad donde se encontraban realizando sus estudios. Las mujeres que se interesaron en ser parte de una estudiantina tuvieron que hacerlo en las que se organizaron fuera de las universidades, las que se formaron con músicos profesionales. Un ejemplo de esto fue la Estudiantina Mujeril organizada por Dionisio Granados quien había sido el fundador de la Estudiantina Fígaro. Martín Sárraga menciona que: "Dionisio Granados organizó en Madrid la Estudiantina Mujeril que contaba con bandurrias, guitarras castañuelas y panderetas y su propósito era realizar una extensa gira por América"[74]. También se organizaron para ese tiempo la Estudiantina de Actrices del Teatro Princesa y la Estudiantina Femenina de Mallorca.

Otra manera de participar de estas agrupaciones musicales era en los grupos que se organizaban para los carnavales, con motivo de los cuales se organizaron estudiantinas femeninas. Sobre ese tema, Martín Sárraga, indica que: "La prensa de1883 reflejaba que se está formando una Estudiantina Femenina en Madrid para el carnaval de 1884"[75]. En otra de sus investigaciones descubrió que en el siglo XIX hubo una estudiantina compuesta por niñas muy talentosas, que cantaban, tocaban instrumentos y bailaban. Además, informa que: "En 1902 hay datos de la existencia de una 'Tuna Femenina Infantil' que en 1903 la prensa publicó que está compuesta por niñas de 8 a 12 años y presidida por Micaela del Pino ("bella e inteligente violinista")"[76].

Ya en el siglo XX las mujeres que se encontraban cursando estudios universitarios y tenían el deseo de participar en la estudiantina de su universidad tuvieron que hacerlo junto a compañeros. De ese modo, surgieron en las universidades agrupaciones mixtas antes que femeninas. Martín Sárraga menciona que en 1924 la Tuna Madrileña de la Universidad Central tenía, dentro de sus integrantes, dos señoritas. Otro ejemplo que señala es la Tuna Orquesta Escolar Universitaria fundada en 1929 que, entre ochenta y ocho integrantes tenía cuatro féminas. En 1932 la Tuna Escolar Coruñesa contaba con la señorita Azucena Touriño como una de sus integrantes.

Para que se formaran tunas solo de mujeres en las universida-

---

[74] Martín Sárraga, "Sociedad, universidad y ...", *op. cit.* p. 15.
[75] *Ibíd.*, p. 15.
[76] Martín Sárraga, "Desde finales del ...", *op. cit.*, párr. 2.

des fue necesario esperar a que el número de féminas estudiando aumentara considerablemente, algo que ocurrió en la segunda mitad de ese siglo. Así que en España, las mujeres que participaban en estas agrupaciones, primero lo hicieron en estudiantinas profesionales o mixtas dentro de las universidades y, mucho tiempo después, en estudiantinas o tunas femeninas dentro y fuera del lugar de estudio. En el siglo XIX en América ocurrió algo parecido. Las mujeres comenzaron a tener la oportunidad de estudiar y, como el concepto de estos grupos les había llegado, las interesadas en pertenecer a una agrupación pudieron participar de estudiantinas profesionales en varios países de ese continente.

Con la Guerra Civil y, luego con la dictadura del General Franco, las mujeres pierden varias de las libertades que habían adquirido años antes. Para la época de la dictadura, se establece la Guía de la buena esposa que le indica a la mujer qué tiene que hacer y cuál tiene que ser su comportamiento. Según ese documento era permanecer en la casa en sus tareas domésticas, preparando todo el ambiente del hogar para cuando llegara el esposo del trabajo. Martín Sárraga expresa al respecto que: "De la España de la dictadura del general Franco es la "Guía de la buena esposa", atribuida a Pilar Primo de Rivera"[77]. Esos fueron momentos donde se afectó la creación de nuevas tunas femeninas.

Luego de la segunda mitad del siglo XX es que se dan las condiciones para la creación de tunas femeninas en los colegios de segunda enseñanza y en las universidades. Sobre ese asunto Meluk Orozco indica lo siguiente:

> En este momento se da una segunda oleada de tunas femeninas donde se ve como hay creación de tunas dentro de los colegios femeninos de secundaria donde ya hay un número suficiente de estudiantes para conformarlas y ejemplo de ellos son la Tuna Femenina de Bilbao, la Tuna Femenina de Villa Cañar (1958), la Tuna de Ex-alumnas del Colegio de las Esclavas de Cádiz, la Tuna Femenina de Bilbao, la tuna de Cabonara, (1962), la Tuna Femenina del Colegio de las Madres Escolapias de Carabanchel (1963), la Tuna Femenina de Barcelona que por cierto es la invitada de Honor al VII Certamen Nacional de Tunas 1964, la Tuna Femenina del Colegio de la Concepción de Ceuta, La Tuna Femenina del Grupo Escolar Mixto Numero 1 de Co-

---

[77] Félix O. Martín Sárraga, "Sociedad, universidad, mujer y tuna a lo largo de la historia". Investigación, 2013, p. 8. http://www.tunaemundi.com/.

ria del Río (1965), la Tuna Femenina 'La Milagrosa' de Lebrija (1969), la Tuna Femenina del Colegio de San José, la Tuna del Colegio San Antonio de Carcaixent y la Estudiantina Femenina 'Las Alegres Estudiantes' del SEU de Barcelona[78].

En los años ochenta y principio de los noventa hubo un resurgir tanto en las tunas masculinas como en las femeninas. Sobre este tema Meluk Orozco señala:

> En España surgen aproximadamente 25 tunas femeninas en ese período, muchas de las cuales duraron entre 1 y 5 años entre otras cosas por la fuerte oposición masculina y en la actualidad solo dos de las de aquella época perduran, y son la Tuna Femenina de Derecho de Alicante (1989) y la Tuna Femenina de Distrito de La Laguna (1993)[79].

11. Elementos distintivos en las tunas y estudiantinas

a. *Vestimenta*

La vestimenta de los estudiantes durante la Edad Media fue impuesta por la iglesia, ya que las primeras escuelas tuvieron un origen eclesiástico. Así que el traje de los estudiantes era parecido al de los religiosos. Como explica Pérez Penedo: "El origen eclesiástico de las primeras escuelas influyó en el uso de una serie de prendas semejantes a las de los religiosos. Estas ropas eran la loba, el manteo y el bonete"[80]. El uso del uniforme era obligatorio y facilitaba el reconocer a los que pertenecían al grupo de los estudiantes. Una vez este comenzaba en la universidad usaban un solo traje el cual no cuidaban porque, como comenta Martínez del Río: "El deterioro sufrido en sus ropas por el paso del tiempo, lejos de suponer un motivo de vergüenza, estaba considerado como un indicativo de distinción y veteranía"[81].

Pérez Penedo da la siguiente descripción sobre estas piezas. La loba era una sotana de paño negro que llegaba hasta los pies y que luego se confeccionó más corta. Tenía una abertura delante y dos a los lados para sacar los brazos. El bonete era un gorro el cual iden-

---

[78] Meluk Orozco, *op. cit.*, p. 39.
[79] *Ibíd.*, p. 44.
[80] Enrique Pérez Penedo, "La tuna una tradición en constante evolución. El traje de tuna". Ponencia presentada en el I Congreso Iberoamericano de Tunas. Centro Cultural Puertas de Castilla, Murcia, 13 de abril de 2012, p.7. http://issuu.com/tunae_mundi/docs/el_traje_de_tunas.
[81] Martínez del Río, *op. cit.*, p. 20.

tificaba que la persona era estudiante. Este gorro tenía cuatro picos que salían hacia afuera. El manteo era una capa de tela gruesa que les servía de abrigo. De la palabra manteo se deriva la palabra manteísta la cual se utilizó para diferenciar a los estudiantes, de aquellos que vivían internos en el colegio y eran hijos de nobles, hidalgos o terratenientes. Si todos vestían con ese traje no había diferencias entre ellos ya que no se podía distinguir al estudiante pobre del rico. El de escasos recursos podía ocultar su origen humilde, mientras que el acomodado no podía lucir y presumir de sus mejores galas. Sobre otros aspectos de la vestimenta, Pérez Penedo, menciona lo siguiente:

> Loba, manteo y bonete debían ser de unas cualidades de telas determinadas, excluyendo las sedas, pero nada se dice del color que debían confeccionarse. En principio, dado el carácter expresado en la normativa y la insistencia en la honestidad, es posible considerar que debía excluirse todo colorido en los hábitos[82].

Del sombrero añade que luego los estudiantes adoptaron el sombrero gacho o chambergo que era un sombrero de copa al cual se levantaba un ala ancha por uno de los lados y se sujetaba con una presilla. Los escolares comenzaron a colocar en el sombrero la cuchara que utilizaban para tomar la sopa en los conventos.

En 1766 el bando conocido como *Motín de Esquilache* ordenaba, apuntar los sombreros y recortar las capas. Pérez Penedo indica que, como respuesta a ese decreto, los estudiantes levantaron las dos alas del sombrero por encima de la copa dando al sombrero una forma triangular, por lo que se llamó tricornio. En cuanto a los manteos los mantuvieron iguales y no los recortaron.

Cuando los estudios se independizaron de su origen eclesiástico, la sotana dejó de utilizarse por los estudiantes quienes comenzaron a utilizar los "trajes de gentes". Estos se componían de: coletos, camisa, calzas, soleta, gregüescos y zapatos negros con hebillas. El coleto era una casaca (chaqueta) con mangas que cubría el cuerpo ciñéndolo hasta la cintura. La camisa era blanca y sobresalía del coleto por el cuello y las mangas. Las calzas eran medias que cubrían las piernas y el muslo. La soleta era una pieza de cuero que se remendaban en la planta del pie de las calzas. Los gregüescos eran unos pantalones anchos con una serie de cortes verticales.

---

[82] Pérez Penedo, "La tuna una tradición...", *op. cit.*, p. 17.

Surgen como prenda típica de los estudiantes el manteo y la beca que identificaban, con sus colores, la facultad a la que pertenecían. Recordemos que la beca era una banda que se cruzaba en el pecho a modo de una "V" cuyos extremos colgaban sobre los hombros hacia la espalda y llegaban cerca de los talones.

En 1835 se prohibió la utilización del traje escolar por una Real Orden del 3 de octubre de 1835 sancionada por Isabel II, bajo la regencia de María Cristina, la cual suprimía el fuero académico que era la condición privilegiada que tenían los estudiantes que los eximía de la justicia ordinaria. Martín Sárraga explica que "Aquella orden prohibió a los estudiantes (excepto a los que estuviesen ordenados) el uso del uniforme escolar por no estar en armonía con las costumbres del siglo"[83].

Eliminada la utilización del traje escolar quedaron algunas estudiantinas que vistieron con manteo y tricornio. También hubo estudiantinas que vistieron con traje de zuavos (que era la vestimenta del cuerpo argelino del ejército francés) y utilizaron la camisa garibaldina en color rojo. Esa vestimenta se puso de moda en las décadas de los cincuenta y sesenta. El traje de zuavo decayó en la década de los setenta y las estudiantinas, en especial las compuestas por verdaderos estudiantes, recuperaron el manteo y el tricornio como elementos identificadores.

En las últimas décadas del siglo XIX surgen las estudiantinas y, entre ellas, la Estudiantina Española que viajó a París en 1878 para participar en las fiestas de un carnaval. Esta agrupación estaba integrada por más de sesenta miembros de familias adineradas los cuales enviaron a confeccionar la vestimenta que utilizarían en sus presentacio-

6. Un miembro de la Estudiantina Española

---

[83] Martín Sárraga, "Sociedad, universidad y ...", *op. cit.*, p. 3.

nes. Como se mencionó antes, la misma fue confeccionada por el sastre del Teatro Real de Madrid utilizando como modelo el traje de estudiante que ya no se utilizaba. Asencio González menciona que estaba compuesta:

> Por las siguientes prendas: jubón de terciopelo negro abotonado y sin faroles (en una de las mangas, los estudiantes prendían un lazo cuyo color identificaba la Facultad de procedencia, como las actuales becas: amarillo para Medicina, rojo para Derecho, verde para Veterinaria...), con golilla y puños rizados, cinturón también negro, calzón de terciopelo de igual color hasta las rodillas, medias de seda negras, zapatos con hebilla de plata o escarapela en el empeine, guantes gris perla, manteo (cruzado por delante, en el que prácticamente se envolvían, pasando uno de los extremos que caía suelto por debajo de la axila y lanzándolo, mediado el hombro contrario, hasta dejarlo caer por la espalda) y tricornio quebrado con una cuchara de marfil (los postulantes llevaban gorra adornada con una pluma y capa corta); llevaban, además los instrumentos, adornados con lazos de los colores nacionales, y antifaces con los que cubrían su rostro como complemento carnavalesco[84].

También explica que esta vestimenta fue "un desdichado patrón sin sentido histórico que mezclaba prendas de diversas épocas, pero que estas prendas estaban embellecidas por el uso en su confección esmerada de ricos materiales"[85].

En la actualidad el traje de tuna está confeccionado de terciopelo negro y sus componentes son: jubón, camisa blanca, beca, el pantalón bombacho o gregüescos, cinturón, las calzas o medias y los zapatos negros. Sobre la vestimenta se utiliza la capa decorada con cintas.

Martín Sárraga hace una re-

7. Un tuno posando

---

[84] Asencio González, *Las estudiantinas...*, *op. cit.*, p. 54.
[85] *Ibíd.*, p.55.

visión bibliográfica sobre el traje de tuna, en la cual explica, en detalle e ilustraciones, todos los componentes de esta vestimenta.

Sobre el jubón señala que es una "chaqueta corta y ceñida que cubría desde los hombros hasta la cintura y confeccionado, habitualmente, en España en terciopelo negro. Los estudiantes, de casi todo el siglo XIX, vestían jubón negro sin faroles. Los faroles[86] son unos adornos que pueden presentar las mangas del jubón, estos fueron introducidos en 1878 por Lorenzo París, sastre del Teatro Real de Madrid y eso cambió, significativamente, la vestimenta.

Del pantalón nos dice que en la actualidad hay varios tipos: los gregüescos, los cervantinos y las taleguillas. Los pantalones gregüescos fueron introducidos en el siglo XVI y continuaron utilizándose en el XVII. Eran unos calzones lisos y muy anchos que llegaban hasta debajo de la rodilla. Este tipo de pantalón era utilizado por los estudiantes más humildes. De estos pantalones se deriva la mayoría de los pantalones de todas las tunas actuales. Sobre los pantalones cervantinos explica que también son conocidos como 'gregüescos cortos'. Son pantalones bombachos, con o sin "faroles" y ajustados al muslo por abajo del pliegue glúteo. Solían usarlos los estudiantes más pudientes. El pantalón taleguilla Martín Sárraga y Asencio González lo definen como: "calzón estrecho y hasta debajo de la rodilla usado por los integrantes de la Tuna. Actualmente, muy ajustado, forma parte del traje de los toreros"[87]. Este tipo de pantalón es el más usado por los tunos españoles. También lo utilizan algunas tunas femeninas.

De la falda, Martín Sárraga, indica que se introdujo en 1929 cuando en Madrid se constituyó la Orquesta Escolar Universitaria ya que se aceptaron señoritas que utilizaron el clásico traje de los estudiantes españoles del siglo XVII. La única modificación que hicieron ellas a la vestimenta fue añadir las faldas de terciopelo negro.

Sobre la beca señala: "era una banda de fieltro que lucían sobre

---

[86] Son unos adornos que pueden presentar las mangas del jubón o los gregüescos cortos, quizás como vestigio de las calzas acuchilladas de antaño, en el que cintas del terciopelo de dichas prendas dejan ver el forro subyacente, que puede ser igualmente negro o del color de la beca.

[87] Félix O. Martín Sárraga, "El traje de tuna. Revisión bibliográfica". Investigación personal, 2013, p. 5. www.tunaemundi.com/index.php/component/article/15-libros/258-el-traje-de-tuna-2013.

el manteo cruzando el pecho a modo de una "V" cuyos extremos colgaban posteriormente sobre los hombros según estilo del Colegio"[88].

En los inicios de la Universidad, la beca diferenciaba a los estudiantes internos de los manteístas o estudiantes pobres. También explica que la tuna llamada estudiantina (que surgió como una comparsa de estudiantes en el carnaval de la década de los treinta), en la cual sus integrantes vestían a la manera de los antiguos estudiantes, no utilizó beca. La beca regresa a la vestimenta cien años después y se popularizó y generalizó durante la década de los sesenta.

La camisa utilizada en esta vestimenta es muy parecida en estas agrupaciones. Martín Sárraga la describe:

> Blanca, de manga larga amplia y ancha cuyos puños llevan pliegues o puntillas. Puede igualmente atarse con un cordón al pecho en lugar de botones y presentar cuello con más o menos pliegues almidonados, llegando a su máximo en el estilo cervantino, cuello adornado con puntillas o simplemente ser de cuello liso y amplio[89].

Las calzas son las medias negras que cubren la parte de los muslos y/o piernas, que deja expuesta la prenda que cubre la pelvis, y fueron usadas por los escolares del siglo XIII.

El cinturón es una correa hecha del mismo material que el jubón y el pantalón, con una hebilla plateada grande, pero sin llegar a la exageración.

Los zapatos son negros y preferiblemente con cordones. Tenían una amplia hebilla que ha caído en desuso.

Los sombreros son de tres tipos: chambergo, tricornio y bicornio. Martín Sárraga explica que: el sombrero chambergo fue usado en el siglo XVI. También es conocido como sombrero de tres picos o chambergo de tres picos. El Diccionario de la Real Academia Española lo define como "sombrero de copa más o menos acampanada y de ala ancha levantada por un lado y sujeta con presilla, el cual solía adornarse con plumas y cintillos y también con una cinta que, rodeando la base de la copa, caía por detrás". Actualmente no se utiliza. Martín Sárraga indica que el sombrero tricornio es el que surge cuando los estudiantes levantaron las dos mitades de las alas del chambergo por encima de la copa y las sujetaron con la presilla,

---

[88] Martín Sárraga, "Universidad...", *op. cit.*, p. 9.
[89] Martín Sárraga, "El traje de tuna...", *op. cit.*, p. 10.

dando lugar al sombrero de medio queso o tricornio, llamado así por su característica forma triangular. Algunas tunas de Portugal lo utilizan. Además, señala que el sombrero bicornio es el sombrero de dos picos el cual resulta al doblar las alas de uno redondo por los dos lados, vestigio del "tricornio que, con los años, fuera perdiendo su acentuada forma triangular". Actualmente ha caído en desuso.

De la capa, Vomelová expresa que: "Es una prenda larga y suelta, sin mangas, abierta por delante que se lleva sobre los vestidos. Se coloca terciada sobre el hombro derecho, atada bajo el brazo izquierdo para facilitar el tocar"[90]. También indica que, además de proteger del frío, representa dos condiciones del tuno: la de viajero y la de galán. Martín Sárraga señala que en la primera mitad del siglo XX ya aparecen imágenes que atestiguan que fue el lugar donde se prendieron las cintas que le regalaban al tuno, probablemente, como extrapolación estética del típico elemento carnavalesco, que son las cintas en panderetas y clavijeros de instrumentos de cuerda, pero añadiendo un mensaje. Sobre las cintas indica que en sus inicios fueron cortas y luego fueron más largas, casi del largo de la capa. Al parecer, en la década de los sesenta se añadieron los escudos de las ciudades y países, que las tunas visitaban. Hay tunas que el forro interior de la capa es del mismo color del de su beca, mientras que una gran parte de las tunas lleva el forro interior de la capa en raso negro.

b. *Instrumentos musicales*

Los estudiantes que, desde la Edad Media hasta el siglo XIX, practicaron la actividad de correr la tuna lo hicieron en pequeños grupos llamados cuadrillas. Martín Sárraga realizó una investigación en la cual encontró que los instrumentos musicales utilizados por ellos fueron: guitarra, guitarrón, laúd, bandurria, clarinete, flauta, violín, pandereta, vihuela y/o salterio. Sobresalen, entre los instrumentos de cuerda, los de acompañamiento como la guitarra y los de melodía o punteo como la bandurria y el laúd de origen español. Utilizaban instrumentos de cuerda debido a que en los orígenes de la actividad de correr la tuna sus integrantes rondaban a sus amadas. Durante las vacaciones iban de ciudad en ciudad y sus instrumentos debían ser armoniosos para permitir el acompañamiento de sus coplas, además debían ser livianos y fáciles de transportar ya

---

[90] Vomelová, *op. cit.*, p.48.

que los llevaban con ellos todo el tiempo. La actividad de correr la tuna se practicó hasta principios del siglo XIX.

En la década de los treinta, nace el carnaval madrileño, una especie de comparsa donde sus integrantes interpretaron aires nacionales utilizando flautas, bandurrias, guitarras y panderetas. Surgen, también en ese tiempo, las estudiantinas, orquestas profesionales, que en su mayoría utilizaban violines, bandurrias, guitarras y violonchelos.

Con la llegada de las estudiantinas y de las tunas al continente americano comenzó una fusión de estas agrupaciones con la cultura de muchos pueblos y también con los instrumentos regionales de esos lugares. Este contacto le añadió una riqueza musical a los instrumentos ya utilizados en las tunas o estudiantinas. La Tuna de Informática de la Universidad de la Laguna menciona que:

> Entre los más destacados encontramos el timple canario y el charango. También suele usarse en las tunas de todo el mundo el cuatro puertorriqueño y el acordeón para acrecentar la variedad sonora. En la actualidad también se ha añadido instrumentos de viento tales como la quena y la flauta traversa. En conclusión, la tuna recoge la cultura musical de cada país y/o región que visita y la adopta en su repertorio[91].

El contrabajo se ha convertido en la actualidad en instrumento casi imprescindible en todas las tunas del mundo. El instrumento que se ha convertido en característico de las tunas es la pandereta debido a que contagia alegría durante las canciones y a que los panderetos crean su propia coreografía. La misma está llena de mucha creatividad utilizando sus ocurrencias, contorsiones y saltos. También como instrumentos de la tuna usan el pandero y las castañuelas.

c. *Repertorio*

El primer repertorio de los tunos comenzó con los escolares que corrían la tuna. Como menciona Martínez del Río, durante siglos el repertorio de los estudiantes estuvo formado, principalmente, por letrillas de contenido amoroso, jocoso y mendicante[92]. Las canciones populares completaban el mismo. En los inicios se limitaron a la

---

[91] Tuna de Informática de la Universidad de la Laguna, "Historia de la tuna". http://www.tunadeinformatica.org/historia/.
[92] El que mendiga, que vive únicamente de la limosna de los demás.

interpretación de aires nacionales como las jotas, seguidillas, folías, fandangos, zorzicos, malagueñas, zarambeques, corridos, pasodobles, entre otros.

En el siglo XIX las estudiantinas añaden una variedad de interpretaciones. Sobre esto explica Asencio González que:

> Las Estudiantinas sumaron a estos cantares piezas de música clásica de interpretación solamente instrumental, como sinfonías y oberturas, piezas de ópera y aires extranjeros como el alemán schottisch, la barcarola italiana o la polaca mazurca, junto con los valses, polcas, gavotas, marchas, etc.; pero la dificultad de las nuevas piezas, y aquí se haya otra de las diferencias, hizo que se formaran dentro de las Estudiantinas dos secciones, una coral y otra instrumental (Aunque existieron bastantes Estudiantinas que sólo estaban compuestas por una sección instrumental, incluso Universitarias) lo que amplió el número de sus componentes a límites insospechados[93].

En ese tiempo, compositores profesionales pusieron su inspiración y creatividad al servicio de las estudiantinas. De esa manera, se comenzó a formar un repertorio exclusivo para ellas. En la actualidad el repertorio musical de las tunas se caracteriza por los ritmos ibéricos y latinoamericanos dentro de los cuales sobresalen los pasodobles, vals, rondas, boleros, pasajes, entre otros. Martín Sárraga hace una investigación sobre los géneros interpretados por estudiantinas y tunas durante el siglo XIX y lo resume de esta manera:

> La información hallada hasta el momento nos permite afirmar que en el siglo XIX las Estudiantinas incorporaron a su repertorio valses, pasodobles, boleros, zorcicos, polos, malagueñas, jotas, seguidillas, peteneras, coplas, guarachas, tangos, rigodones, habaneras, danzas puertorriqueñas, marchas, gavotas, mazurcas, polkas, skottisch (chotís), *zamacuecas, milongas, himnos* (tanto nacionales como de las propias Estudiantina), fragmentos de "música culta" (*sinfonías, óperas o zarzuelas*) y *canciones populares* tanto de ámbito estatal como regional, así como composiciones propias[94].

De esa época señala Martínez del Río: "Con la llegada de las estudiantinas de Carnaval el repertorio varió, considerablemente, y la música clásica adquirió un papel preponderante. Otro de los géneros que interpretaban fueron los llamados "aires nacionales",

---

[93] Asencio González, "La tuna "moderna"...", *op. cit.*, p.13.
[94] Félix O. Martín Sárraga, "Géneros musicales interpretados por las estudiantinas y tunas del siglo XIX". Investigación, 2013-2014, p. 31. http://www.tunaemundi.com/index.php/component/article/7-tunaemundi-cat/292-generos-musicales-tocados-por-las-estudiantinas-y-tunas-del-siglo-xix.

fundamentalmente pasodobles, jotas y fragmentos de zarzuelas"[95].

También indica que la primera grabación musical que se conserva es de finales del siglo XIX, realizada en un rollo de cera de fonógrafo donde la Tuna de Salamanca interpretó los temas "Mazzantini" y "Olé la Estudiantina".

Las letras de estas canciones están inspiradas en historias de estudiantes, de la mujer, sobre las fiestas, las ciudades y las culturas, la jocosidad, la juerga y la bohemia, temas utilizados siempre en esta actividad. Por el carácter viajero de las tunas y estudiantinas, el repertorio ha ido aumentando con canciones de los distintos países a los que estas agrupaciones han llegado y han permanecido.

---

[95] Martínez del Río, "Estudiantes, estudiantinas y tunas...", *op. cit.*, p. 83.

CAPÍTULO II

Las estudiantinas y tunas llegan a Puerto Rico

1. Siglo XIX

En el siglo XIX es que se tiene constancia de que estos grupos visitaron la Isla. Se trató de la Estudiantina Española Fígaro que, en su primer viaje en 1879 visitó varios países de América, entre ellos Puerto Rico. Asencio González en su libro *La Estudiantina del Antiguo Carnaval Alicantino Origen, contenido y actividad benéfica (1860-1936)*, indica que la Fígaro en su visita a Puerto Rico, llevó a cabo veinticinco presentaciones. Bermarie Rodríguez Pagán en su ponencia *La Tuna como manifestación cultural universitaria: el caso de la Tuna de la Universidad de Puerto Rico*, menciona que en el periódico el *Boletín Mercantil* se publicaron artículos en los que se señala la presencia de uno de estos grupos en la Isla durante los meses de marzo y abril del año 1881.

Uno de esos escritos informaba: "Estudiantina Española. —Esta célebre *troupe* de músicos españoles que tanta fama ha alcanzado en las principales poblaciones del mundo llegó ayer, procedente de la isla de Cuba, en el vapor correo de las Antillas"[96]. En esa nota, además de la llegada de esta agrupación, se indican los instrumentos utilizados por sus músicos, entre ellos guitarras, flautas y bandurrias. En un escrito del mismo periódico, con fecha del 25 de marzo de 1881, menciona que "La "Estudiantina" se compone de catorce individuos, diez de ellos bandurristas y cuatro guitarristas. El director toca violín con gran maestría y maneja hábilmente la batuta"[97].

El 1 de abril de 1881 el *Boletín Mercantil* notificó un concierto particular que tuvo este grupo en un colegio en Santurce por petición de los profesores que eran padres Jesuitas. Este diario no especifica el nombre de la agrupación que visitó la Isla en 1881. Según Rodríguez Pagán, por la fecha en que estos músicos visitaron

---

[96] *El Boletín Mercantil*, 23 de marzo de 1881, p. 3.
[97] *Ibíd.*, 25 de marzo de 1881, p. 3.

> Estudiantina Española.—Esta célebre *troupe* de músicos españoles que tanta fama ha alcanzado en las principales poblaciones del mundo llegó ayer, procedente de la isla de Cuba, en el vapor correo de las Antillas.
>
> Estamos seguros de que con unos cuantos conciertos *flamencos* de guitarras, flautas y bandurrias obtendrán gran éxito positivo, á pesar de la crisis que atravesamos, y fecunda cosecha de aplausos.
>
> No será la capital nuestra la ciudad que con ménos entusiasmo acoja á la famosa estudiantina española.

8. Boletín Mercantil, 25 de marzo de 1881

la Isla, se podría inferir que pudo haber sido la Estudiantina Fígaro ya que esa agrupación se encontraba de viaje por América para esa fecha.

Otro dato que puede servir para identificar el grupo mencionado en el *Boletín Mercantil*, es el hecho de que la Estudiantina Fígaro, meses después de ese mismo año, tenía una danza puertorriqueña en su repertorio. Esta referencia la señala Martín Ságarra en una investigación realizada en 2014, en la cual encontró que en el *Diario de Córdoba* se publicó el repertorio que presentaría esta agrupación en una actividad. Sobre ese descubrimiento menciona que para él fue "Una novedad detectar que el programa del concierto anunciado el 26 de noviembre de 1881 en el Teatro Principal de Córdoba (España) se incluyera la danza puertorriqueña *Borinquen*, seguramente consecuencia de su primer viaje realizado el año anterior"[98].

Una tercera referencia para identificar la estudiantina es que la misma estaba compuesta, según el *Boletín Mercantil*, por cuatro guitarras, diez bandurrias y un violín, composición parecida a la que describe Asencio González cuando menciona que estaba "formada por trece músicos (un violín, siete bandurrias, cuatro guitarras y un violonchelo)"[99].

Sobre las visitas de estos grupos a Puerto Rico en el siglo XIX, Pedro Malavet Vega señala que "En esta parte final del siglo, no sólo llegaron a Puerto Rico compañías dramáticas, sino también grupos musicales, como la Estudiantina Pignatelli en 1893, o la Estudiantina Fígaro en 1894"[100]. Anterior a Malavet Vega, estos apuntes aparecen en varios de los libros de Emilio J. Pasarell quien, además de estas

---

[98] Félix O Martín Sárraga, "La Estudiantina Española Fígaro tenía una danza puertorriqueña en su repertorio de 1881". Investigación, 2014. http://tunaemundi.com/index.php/publicaciones/sabias/430-la-estudiantina-espanola-figaro-tenia-una-danza-puertorriquena-en-su-repertorio-de-1881.
[99] Rafael Asencio González, *Las estudiantinas del antiguo...*, op. cit., p. 40.
[100] Pedro Malavet Vega, *Historia de la canción popular en Puerto Rico (1493-1898)*. Ponce, Puerto Rico: Corripio, 1992, p. 419.

dos agrupaciones, mencionó una adicional. De este tema Pasarell escribió que "En febrero de 1893 vino la gran Estudiantina Colón compuesta de 15 señoritas españolas; y en julio, la Estudiantina Pignatelli"[101].

Sobre la Estudiantina Colón, en el *Boletín Mercantil* del miércoles, 1 de febrero de 1893, se escribió que esa estudiantina estaba compuesta por bellas sevillanas y que habían llegado ese día en el vapor Conde Wilfredo. Además, anunciaba que al otro día debutarían en el teatro. Ese noticiero, del día 3 de febrero de 1893, reseñó que la Estudiantina Colón había debutado la noche anterior en el teatro de la capital con un lleno extraordinario. La agrupación estaba compuesta de diez o doce chicas que tocaban bandurrias, guitarras y laúdes y estaba dirigida por el señor Soria. Sobre la vestimenta resalta el uso del sombrero del cual menciona "luciendo el clásico sombrero de las antiguas estudiantinas"[102]. De la presentación se dijo que el público no quedó satisfecho, estimando de deficientes la partitura lírica y la coreográfica del espectáculo. Termina el artículo señalando que estaba esperando la función que darían esa noche.

A la ciudad de Ponce llegaron noticias sobre esa agrupación; el sábado, 4 de febrero de 1893, el periódico La Democracia de ese pueblo, publicó una noticia sobre este grupo. La misma indicaba que "Es la estudiantina sevillana que está ahí. Unas chicas muy guapas salerosas que bailan por todo lo alto y tocan unas peteneras[103] que sublevan la carne. Van a exhibirse en la exposición de Chicago"[104]. En otra nota, en la mis-

9. *La Democracia*, 4 de febrero 1893

---

[101] Emilio J. Pasarell, *Orígenes y desarrollo de la afición teatral en P.R.* Río Piedras: Editorial Universitaria, Universidad de Puerto Rico, 1951, p. 227.
[102] *El Boletín Mercantil*, 3 de febrero de 1893, p. 3.
[103] Aire popular parecido a la malagueña, con que se cantan coplas de cuatro versos octosílabos.
[104] *La Democracia*, 4 de febrero de 1893, p. 3.

ma página, se indicaba que esta estudiantina había llegado a Ponce el día antes y se presentó en el Teatro La Perla. Además, señalaba que saldría rumbo a Santiago de Cuba en el vapor Conde Wifredo, el mismo en el que había llegado a la Isla.

El domingo, 5 de febrero de 1893 el *Boletín Mercantil* notificó que ese grupo había actuado, dos noches antes, su última función y que la concurrencia fue numerosa. Notifica, además, que partieron hacia la ciudad de Ponce con el objetivo de alcanzar allí el vapor Conde Wifredo y embarcarse en él en dirección a Cuba. Estos artículos demuestran que la Estudiantina Colón además de visitar Puerto Rico en esa fecha, tenía planificado llegar a Cuba y a Chicago.

Esta agrupación parece ser la que el famoso guitarrista español, Luis Soria, fundó en Madrid. El escritor, Ramos Altamira, dice al respecto que en la "ciudad en la que ejerció como profesor, y hacia 1890 organizó una orquesta de doce guitarristas alumnas suyas, con las que actuaría en Puerto Rico, Cuba y las Antillas"[105].

Sobre la Estudiantina Pignatelli, Martín Sárraga y Munguía Tiscareño en el 2014, en un escrito resultado de una investigación que realizaron, señalan que en 1893 este grupo visitó Cuba. Ellos comentan:

> Es en el tercer trimestre de 1893 cuando viaja a Cuba hallando únicamente referencias a dos referencias, una sin fecha en Matanzas donde el "Quinteto Pignatelli" ofreció un concierto que tuvo éxito, y otra en La Habana el 10 de septiembre, aludiendo "funciones muy concurridas" en los salones del Casino Español y de la *Sociedad Aires d'a Miña Terra* en las que también figuró la cantante italiana Araceli D'Aponte. Esta noticia señalaba que la Estudiantina estaba dirigida por José Orós "y Mañas"[106].

En el libro de Pasarell, *De la pluma al papel*, se prepara un listado de las compañías y conjuntos musicales que visitaron el Teatro La Perla de Ponce, desde mayo de 1864 hasta diciembre de 1900. La información indica que en el 1893 visitaron la Isla la Estudiantina Colón y la Estudiantina Pignatelli, y en el 1894 la Estudiantina Fígaro.

De la visita de la Estudiantina Pignatelli a la Isla, el periódico

---

[105] Ignacio Ramos Altamira, *Historia de la guitarra y los guitarristas españoles*. Alicante, España: Club Universitario, 2013. http://books.google.com.pr/books/about/historia_de_la_guitarra_y_los_guitarrit.html?id=5s5CxToKwsSY&rediresc=y
[106] Martín Sárraga y Munguía Tiscareño, "La estudiantina...", *op. cit.*, p.8.

Boletín Mercantil indicó que en el vapor "Puerto Rico" había llegado a la capital esta agrupación. Señala, además que "La Estudiantina, dirigida por el notable compositor don José Orós, consta de excelentes profesores que ejecutan a maravilla la guitarra, bandurria y el violoncelo. Su repertorio es magnífico"[107]. Esta estudiantina llevó a cabo varias presentaciones en la capital, entre ellas a La Fortaleza, casa del gobernador. El mismo diario, el viernes, 14 de julio de 1893, reseñó esa visita y escribió: "Previos cortés ofrecimiento, anteanoche fueron recibidos en el Palacio de S. E. los individuos que componen esta célebre y afamada estudiantina española"[108]. Acudieron a la actividad numerosas y distinguidas personas de lo más selecto y escogido de la sociedad. Indica la nota que su director era el Sr. Orós y que la estudiantina estaba compuesta por consumados profesores, algunos de ellos, primeros premios en el Conservatorio de Madrid.

La agrupación estaba compuesta por cinco bandurrias, tres guitarras, un violín y un violonchelo. La presentación comenzó con el pasodoble *Cádiz* de Chueca. Interpretaron varias piezas y un popurrí de aires nacionales. La noticia resalta el trato que le dio el gobernador, su familia y los invitados a esta agrupación y termina indicando que por la noche se presentarían en el Coliseo. El domingo, 16 de julio de 1893 apareció un narrativo que señalaba que la Estudiantina Pignatelli había ofrecido dos conciertos en el teatro que fueron muy celebrados y aplaudidos. A través de esas palabras demostraron la admiración que se le tenía a la agrupación.

En *La Democracia* del lunes, 17 de julio de 1893 se anunció que "La estudiantina Pignatelli ha dado dos conciertos en la Capital con éxito satisfactorio, pero ante escasa concurrencia"[109]. Ese mismo diario, el jueves, 20 de julio, indicó que esa agrupación presentó, el día antes, varias piezas musicales en el Hotel Francés donde se estaban hospedando. Describe el artículo que "Admira

10. *La Democracia*, 20 de julio de 1893

---

[107] El *Boletín Mercantil*, 12 de julio de 1893, p. 3.
[108] *Ibíd.*, 14 de julio de 1893, p. 3.
[109] *La Democracia*, 17 de julio de 1893, p. 3.

la limpieza y ejecución de estos artistas y, sobre todo, la unidad armónica de los distintos instrumentos, que como, si fuera uno sólo, obedecen, sin discrepar una sola nota, a la señal de la batuta del hábil director señor Orós"[110]. Esa noche la estudiantina se presentaba en el Teatro La Perla. *La Democracia* notificó, el sábado, 22 de julio que esa noche tendría lugar en el teatro el segundo concierto de la Estudiantina Pignatelli.

El martes, 25 de julio ese periódico reveló que "En el vapor Manuela se ha embarcado con dirección a Haití y Colón la Estudiantina Pignatelli"[111]. Para esa noche tenían anunciado un concierto que no ofrecieron. Al final, la noticia señalaba que, por lo visto, esa era la forma que la agrupación tenía de despedirse del público pues lo mismo hizo en la capital. Todos estos artículos demuestran que la Estudiantina Pignatelli en su viaje a América en 1893, además de visitar Cuba y Chicago, estuvo en Puerto Rico y llevó a cabo varias presentaciones en la capital y la ciudad de Ponce.

De la Estudiantina Fígaro, Pasarell escribió: "Con motivo del centenario de descubrimiento visitó la isla en 1894 la Estudiantina Fígaro dirigida por Celorio y su esposa, que fracasó, teniendo Celorio que recurrir a unos conciertos que en Ponce se celebraron en el teatro Echegarray enero de 1894"[112].

La Democracia del martes, 16 de enero de 1894 indicó que "Hemos tenido el gusto de recibir en esta redacción la visita del señor Celorio, ex – director de la estudiantina Fígaro, concertista de guitarra y bandurria, a quien acompaña su esposa, la señora Gutiérrez de Celorio, profesora de piano y canto"[113]. Señala el artículo que los artistas se proponían presentarse en el teatro Echegaray del Sport Club. El jueves, 18 de enero publicó este diario que, la noche anterior, los esposos Celorio se presentaron en la casa de Sebastián del Valle donde demostraron sus aptitudes artísticas.

Al parecer esta estudiantina es la misma que se reseña en el trabajo *Crónica y Relato de la Presencia de la Estudiantina Española Fígaro en Venezuela*, en el cual se indica que la última referencia que encontraron sobre esa agrupación fue del día 16 de diciembre de 1893. La

---
[110] *Ibíd.*, 20 de julio de 1893, p. 3.
[111] *Ibíd.*, 25 de julio de 1893, p. 3.
[112] Pasarell, *Orígenes…, op. cit.*, p. 228.
[113] *La Democracia*, 16 de enero de 1894, p. 3.

misma fue tomada de un trabajo de grado realizado por Campomás y Santana (2005). En este trabajo se cita un artículo que indicaba que "Para el lunes se anuncia un concierto vocal é instrumental á beneficio del es-director (sic) de la "Estudiantina Fígaro", el cual llevará la batuta en esta fiesta musical"[114]. El escrito también señalaba:

> Tomarán parte en dicha velada varios de los miembros de la Estudiantina Española de aficionados de Caracas y las señoras Gutiérrez de Celorrio y J. de Montesinos. El programa de la función es brillante por lo escogido y selecto de las piezas que lo componen[115].

Por el nombre del grupo y el de la señora Gutiérrez de Celorrio parece ser la misma agrupación de la que escribió Pasarell. Hay una diferencia de una letra en el apellido del director. En los escritos de Puerto Rico aparece el apellido con una erre y en los de Venezuela aparece con erre doble. Estos artículos indican que en diciembre de 1893 la agrupación se encontraba en Venezuela y en enero de 1894 estuvo en la Isla.

Las visitas al país de estas estudiantinas fue el modelo para que en Puerto Rico se crearan agrupaciones de ese tipo como ocurrió en varios países de América. Hay datos que confirman que en 1896 existía en Ponce una estudiantina. Pasarell indica: "1896- Ponce – La Estudiantina Ponceña, compuesta por Pedro Guerrero, mandolina; José Ríos, guitarra; Francisco Taboada, flauta"[116].

A finales del siglo XIX, La Tuna Compostelana, pudo haber realizado un viaje a la Isla. Martín Sárraga encontró una noticia en el periódico la *Hoja Oficial del Lunes*, del 5 de septiembre de 1977 y firmado J. Travieso Quelle, en el cual este escribe sobre cosas curiosas que le contó el médico santiagués, don José Ríos, sobre la Tuna Compostelana. El galeno le habló de un viaje a Portugal que realizó el grupo y le indicó que llegó "meses después a Puerto Rico donde permaneció dos largos años en medio de troulas y guateques[117], retornando luego a Compostela con la mayoría de sus miembros uni-

---

[114] Eleazar Torres, "Crónica y relato de la presencia de la Estudiantina Española Fígaro en Venezuela". Musicaenclave revista venezolana de música en línea, 2013, p. 23. www.musienclave.com/articlespdf/presenciadelaeef.pdf.
[115] *Ibíd.*
[116] Emilio J. Pasarell, *Esculcando el siglo XIX en Puerto Rico*. Barcelona, España: Ediciones Rumbo, 1967, p. 19.
[117] Fiesta campesina en la que se canta y se baila.

dos en matrimonio con guapas mozas de tierras borinqueñas"[118].

Para esta investigación no se ha encontrado evidencia de visitas de estas agrupaciones a Puerto Rico durante la primera mitad del siglo XX.

2. Cambios culturales en Puerto Rico

En los inicios del siglo XX la Isla deja de ser visitada por los músicos y agrupaciones españolas. Eso fue resultado del cambio de soberanía ocurrido en 1898. Como consecuencia de la Guerra Hispanoamericana, Puerto Rico pasa a ser posesión de los Estados Unidos. Todo el orden político, económico y social pasó a manos del gobierno estadounidense. Los puertorriqueños tuvieron la esperanza de que la situación de la Isla mejoraría con la nueva metrópoli. Sin embargo, durante los primeros años bajo el gobierno de Estados Unidos, los puertorriqueños experimentaron atrasos tanto en la política como en la economía. El impacto de este nuevo régimen fue notable en todos los aspectos. Los estadounidenses tenían el plan de americanizar el país y, como consecuencia, hubo grandes cambios en la cultura, educación, religión, política y la economía.

Para lograr este objetivo, lo primero fue romper toda relación de la Isla con España. Esto, que en parte fue fácil, se detecta por la forma en que muchos puertorriqueños recibieron a los estadounidenses. Algunos pensaron que llegaría a la Isla el progreso económico y político que tanto deseaban. Como señala don Eugenio Fernández Méndez en sus crónicas: "La reacción de la sociedad puertorriqueña en 1898, al contacto con la "cultura" norteamericana, fue una, excepcionalmente, cordial y cargada de esperanza"[119]. De la conducta de la población Scarano explica: "Los habitantes de los pueblos capturados recibieron a los soldados extranjeros con una cordialidad entusiasta que desbordó a veces en alegría bullanguera. Algunos manifestaron su simpatía hacia los norteamericanos de forma retórica y exagerada"[120]. Eso fue así hasta que los puertorriqueños co-

---

[118] *Hoja Oficial del Lunes*, 5 de septiembre de 1977, p. 21.. http://prensahistorica.mcu.es/es/publicaciones/numeros_por_mes.cmd?=1977&idpublicacion=9005
[119] Eugenio Fernández Méndez, *Crónicas de Puerto Rico: desde la conquista a nuestros días, 1493-1955*. 7 ma. ed., San Juan, Puerto Rico: Ediciones "El Cemí", 1995, p. 620.
[120] Francisco A. Scarano, *Puerto Rico: cinco siglos de historia*. 2da ed., México: McGraw-Hill/Interamericana Editores, S. A., 2000, p. 637.

menzaron a entender que las intenciones de Estados Unidos no era integrarlos, sino dominarlos. Scarano señala: "La implantación de la Ley Foraker en mayo de 1900 inauguró formalmente el régimen colonial norteamericano en Puerto Rico. La isla pasó a ser territorio no incorporado de esa nación, subordinado a ella en casi todos los órdenes"[121].

En el aspecto cultural, la música se afectó grandemente. María L. Muñoz indica que "Con el establecimiento de una nueva forma de gobierno sentimos un aparente retroceso en el desenvolvimiento musical de la isla"[122]. Explica también que "La separación de Iglesia y Estado asestó un golpe mortal al músico, ya que la Iglesia fue hasta ese momento la verdadera patrocinadora de su vida activa y profesional"[123]. Otra de las consecuencias del cambio de gobierno en la Isla fue el que se eliminaran las presentaciones artísticas. Fernando Callejo señala: "Uno de los primeros actos del régimen en Puerto Rico fue la supresión de todas las sublevaciones de carácter artístico"[124]. Según este autor con la separación de la Iglesia y el Estado, también desapareció la Orquesta de Capilla de la Catedral y, el organista oficial regresó a España. En el programa de gobierno estadounidense no había cabida para las costumbres europeas que se practicaban en la Isla. Como consecuencia se perdieron grupos musicales y las ayudas que se ofrecían a los estudiantes de música. Al respecto Muñoz dice: "Con la consiguiente descontinuación de fondos públicos desaparecieron orquestas, conjuntos musicales y las becas ofrecidas a estudiantes talentosos para estudiar en el extranjero"[125]. Expresa Callejo que los estudiantes de música que cursaban estudios en el Conservatorio de Madrid y habían recibido ayuda económica, como Elisa Tavárez y Ángel Celestino Morales, tuvieron que regresar a la Isla.

Varios músicos puertorriqueños se reunieron y se organizaron para trabajar y evitar la decadencia artística que representaba el control estadounidense en la Isla. Como comenta Muñoz, los esfuerzos

---

[121] *Ibíd.*, p. 661.
[122] María L. Muñoz, *La Música en Puerto Rico, Panorama Histórico-cultural*. Connecticut: Troutman Press, Sheron, 1966, p. 136.
[123] *Ibíd.*
[124] Fernando Callejo, *Música y músicos portorriqueños*. San Juan, Puerto Rico: Editores Cantero Fernández & Co., 1915, p.57.
[125] María L. Muñoz, *op. cit.*, p. 136.

por restablecer la normalidad fueron lentos y difíciles iniciándose una tenaz batalla por preservar la cultura puertorriqueña. Malavet Vega menciona que "A finales de diciembre de 1898 los maestros Arteaga, Chavier, Carreras, Pasarell, Cruz y otros se reúnen en el Taller Benéfico de Ponce con el objetivo de organizar la Asociación Musical de Puerto Rico. Otro grupo, en el Ateneo de la Capital, intenta constituir el Instituto de Música de San Juan"[126]. Estas gestiones no tuvieron el apoyo del Gabinete Autonómico, aún así los músicos puertorriqueños continuaron con sus esfuerzos. Sobre este particular, Callejo indicó: "Como organismo oficial docente musical únicamente subsistió la banda o escuela de música del asilo benéfico de niños, circunscrita a la enseñanza de los instrumentos que integran las bandas militares"[127].

De esos grupos Malavet Vega recalca que "La más identificable manifestación de la presencia musical en todo el país la encontramos en las bandas municipales, de bomberos y escolares que tienen su mejor momento en las primeras décadas del siglo"[128]. Se fundó una banda militar como parte del Regimiento que se presentaba en los campamentos militares, en las retretas de la Plaza de Armas de San Juan y en bailes. Dice Muñoz que Luis R. Miranda tuvo mucha fama debido a que desde la organización de la Banda de Música del Regimiento de Infantería en 1900 tenía a su cargo la dirección de la misma. Miranda había sido contratado por las tropas estadounidenses. La música popular continuó y, además de la población de la Isla, los norteamericanos también disfrutaron de ella. En el pueblo de Utuado los integrantes del ejército estadounidense fueron invitados por algunas familias a bailes. Fernando Picó expresa al respecto: "Los oficiales fueron invitados a bailes en las casas acomodadas"[129].

Otros esfuerzos realizados por músicos puertorriqueños fue organizar una sociedad para presentar obras. Como explica Muñoz "Bajo la dirección del maestro don Joaquín Burset, se organizó la sociedad "Gira Artística" con el propósito de poner en escena las

---

[126] Malavet Vega, Historia, op. cit., p. 457.
[127] Callejo, op. cit., p. 60.
[128] Pedro Malavet Vega, De las bandas al Trío Borinquen (1900-1927). Ponce, Puerto Rico: Ediciones Lorena, 2002, p.79.
[129] Fernando Picó, 1898: La guerra después de la guerra. 3. ed. San Juan, Puerto Rico: Ediciones Huracán, 2004, p. 74.

obras líricas del género chico"[130]. También indica que en 1909, el profesor, don Manuel Tisol Márquez, formó un octeto que debutó en San Juan, el cual estaba integrado por los mejores instrumentistas de la capital. Otros intérpretes puertorriqueños ayudaron a mantener la música en el país.

Adicional al cambio de gobierno en la Isla, hubo una gran depresión económica debido al cambio de moneda y a los estragos del ciclón San Ciriaco. Esto ocasionó que por tres o cuatro años, no se recibieron en la Isla las visitas frecuentes que hacían diversas compañías de zarzuela y ópera. Indica Callejo que esa debió ser otra razón por la cual los músicos españoles dejaron de venir al país.

El proyecto de americanización trajo como resultado el rompimiento con las relaciones y costumbres españolas. De inmediato, se inicia un movimiento oficial para americanizar la Isla a través de la educación. Comenzaron a llegar maestros, supervisores y superintendentes estadounidenses. Se utilizó el idioma inglés para enseñar en las escuelas. Por lo tanto, los libros utilizados eran en ese idioma. José J. Beauchamps informa que se utilizó "la celebración formal e intensa de los días festivos relacionados con la historia de los Estados Unidos; uso intensivo de canciones, especialmente, las que exaltan el sentimiento nacionalista norteamericano"[131]. También explica que durante los primeros años la cultura tradicional puertorriqueña no existió en la escuela.

Comenta Malavet Vega que en 1904 se cantaba en la Isla *La Borinqueña*, con la letra que escribió Fernández Juncos y que de esa canción se hizo una traducción al inglés, debido a que los estadounidenses traducían todo como método de su proyecto de americanización. La convivencia con la cultura estadounidense tuvo gran influencia en la población y en las artes. Sobre este asunto Malavet nos menciona que "Para el 1908 era frecuente encontrar a algunos de nuestros compositores trabajando ritmos estadounidenses, como el *two steps*"[132].

Durante los años de la Segunda Guerra Mundial, llegaron a

---
[130] María L. Muñoz, *op. cit.*, p. 137.
[131] José J. Beauchamps, "Colonialismo, agresión y cambio cultural perturbador en Puerto Rico" *La agresión cultural norteamericana en Puerto Rico*. México: Guanajibo, 1980, p.72.
[132] Malavet, *De las bandas al Trío Borinquen...*, *op. cit.*, p. 70.

Puerto Rico artistas europeos de gran reputación que huían de ese conflicto bélico. Muñoz dice que, de esa forma, la población del país tuvo la oportunidad de escuchar y de admirar el talento de esos visitantes. Añade, además, que el estímulo que llegó del exterior se hizo sentir entre los artistas nativos.

La cultura puertorriqueña se mantuvo firme ante las imposiciones de los estadounidenses. A pesar del proceso de americanización, el pueblo continuó con su música en español, conservando lo heredado y lo que habían desarrollado. Según Malavet, fue en las primeras décadas del siglo XX que los artistas del país lucharon por afirmar su cultura, particularmente, en la música. La música popular continuó desarrollándose en la Isla y se formaron grupos musicales como cuartetos, orquestas, grupos de jaranas y serenatas, entre otros.

Al pasar los años luego de tanta lucha, los norteamericanos fueron entendiendo que ambas culturas, la anglosajona y la hispana, tan diferentes una de la otra, podían existir y convivir en la Isla. Con esa concepción es que se reanudarán los contactos con España. Muchos estudiantes puertorriqueños tuvieron la oportunidad de ir a realizar estudios a universidades españolas. De esa manera, se dará, nuevamente, un intercambio cultural entre españoles y puertorriqueños.

3. Siglo XX

Como ya hemos destacado, luego de las visitas de estudiantinas a la Isla a finales del siglo XIX, no se han encontrado datos que indiquen la visita de agrupaciones como estas a Puerto Rico, en la primera mitad del siglo XX. Como indica Rodríguez Pagán, la idea en torno a ese tipo de agrupaciones no se dio, necesariamente, por la presencia de estas en la Isla. Rodríguez dice: "La idea de una tuna y/o estudiantina comenzó a perfilarse en la memoria de los puertorriqueños a partir del flujo de estudiantes y profesores que viajaron a Europa"[133]. Menciona como ejemplo el libro *Estudiantinas de la Gran Vía a la Calle Alcalá*, donde su autor, Francisco M. Rivera Lizardi, cuenta sobre sus anécdotas y experiencias entre 1954-1960

---

[133] Bermarie Rodríguez Pagán, "La Tuna como manifestación cultural universitaria: el caso de la Tuna de la Universidad de Puerto Rico". Conferencia, 2012, p. 4. www. issuu.com/tunaemundi/docs/la_tuna_como_manifestaci_n_cultura.

LAS ESTUDIANTINAS Y TUNAS LLEGAN A PUERTO RICO

cuando estudiaba en Madrid. En su libro Rivera describe a las tunas que tuvo la oportunidad de ver, ya que, en la Universidad Central de Madrid, cada facultad tenía una. También narra la experiencia de un estudiante puertorriqueño que participó y viajó con una de ellas.

Más adelante, Puerto Rico fue visitado por una tuna integrada por estudiantes. Esa fue la Tuna Hispanoamericana del Colegio Mayor Nuestra Señora de Guadalupe de Madrid que visitó la Isla en 1961. Posiblemente, sea una de las tunas que describe Rivera Lizardi en su libro, ya que esa agrupación era de la universidad en la que él estudió. En la Universidad Central de Madrid cada facultad tenía una tuna y el color de la beca era distintivo de cada una de ellas. En el caso de la Hispanoamericana, esta no pertenecía a ninguna facultad en específico. Era la tuna de un colegio mayor, lo equivalente a un hospedaje de estudiantes en Puerto Rico. Esta agrupación se fundó en 1947. Sobre este asunto Álvarez explica que:

> El Instituto de Cultura Hispánica había creado un Colegio Mayor a imagen de los existentes en todas las ciudades universitarias y siguiendo una tradición de siglos. Este Colegio Mayor serviría de residencia a los estudiantes de Iberoamérica que el instituto becaba todos los años[134].

De su viaje a Puerto Rico, Álvarez hace un recuento de los sucesos ocurridos antes y durante el mismo, ya que él fue uno de los tunos que visitó la Isla. Como él relata, para que se lograra la travesía, unieron su ayuda y esfuerzos los jóvenes que formaban en Madrid el Círculo de Estudiantes de Puerto Rico y la Casa de Puerto Rico en España quienes coordinaron la estadía del grupo en la Isla. Esta agrupación había visitado varias ciudades en España, Portugal, Marruecos, París y varias ciudades belgas.

Llegaron a Puerto Rico el 17 de diciembre de 1961 y se alojaron en las instalaciones de la YMCA (Young Men's Christian Association). Su primera actuación fue el 19 de diciembre en La Fortaleza donde el gobernador, Luis Muñoz Marín, les dio la bienvenida. La alcaldesa de San Juan, Felisa Rincón de Gautier, los recibió el día 20 de diciembre en su municipio. El día 21 de diciembre visitaron la casa del presidente del Senado, Samuel R. Quiñones. Las siguientes presentaciones fueron en empresas propiedades de españoles.

---
[134] Álvarez Álvarez, *op. cit.*, p. 7.

Álvarez describe algunas de sus actuaciones de la siguiente manera:

> El día 24 actuamos en el Hotel La Concha junto con la Orquesta Sinfónica de Puerto Rico, en programa transmitido por radio y bajo la dirección del mítico Arturo Somohano. El éxito fue espectacular y por ello el día 31 volvimos a intervenir en el mismo escenario y con la misma orquesta y director[135].

Además, relata que el martes, 26 de ese mes, fue un día intenso para los integrantes de la tuna, porque ofrecieron conciertos para el personal civil y militar de los Estados Unidos en Fort Brooke y Buchanan. Ese día, también se presentó la tuna en el canal 4 (WAPA). El resultado de la actuación en el canal fue tan bueno que los contrataron para una nueva presentación el 2 de enero del año que estaba por comenzar. El 27 de diciembre de 1961, el presidente del Senado volvió a invitar la tuna a su casa y el *Rotary Club* les ofreció una cena en el Hotel Caribe Hilton.

Álvarez indica que "Los días 28, 29 y 30 tuvimos numerosas invitaciones por parte de autoridades de, prácticamente, todos los departamentos del gobierno y de la municipalidad, corporaciones profesionales y empresarios"[136]. Dice recordar con agrado, la participación en las fiestas populares que se organizaban en las barriadas de San Juan.

De la visita de esta tuna a la Isla, el periódico *El Mundo* publicó un artículo en el que describe un recorrido que realizó el grupo por las calles de San Juan. El escrito también indica el propósito de estar en el país, la vestimenta, y el número de integrantes y sus nombres. Al viaje no pudieron asistir todos sus integrantes, así que solo vinieron veinte de ellos. La noticia los mencionó de esta manera:

> El grupo lo integran los siguientes jóvenes: Bandera, Santiago Gómez; Panderetas, Fernando Pérez y Carmelo Pestaña; Bandurrias, Luis Ruiz, Carlos Muñoz, Juan García, Eduardo Cubí, Alberto Álvarez; Laúdes, Francisco Romero, Manuel Redondo, José Luis Campos, Fernando Álvarez, Juan Alba; Guitarras, Felipe Ruiz, Fernando Alonso, Rafael Ruiz, Alberto Pestaña, José del Castillo, Juan Silva y Pedro Nieto[137].

---

[135] Álvarez Álvarez, *op. cit.*, p. 38.
[136] Ibíd., p.35.
[137] Angie J. Rivera, "Tuna Estudiantil de Colegio en Madrid Aviva Espíritu Navideño en el Viejo SJ". *El Mundo*, 28 de diciembre de 1961.

El fin de año, estuvo muy ocupado para la Tuna Hispanoamericana, pues tuvieron que asistir a tres recepciones ofrecidas por Secretarios de Estado. El presidente del Senado, que los invitaba por tercera ocasión y había organizado una fiesta para la tuna, y la última actividad del día que fue en la Casa de España.

Álvarez señala que comenzando el año nuevo continuaron las presentaciones. El 1 de enero visitaron el Hospital del Auxilio Mutuo de la Sociedad Española de Beneficencia, donde conocieron las obras benéficas llevadas a cabo, principalmente por gallegos y asturianos. Al otro día, asistió la tuna a la recepción que el gobernador de la Isla ofrecía a las autoridades y al cuerpo diplomático. La Tuna Hispanoamericana volvió a actuar en el canal 4 (WAPA).

El 3 de enero, la agrupación visitó el pueblo de Arecibo y se presentaron en la alcaldía, un sanatorio y en el *Country Club*. La alcaldesa de San Juan, Felisa Rincón de Gautier, colocó una cinta en la bandera de la tuna el día 4 de enero. Luego visitaron el pueblo de Manatí, donde ofrecieron un concierto.

Manifiesta Álvarez que la acogida de este grupo en la Isla fue muy buena y que tuvieron que añadir presentaciones durante su estadía. Señala también que en el teatro Tapia en San Juan tenían programadas tres actuaciones a partir del 5 de enero. El éxito obtenido por la Tuna Hispanoamericana fue tan grande que se programaron otras tres actuaciones y una adicional el 15 de enero.

La popularidad de la agrupación fue enorme. La visita de dos semanas programada para Puerto Rico se extendió a seis semanas. Así, que hasta finales de enero tuvieron una gran cantidad de presentaciones en hospitales, el Colegio de Abogados, la Universidad de Puerto Rico, hoteles, bancos, fraternidades de estudiantes y canales de televisión. Visitaron distintos pueblos de la Isla entre ellos: Mayagüez, Ponce y los ya mencionados.

Comenta Álvarez que la última actuación de la Tuna Hispanoamericana en la Isla tuvo lugar en la casa de la profesora Norma Urrutia, fundadora de la Tuna de la Universidad de Puerto Rico. De casualidad, la fundación de la primera tuna en la Isla coincidió con la visita de la Tuna Hispanoamericana en 1961. La agrupación fundada en la universidad se presentó por primera vez el 15 de diciembre y el grupo español llegó al país dos días después. Los tunos españoles sirvieron de ejemplo a los tunos puertorriqueños que estaban en sus comienzos, ya que tuvieron la oportunidad de conocerse y compartir en varias actividades.

En 1963 la Tuna Hispanoamericana realizó su segundo viaje a la Isla. En ese tiempo la profesora Norma Urrutia y José Luis Campo, uno de los tunos españoles, se habían casado en Madrid, en 1962. En entrevista con Martín Ságarra, Urrutia relató:

> En el caso nuestro es de observar que 'salieron' unos cuantos matrimonios de aquellos dos viajes de la Tuna Hispanoamericana a Puerto Rico (en 1961, auspiciado por la Casa de PR en Madrid y por el Instituto de Cultura Hispánica; y en 1963, agenciado por José Luis y por mí, a petición de muchos tunos de la Hispanoamericana. Estos querían regresar o venir por primera vez - para lo cual conseguimos los auspicios de Gómez Hnos., los representantes de los automóviles Rambler en PR, y del entonces dueño de Canal 11 TV, Ing. Ralph Pérez Perry[138].

Luego de esas visitas algunos de los integrantes de la agrupación contrajeron matrimonio y se quedaron a vivir en la Isla. Urrutia cuenta que se casaron en Puerto Rico Juan Silva Parra, Carmelo Pestaña Segovia y Francisco Calderón Zúñiga y del segundo viaje, Alberto Lampaya. Indica que también se casaron con puertorriqueñas un hermano de Juan Silva y un hermano de Fernando Pérez Veiga.

En 1964 otra agrupación de la Universidad Central de Madrid visitó la Isla. Nos referimos a la Tuna de la Facultad de Farmacia, quien ese año consiguió viajar a Nueva York y presentarse en la Feria Internacional. Relata Francisco (Paco) Herrera Rodríguez, quien fue uno de los integrantes del grupo, que esta tuna tenía de veinte a veinticinco miembros. Contaban con guitarras, bandurrias, laúdes, acordeón, violines, flautas y panderetas. Su repertorio incluía, además de las canciones típicas de las tunas españolas, canciones puertorriqueñas e hispanoamericanas. Nos dice Herrera: "Puedo decir con mucho orgullo que quien introduce en la tuna y en las tunas españolas, en *Mi Viejo San Juan* y *Preciosa* fue mi esposa Miriam, que nos las enseñó"[139]. Explica, además, que el repertorio se iba ampliando

---

[138] Félix O. Martín Sárraga, "La Música y la vestimenta como elementos de globalización de la Tuna. El caso americano.". p. 19. www.tunaemundi.com/index.php/publicaciones/conferencias.

[139] Entrevista a Francisco (Paco) Herrera Rodríguez, Guaynabo, Puerto Rico. 7 de marzo de 2015.

según viajaban a otros lugares de los cuales aprendían sus canciones y cuando conocían a muchachas de otras nacionalidades. Esta agrupación había viajado a muchos países de Europa entre ellos Francia, Bélgica, Alemania, Suecia, Dinamarca, Italia, Suiza y Austria.

Uno de los viajes más significativo para ellos fue cuando viajaron a Francia para la boda de Fabiola de España con Balduino de Bélgica. Cuenta Herrera que se unieron varias tunas y fueron a darle una serenata a Fabiola debajo de su balcón. A ella le gustó mucho y quiso invitarlos a la boda, pero como eran tantos decidió invitar cinco de cada tuna. En la Tuna de Farmacia se echó a sorteo la selección de los tunos que irían a la actividad y Herrera no salió seleccionado, pero se las arregló para asistir. Preguntó a sus compañeros tunos quiénes querían ir con él a la boda de Fabiola en "autostop"[140] y cinco se unieron. Tuvieron que salir seis días antes pues no conocían nada de Francia. Pidieron aventón, tocaron, cantaron, reunieron dinero y llegaron a participar de la boda, además de quedarse en el mismo hotel de los tunos invitados, oficialmente, a la actividad.

Esa agrupación tocaba y cantaba en un restaurante muy famoso en España, El Botín, que es el más antiguo del mundo. El lugar era frecuentado por turistas, entre ellos americanos. Como relata Herrera, quien fue solista y pandereta del grupo, una persona de la Agencia Marchand se fijó en ellos. Herrera se enteró de que saldría un crucero hacia Nueva York, las Islas del Caribe y regresaba a España. Este quería que la tuna tuviera la oportunidad de hacer ese viaje, porque su novia vivía en Puerto Rico y él quería visitarla. Así que lo comenta a la persona de la agencia y este le dice que no se preocupara, que en todos los viajes siempre quedan camarotes vacíos, y que si eso ocurría la tuna iba a Nueva York.

Así sucedió y diez de los integrantes de la Tuna de Farmacia de la Universidad Central de Madrid viajaron a esa ciudad a finales de junio. Francisco Herrera (Fósforo), cantante y pandereta; Salvador Pérez (Sopi), laúd y cantante; Federico Ruyra (Viti), acordeón; Jesús Rodríguez (Tito Jesús), guitarra; Vicente Gascón (Remache), guitarra; Jesús Fernández (Chesman), guitarra; Juan Antonio Cobos (Obispo), bandurria; Alfonso Sánchez (Serrucho), violín; Adolfo Sa-

---

[140] Forma de viajar que consiste en pedir transporte gratuito generalmente haciendo una señal con el dedo.

11. Tuna Facultad de Farmacia, viaje a la Feria Internacional de Nueva York

lazar (Pallador), guitarra y José Rodríguez (Práctico), abanderado y como hablaba inglés fue el intérprete del grupo durante la estadía[141]. Era importante que las tunas contaran con más de un cantante y ellos tenían dos. No se hizo una selección de tunos para el viaje. En esa ocasión viajaron los que estaban disponibles para hacerlo. Los demás integrantes no asistieron ya que algunos de ellos se encontraban haciendo el campamento de milicia.

En Nueva York, además de presentarse en la Feria Mundial, lo hacían todas las noches en el Pabellón Español, del cual era director Miguel Hernández. El Sr. Hernández notó que la tuna había gustado mucho, sobre todo, a las muchachas. La noche anterior a la partida, les notificó que quería que la tuna se quedara un mes. Gracias al director, se hospedaron en un apartamento en el lugar donde se hospedaban las personas del Pabellón Español. Les daban veinticinco pesos diarios para comer y tiempo libre.

En los días en que se prolongó la estadía en Nueva York, Herrera viajó a Puerto Rico a ver a su novia, Miriam Rodríguez Valles. Estuvo alrededor de cuatro a cinco días. En ese tiempo Samuel Badillo,

---

[141] Listado facilitado por Francisco Herrera.

quien era presidente de la agencia de publicidad Badillo, estaba casado con una tía de su novia y les consiguió un contrato en el Hotel El Convento. Herrera se reunió, nuevamente, con la tuna en Nueva York y vinieron a la Isla. Además de quedarse en el hotel, las comidas estaban incluidas. Cantaban todas las noches en el restaurante de la hospedería hasta que un día los empleados del hotel se manifestaron en contra de ellos porque, como grupo, no estaban unionados y advirtieron, que si el grupo continuaba cantando se irían a la huelga. El presidente de la unión de músicos para ese tiempo era Abraham Peña. Aclara Herrera que ellos desconocían qué era estar unionados. El hotel honró su palabra de darles hospedaje, aunque no pudieron seguir las presentaciones. Esa visita duró tres semanas en las cuales, también hubo actuaciones en la Casa España, el Auxilio Mutuo, el *Caparra Country Club* y actividades privadas. Gracias a Samuel Badillo la tuna tuvo la oportunidad de presentarse en televisión y radio donde pudieron compartir con varios artistas, entre ellos, el Trío Los Panchos.

En diciembre de ese año, Herrera regresó solo a Puerto Rico y se comprometió con su novia. Al año siguiente se casaron y se quedó a vivir en la Isla, igual que lo hicieron los cinco tunos de la Hispanoamericana. En el 1967, el hermano de Herrera, quien también era integrante de la Tuna de Farmacia de la Universidad Central de Madrid, le pide que levante fondos entre sus amistades para que lo ayudara a él y a cuatro tunos más a venir a la Isla. Relata Herrera que así lo hizo y le envió unos ahorros que tenía para los pasajes. En diciembre del mismo año, regresó esta tuna a la Isla, aunque con una representación más pequeña que la anterior. Llegaron a la Isla Antonio Ordoñez, Miguel Abascal (Piti), Arturo Madrigal, Emilio de la Cruz y Aguilar y el hermano de Herrera, José Pedro Herrera (Horti). Abascal ya conocía la Isla. La había visitado en el 1963, cuando viajó con la Tuna Hispanoamericana en su segundo viaje. Pudo unirse a ellos porque esa tuna no pertenecía a una facultad en específico.

Por supuesto que Herrera se les unió e hizo los arreglos para que se presentaran en los mismos lugares que en el viaje del 64, además de muchos restaurantes. También relata: "Mi suegro tenía un apartamento en las Torres de la Alcaldía de Bayamón y se quedaron allí, y yo con mi carrito los movía a las actividades"[142]. Al momento de regresar los cinco tunos le pagaron a Herrera el dinero que les había prestado para los pasajes. Además, cada uno se llevó quinientos dólares, que en aquel tiempo, era mucho dinero. En los años subsiguientes continuaron visitando la Isla para la misma época.

A estos viajes se les unieron otros tunos. Luego, otras tunas copiaron la idea y comenzaron a visitar la Isla, generalmente, para la época navideña. Según Herrera, de las visitas de estas agrupaciones al País, es que la Tuna de la Universidad de Puerto Rico aprendió varias costumbres como la del parche o pasar la pandereta. Estas agrupaciones, sobre todo la Tuna Hispanoamericana, fueron ejemplo para la primera tuna en la Isla.

---

[142] Herrera Rodríguez, *op. cit.*

CAPÍTULO III

La primera tuna en el País, la Tuna de la Universidad de Puerto Rico

1. Origen

En el verano del 1959 la profesora Norma Urrutia realizó un viaje a Francia. En ese país la educadora tuvo la oportunidad de ver la ejecución de una tuna española. Como ha señalado Urrutia, en muchas ocasiones, quedó impresionada y teniendo el conocimiento de que las tunas surgían entre estudiantes universitarios, se le ocurrió la idea de proponer la fundación de una agrupación como esa para la Universidad de Puerto Rico. Colón Custodio, que fue integrante de la tuna en la década de los noventa, en un artículo suyo explicó que "su primer acercamiento fue fallido, pero, posteriormente y estando de Rector Jaime Benítez, obtuvo el visto bueno"[143]. Relató Urrutia que "Hablé un día con mi buen amigo y decano, don Sebastián González García. Don Sebastián me rechazó la idea. -"Aquí no hay tradición de tunas, Norma" —recuerdo que me dijo"[144]. No obstante, esa contestación no logró borrar su sueño y deseo de que el primer centro docente del País tuviera una tuna.

Dos años después, en octubre de 1961, se fundó la tuna de la universidad y se le llamó Estudiantina Universitaria. Urrutia indica, que el entonces rector Jaime Benítez, brindó todo el apoyo y los recursos necesarios para que se lograra organizar el grupo. En esta tarea la profesora Urrutia contó con la ayuda de la profesora Carmen Muñiz de Barbosa y del amigo profesor, Francisco (Paquito) López Cruz, quien fue el primer director de la Estudiantina Universitaria. Indicó Urrutia que López Cruz, además de impartir cursos en la universidad, era una figura prominente del folclor

---

[143] José David Colón Custodio, "Creación de la Tuna Puerto Rico (1898-1961)". http://www.tunaespana.es/?page_id=18061
[144] Norma Urrutia, "Orígenes y triunfo, Tuna de la UPR". El Reportero, sección comentario. 3 de julio de 1982, p. X.

puertorriqueño, maestro y defensor del cuatro, instrumento típico. Es él quien integró a la tuna varios instrumentos autóctonos de Puerto Rico. Sobre este asunto, Rodríguez Pagán, explica que "la tuna coincidió con los esfuerzos de rescatar esos rasgos puertorriqueños que proclamaba el ICP[145]. Por consiguiente, este destacado músico y folclorista comenzó a realizar la tarea de promover el instrumento del cuatro puertorriqueño"[146].

2. La convocatoria

Para conseguir los integrantes se hizo una audición y se les convocó con un cartel. Colón Custodio mencionó en su escrito que "una vez aceptada la idea de la tuna, de inmediato, Norma Urrutia diseñó un cartelón sobre las audiciones para la tuna"[147]. Se utilizaron varias maneras para invitar a los estudiantes a ser parte del grupo. Urrutia nos indica que "formulé un cuestionario que hicimos circular entre el estudiantado de primer año. Invitábamos a todo aquel que tocara instrumentos de pulso y púa – guitarra, cuatro, mandolina, laúd, bandurria...– a asistir a una reunión en el Centro de Estudiantes"[148].

Víctor Cotto, quien se encontraba en su primer año de universidad, narra que "para mediados de septiembre pasaron por todos los salones una hoja de la oficina del Decanato de Estudiantes"[149]. También señaló que se invitaba a todo estudiante que tuviera habilidad para cantar o tocar, a una reunión en el Centro de Estudiantes y que la misma estaría a cargo del profesor Paquito López Cruz. Cotto se interesó en asistir, ya que le gustaba la música, tocaba guitarra y tomaba clases de música con ese profesor. Otro de los estudiantes de ese tiempo, Wildo Fuentes, recuerda que la clase de español básico se la impartía la profesora Urrutia y un día ella les habló sobre las tunas en España y sobre su interés en organizar una en la universidad. Fuentes, fue también uno de los que se mostró interesado.

---

[145] Instituto de Cultura Puertorriqueña.
[146] Rodríguez Pagán, *op. cit.*, p. 10.
[147] Colón Custodio, *op. cit.*, párr. 12.
[148] Urrutia de Campo, *op.cit.*, párr. 6.
[149] Entrevista a Víctor Manuel Cotto Colón, Cayey, Puerto Rico, 22 de julio de 2014.

3. Primera reunión

A esa primera reunión acudieron pocas personas. Cotto cuenta que fue cauteloso en acercarse al lugar. Él pensaba que el salón iba a estar lleno de personas interesadas para participar en el grupo. Para su sorpresa, fue lo contrario. Comenta que, cuando se anotó en el listado, firmó aproximadamente en el número siete y su hermano de crianza, Víctor M. Leguillow, que lo acompañaba, firmó en el número ocho. Por su parte Fuentes, quien también asistió, dice que en ese primer encuentro había de seis a siete personas, de las cuales recuerda a Miguel Vázquez, Olga Rodríguez y su hermana, Mayra, Víctor Cotto y él. Luego se unieron otras personas. Cotto se acuerda que les pidieron que para la segunda reunión llevaran sus instrumentos e invitaran a otros estudiantes. Así lo hicieron y el número de integrantes aumentó. Urrutia escribió en un artículo que "Quince estudiantes respondieron a nuestro llamado, siete de quienes eran féminas. No había más remedio: nuestra tuna habría de incluir mujeres, con lo que se introducía una nueva modalidad en la tradición tuneril hispánica"[150]. Las chicas que asistieron fueron aceptadas por varias razones: la cantidad de estudiantes que audicionó fue poca, eran buenas en la música y, como aclaró la profesora en aquel tiempo, el cartel no especificaba que se estaban buscando integrantes masculinos. La idea original era organizar una tuna tal como la había visto Urrutia en su viaje, en la que todos sus miembros fueran varones, pero la realidad fue otra. De esa manera, la Tuna de la Universidad de Puerto Rico comenzó como una tuna mixta y se convirtió en la primera tuna de la Isla.

En sus inicios, la agrupación perteneció a la facultad de Estudios Generales. En febrero de 1962, la reportera, Rojas Daporta escribió: "La estudiantina es un proyecto que auspicia la facultad de Estudios Generales de la UPR"[151]. Además de cumplir su deseo de lograr la fundación de una tuna en la Universidad, Urrutia tenía como objetivo que la agrupación brindara una experiencia a los estudiantes a los cuales les gustaba la música. La profesora explicó:

> La Tuna abrió nuevas oportunidades de expresión y desarrollo a un tipo de estudiante, al músico de *oído*, de muy poca o ninguna educa-

---
[150] Urrutia de Campo, "Orígenes y triunfos...", *op. cit.*, párr. 8.
[151] Malen Rojas Daporta, "En Hato Rey, estudiantina universitaria dará concierto viernes 23". *El Mundo*, 22 de febrero de 1962, p. 27.

ción formal, que sabe tocar un cuatro o una guitarra porque intuye sus secretos o porque lleva la música por dentro. Se trata de un alumno que no encaja en el Coro, ni en la Banda, ni en la Orquesta[152].

Luego la agrupación pasó a ser parte del Centro Universitario del Decanato de Estudiantes. Indica la fundadora que "Tras su exitoso primer año fuera adscrita oficialmente al Centro de Estudiantes para garantizar su permanencia y crecimiento"[153]. Así ocurrió y la Tuna de la Universidad de Puerto Rico lleva cincuenta y ocho años de fundación. Según Martín Sárraga esta es la tuna universitaria más antigua con actividad continua en todo el continente americano.

4. Ensayos

Cuando quedó organizado el grupo en el mes de octubre, comenzaron los ensayos. Relata Cotto que lo hacían en el Centro de Estudiantes, aproximadamente una hora los lunes, miércoles y viernes. En 1964 cuando se habló del viaje a España, el segundo director, les exigió más. Por su parte, Acevedo recuerda que, por lo general, ensayaban de cuatro a seis de la tarde tres veces en la semana. Cuando llegó Pedro Escabí como director los ensayos cambiaron de dos a cuatro de la tarde. Fuentes indicó que ensayaban en las glorietas que había al lado del edificio de Estudios Generales y luego en el tercer piso del Centro de Estudiantes. También destaca que los integrantes de la tuna acostumbran ir al lugar del ensayo, durante las horas en las que no tenían clases. Esa costumbre ha perdurado hasta el presente.

5. Primera presentación

El periódico *El Mundo* del sábado, 16 de diciembre publicó que la primera actividad de la tuna fue el viernes, 15 de diciembre de 1961. Rojas Daporta escribió: "La primera presentación de este grupo, que se llama Estudiantina Universitaria, será hoy viernes, 15 de diciembre, a las 6:00 p.m. bajo un árbol del cuadrángulo frente al

---

[152] Urrutia de Campo, "Orígenes y triunfos...", *op. cit.*, párr. 9.
[153] Norma Urrutia de Campo, "Amigos tunos de la Universidad de Puerto Rico, de ayer, de hoy, de siempre". *Tuna de la Universidad de Puerto Rico: 50 años de excelencia, aventura y tradición. Programa del 50 aniversario Tuna UPR.* Río Piedras, Puerto Rico: Universidad de Puerto Rico, 2011. p. 6.

teatro"[154]. De ese momento, Urrutia expresó: "La Tuna tuvo un estreno feliz, cantando ante un público lleno de entusiasmo que se reunió frente al Teatro de la Universidad en un histórico atardecer de la Navidad de 1961"[155]. Esas palabras las escribió en un artículo con motivo de la conmemoración de los veinte años de la fundación de la tuna.

12. *El Mundo*, primera presentación de la Tuna

Urrutia aclara: "Digo lo de histórico con conciencia, porque el acto tuvo lugar precisamente el diecisiete, día en que el presidente Kennedy y su esposa Jacqueline visitaban la Isla"[156]. Es posible que, como Urrutia estaba escribiendo sobre el acontecimiento veinte años después, haya confundido la fecha. Esa fecha vuelve a mencionarse en el programa del quincuagésimo aniversario de la Tuna de la Universidad. Sin embargo, años antes, Urrutia había escrito un artículo titulado "La Tuna es símbolo de la alegría juvenil", en el que indicaba: "El acto tuvo lugar un día de fin de exámenes, al anochecer pese a que ese mismo día llegó el presidente Kennedy a Puerto Rico y se concedió la tarde libre a los empleados universitarios para que acudieran al recibimiento". Esto es evidencia de que el día de la primera presentación del grupo fue el viernes, 15 de diciembre de 1961 y no el 17 de diciembre que fue domingo.

La visita del presidente a la Isla fue el viernes, 15 de diciembre de 1961. La misma fue reseñada por la prensa, tanto del país como la extranjera. En el diario *El Mundo* esta noticia ocupó la portada del sábado, 16 de diciembre, con fotos y artículos de la llegada y el recibimiento en la Isla de los esposos Kennedy, quienes arribaron

---

[154] Malen Rojas Daporta, "Agrupación llevará a campus UPR espíritu navideño". *El Mundo*, 16 de diciembre de 1961, p 10.
[155] Urrutia de Campo, "Orígenes y triunfos...", *op. cit.*, párr. 10.
[156] Ibíd.

a Puerto Rico a las cuatro y diecisiete de la tarde, de ese viernes. Los títulos de las noticias señalan que miles invadieron a San Juan para saludar a los Kennedy y que no hubo incidentes durante el recibimiento en el aeropuerto. También publicaron en esa edición una proclama emitida por el gobernador Luis Muñoz Marín el día antes, a las 5:00 p. m. en la que, según este rotativo, "el gobernador Muñoz Marín expresó 'el hondo regocijo del pueblo puertorriqueño' por la visita del presidente Kennedy"[157]. Explica el escrito que el gobernador "exhortó a las instituciones cívicas, culturales y religiosas, a la prensa, la radio y la televisión de todo el país a que celebraran con regocijo la estadía de 'este gran americano' en Puerto Rico"[158]. Los esposos Kennedy fueron agasajados con una cena en La Fortaleza, donde también pasaron la noche. Al día siguiente, el presidente desayunó con el gobernador y luego se dirigieron al aeropuerto rumbo a Venezuela. La visita a ese país formaba parte de la primera gira oficial de los Kennedy a Latinoamérica. Esto demuestra que la primera presentación de la Tuna de la Universidad de Puerto Rico y la visita a la Isla del presidente Kennedy fueron dos sucesos que ocurrieron el viernes, 15 de diciembre de 1961.

Otro acontecimiento que ocurrió cercano a esa fecha fue la visita de la Tuna Hispanoamericana que llegó a la Isla el 17 de diciembre de 1961, como se indicó en el capítulo anterior. Esta agrupación realizó muchas presentaciones y la prensa del país escribió varios artículos sobre sus actividades. El día 28 de diciembre, *El Mundo* publicó que, en la víspera de Noche Buena, la Tuna Estudiantil del Colegio Mayor Hispanoamericano Nuestra Señora de la Guadalupe de Madrid, aviva el espíritu navideño en el Viejo San Juan. Sobre ellos Rivera indicó: "Los estudiantes, veinte en total, se encuentran en la Isla en viaje de buena voluntad patrocinado por la Casa de Puerto Rico en España, para la cual esperan recaudar una suma de dinero que ayude a las facilidades que la Institución ofrece"[159].

La visita de esta agrupación fue de mucho provecho para la Tuna de la Universidad que estaba comenzando en ese momento y tuvo la oportunidad de compartir con ellos. Rodríguez Pagán comenta al respecto: "Es preciso destacar, que la Tuna Hispanoame-

---

[157] *El Mundo*, 16 de diciembre de 1961, p. 10.
[158] *Ibíd.*
[159] Rivera, *op. cit.*

La primera tuna en el país, la Tuna de la Universidad de Puerto Rico

13. *El Mundo.* Suplemento sabatino. La Tuna de la Universidad de Puerto Rico y la Tuna Hispanoamericana celebran el fin de los exámenes.

ricana de Madrid contribuyó grandemente a forjar una idea de lo que las tunas hacían, pues desde diciembre de 1961 estuvieron presentándose en diversos escenarios de la Isla"[160]. En Puerto Rico no existían tunas, es por eso que los estudiantes que se convirtieron en los primeros tunos de la Universidad de Puerto Rico, solo tenían una idea de lo que eran esas agrupaciones, gracias a las explicaciones y descripciones que la profesora Urrutia les había ofrecido. Esta indica que "Para aquellas fechas llegó por primera vez a Puerto Rico una tuna española. La nuestra tuvo, pues, la oportunidad de ver en práctica lo que ya sabía en teoría"[161]. Rodríguez Pagán expresa que la Tuna Hispanoamericana sirvió en gran medida como ejemplo a la Tuna de la Universidad de Puerto Rico que comenzaba sus primeras andanzas en ese periodo navideño.

El que la Tuna de la Universidad de Puerto Rico se presentara por primera vez en una Navidad y el hecho de que la Tuna Hispanoamericana visitó la Isla en esa temporada, ocasionó que en Puerto Rico se asociara a estas agrupaciones con la época navideña. Otro fac-

---

[160] Rodríguez Pagán, *op. cit.*, p. 14.
[161] Urrutia de Campo, "Orígenes y triunfos...", *op. cit.*, párr. 11.

tor que influyó fue que las primeras canciones interpretadas por las tunas del País, muchas de ellas eran representativas de esa temporada del año. En su primera actividad la Tuna de la Universidad interpretó una variedad de ritmos. Rojas Daporta mencionó en un artículo que "la Estudiantina interpretará villancicos y aguinaldos, canciones latinoamericanas y números populares y cómicos"[162]. En tan solo dos meses, el grupo contaba con un repertorio variado. López Cruz se había encargado de escoger y hacer arreglos a las canciones, las cuales también incluían las interpretadas por las tunas españolas.

6. Origen del nombre

En el artículo ya citado del periódico *El Mundo* el día 16 de diciembre, Rojas Daporta indica que el nombre del grupo era Estudiantina Universitaria. Para el 27 de abril de 1962 en un escrito del mismo diario, continúan refiriéndose a la agrupación con ese nombre. Colón Custodio explica que se le llamó Estudiantina Universitaria en sus primeros dos años, aproximadamente, y luego para el 1963 llega un nuevo director y comenzó a llamarse tuna. El director, al cual hace referencia es Juan Silva Parra, segundo director de la agrupación y uno de los tunos que había visitado la Isla con la Tuna Hispanoamericana. Este se convirtió en profesor de física de la universidad, y se quedó a vivir en Puerto Rico.

En el rotativo *El Mundo* en febrero de 1963 ya se refieren a la agrupación como La Tuna Universitaria. En diciembre de 1969, en un artículo de periódico donde se reseña el fallecimiento de uno de los integrantes, todavía se referían al grupo como Tuna Universitaria. Además de ese nombre también se le llamaba Tuna de la Universidad de Puerto Rico, así aparece en la carátula de su primer disco que se grabó en diciembre de 1963, al igual que en los siguientes discos. Tal parece que se le llamó de ambas formas durante un tiempo, pero prevaleció el nombre de Tuna de la Universidad de Puerto Rico que es el que se utiliza en el presente.

7. Primeros Integrantes

A la primera reunión llegaron, aproximadamente, de siete a ocho estudiantes. En la siguiente reunión el número de los integran-

---

[162] Rojas Daporta, "Agrupación...", *op. cit.*, p. 10.

La primera tuna en el país, la Tuna de la Universidad de Puerto Rico

tes aumentó a quince. En un escrito del mes de diciembre de 1961, Rojas Daporta indicó: "El conjunto está integrado por 25 estudiantes de ambos sexos, lo cual le da a esta tuna la peculiaridad de que participen varones y señoritas"[163]. En febrero de 1962, la misma reportera informó:

> Integran la Estudiantina los siguientes estudiantes: Guitarras: Víctor Manuel Cotto, Froilán Córdova, Jorge Juliá, Nayda C. Rodríguez, Walter Ríos, Víctor M. Leguillow, Wildo Fuentes, Ramón Rosario Vale, Sol Rodríguez (guitarra flamenca); Mandolinas: Sol Rodríguez, Olga Rodríguez, Teresa García; Cuatro venezolano: Urania Lebrón, Ana Elba Martínez; Voces: Ulpiano Cantres, Ivonne Urrutia, Carmen Pura Coriano, Idalia A. García, José R. Santana, María de los Ángeles Ponce, Miguel Ángel Vázquez, Luis Cabán Vale, Pedro Juan Rúa y Carlos Vicil[164].

En ese mes se integró al grupo, Gregorio (Goyo) Acevedo González, quien se interesó en la tuna por su amigo Wildo Fuentes. Relata que cuando salía de la clase de esgrima se quedaba en el ensayo a esperar a su compañero para irse juntos al hospedaje. Sobre ese tema este contó:

> En una ocasión me encontraba mirando el ensayo por la ventana y la fundadora del grupo dice: "necesitamos voces masculinas", yo estaba en la ventana y pensé, tengo voz y soy masculino y le dije a la profesora ¿yo sirvo? y ella me dijo: "venga por aquí y hablamos". Ella me estaba esperando en la puerta y yo me metí por la misma ventana donde estaba. Hablamos y López Cruz me dio tres meses para aprender un instrumento[165].

Acevedo explica que tuvo que aprender a tocar guitarra, porque toda persona que era integrante de la tuna, además de cantar tenía que tocar un instrumento. Le prestaron una guitarra vieja y Fuentes comenzó a enseñarle. Se esmeró mucho por aprender y tocaba en todas partes. Muy agradecido, expresa: "Wildo fue mi apoyo en todo momento, mi maestro"[166]. A los tres meses, el director le hizo una prueba. Acevedo contó que López Cruz le cogió pena y lo dejó en el grupo.

Convertido en tuno, meses después se interesó por el arte de

---

[163] *Ibid.*
[164] Rojas Daporta, "En Hato Rey..." *op. cit.*
[165] Entrevista a Gregorio (Goyo) Acevedo González, Río Piedras, Puerto Rico, 11 de marzo de 2015.
[166] *Ibíd.*

tocar la pandereta. En ese tiempo quien tocaba y bailaba con la pandereta era Juan Silva Parra. Relata Acevedo que le pidió a Silva que le enseñara a tocar la pandereta, pero este nunca lo hizo. Su deseo por aprender era tanto que se fue con Fuentes a la plaza del mercado y compró una pandereta. La aprendió a tocar por su cuenta y desarrolló un estilo propio. Años más tarde, aquel joven se convirtió en director de la tuna, función que ejerció hasta julio de 2018.

Cuando se preparó el listado, con los nombres y las medidas de cada integrante, para hacer la compra de los primeros uniformes, la tuna contaba con veintiséis miembros. De los mencionados en febrero de 1962 habían abandonado la tuna: Ramón Rosario Vale, Luis Cabán Vale, Pedro Juan Rúa y Carlos Vicil. Ingresaron a la agrupación: en las guitarras, José Rafael Nieves, Amor María González y Minerva Ruiz; en el laúd, Pedro A. Vázquez; en la bandurria, Nilda Nín y, en la mandolina, Idalia A. García[167].

8. Instrumentos

En su primera presentación ya se contaban con varios instrumentos musicales. En su artículo, Rojas Daporta, recalcó: "El conjunto musical está integrado por guitarras, mandolinas, cuatros, maracas, güiros y panderetas"[168].

Víctor Cotto, uno de los integrantes originales, que tocaba guitarra y hacia segunda voz, comenta que el tiple, el cuatro y la bordonúa fueron los instrumentos puertorriqueños que se incluyeron en la agrupación. Del laúd y la mandolina indicó que no los conocían mucho. Además, contaban con güiros, maracas, castañuelas y, en un momento dado, con un acordeón. Un dato curioso es que la primera persona en el grupo en tocar la mandolina fue una chica, Olga Rodríguez. María de los Ángeles Ponce tocaba las castañuelas y la pandereta.

El profesor López Cruz identificaba a los estudiantes que tenían habilidad para aprender rápido y comenzó a enseñarles a tocar otro instrumento, pues hacían falta en la agrupación. Ese fue el caso de Wildo Fuentes quien comenzó tocando guitarra y un poco

---

[167] Información obtenida del listado preparado con las medidas de los integrantes para la compra de uniformes, facilitado por Gregorio Acevedo González.
[168] Rojas Daporta, "Agrupación...", *op. cit.*

La primera tuna en el país, la Tuna de la Universidad de Puerto Rico

de cuatro y aprendió bandurria. Fuentes menciona que se le hizo fácil aprender ese instrumento. Wildo Fuentes está considerado el primer bandurrista puertorriqueño. Así se le menciona en el escrito del Primer Festival Iberoamericano de Tunas, que se llevó a cabo en conmemoración del trigésimo aniversario de la Tuna de la Universidad en 1991. Aclaró Fuentes que la primera bandurria la consiguió la profesora Urrutia con la Tuna Hispanoamericana y que en el viaje que realizaron a España en 1964, aprovechó y compró una para él. Otro de los instrumentos que toca es el requinto y además fue solista del grupo.

Sobre los instrumentos, Rodríguez Pagán, señala que: "Eventualmente, se incorporan instrumentos como el laúd y la bandurria, los cuales prácticamente eran desconocidos en el contexto puertorriqueño y que como resultado le añaden una sonoridad particular a nuestro repertorio popular y folclórico"[169].

En diciembre de 1963 fue la grabación del primer disco. La tuna contaba con: tres mandolinas: Clarita González Rivera, María Mercedes Rivera y Olga Esther Rodríguez; dos bandurrias: Wildo Fuentes Colón y Julio Vidal Rodríguez; dos cuatros: Ramón Ríos Santana y Alejandro Galarza Deynes; un laúd, José Manuel Urrutia; nueve guitarras: Nayda C. Rodríguez López, Juan Véliz Santana, Antonio Abreu Jiménez, Kety Portela del Castillo, Pedro

14. *El Mundo.* Suplemento sabatino. Kety Portela se prepara antes de "salir a escena"

---

[169] Rodríguez Pagán, *op. cit.*, p. 11.

Ortiz López, Froilán Córdova, Ivona Véliz Santana, Víctor Manuel Cotto, Gregorio Acevedo González y la pandereta, Ángeles Ponce Ducós[170].

En el 2015 el director de la tuna, Acevedo González, indicó que la agrupación contaba con bandurrias, laúdes, mandolinas, cuatros, guitarras, castañuelas y panderetas. Hasta el año anterior habían contado con tiples y bordonúas, pero los jóvenes que los tocaban se graduaron y estaban en búsqueda de otros estudiantes que tocaran esos instrumentos. Explicó también que la tuna básicamente está formada por instrumentos de cuerda como en las tunas españolas, y que eso siempre ha sido así. Indicó que los instrumentos de viento no se añaden en la agrupación, porque opacan a los de cuerdas. Tampoco se utiliza la percusión porque sucede lo mismo. La Tuna de la Universidad de Puerto Rico trata de seguir la tradición de las tunas españolas, cantar por las calles, hacer panderetazos y dar serenatas, por lo tanto, no pueden utilizar instrumentos musicales que los aten a un escenario. En ocasiones pueden utilizar percusión menor, dependiendo de la canción.

Recuerda Acevedo que para el año escolar 1964- 1965 la agrupación contó con un acordeonista que él considera excepcional. Ese joven había tomado clases con George Kudirka, maestro que se distinguía porque enseñaba a sus estudiantes a tocar ese instrumento de una manera que no opacara a los demás. Acevedo expresó en el 2015 que como no han encontrado a otra persona que toque el acordeón de esa manera, la Tuna de la Universidad de Puerto Rico no ha podido incluirlo nuevamente.

9. Repertorio

En la primera actividad contaron con un repertorio variado en el cual interpretaron canciones de tunas, villancicos, aguinaldos, canciones latinoamericanas, españolas, números populares y cómicos. Cotto relata que las canciones eran escogidas por el director y que comenzaron con las que eran interpretadas por otras tunas. Luego se añadieron canciones de Puerto Rico. Coincide Fuentes en que las mismas eran escogidas por el director y señala que el primer

---

[170] Información obtenida de la parte posterior de la carátula del primer disco de la Tuna de la Universidad de Puerto Rico.

número que se aprendieron fue "Clavelito", al que le siguieron "La Tuna compostelana" y "Las cintas de mi capa", entre otros. Acevedo indica que la mayoría de las canciones eran de tunas españolas y de temas puertorriqueños y suramericanos. Cuenta también que en la tuna se interpretaban boleros y números románticos. Sobre eso Cotto da el ejemplo del "Burro socarrón", el cual era un tema jocoso, lo interpretaban en un trío y a él le tocaba hacer como un burro.

El viernes, 23 de febrero de 1962 ofrecieron un concierto. Las canciones que se interpretarían ese día fueron mencionadas en un artículo del periódico *El Mundo* en el cual Rojas Daporta comentó:

> El programa que interpretará la Estudiantina en esta ocasión incluirá potpourri de valses; Habanera Tú, canción cubana; La Graciosa, polka tradicional; No me toques, danza de Morel Campos; Reflejos de Estrellas, versión de una melodía norteamericana; Te he de querer, canción bolero; Ódiame, vals peruano; La Canción del Café, versión de canción venezolana; selección de música flamenca a la guitarra; Un Viejo Amor, canción tradicional; Bajo un Palmar, canción de Pedro Flores; En el Año 2000, canción jocosa; Clavelitos, canción de tuna; Barlovento, merengue venezolano; Brisas del Torbe, pasaje; Dulce ilusión, vals tradicional y La Cabaña, Habanera[171].

Esta tuna cuenta en su repertorio con canciones que han sido escritas exclusivamente para la agrupación por personas que han pertenecido al grupo ya sea como integrantes o como directores.

10. Discografía

La Tuna de la Universidad de Puerto Rico ha grabado cinco discos, en uno de ellos acompañando a la cantante Lissette Álvarez. El primero de ellos en 1963 con el título de *La Tuna de la Universidad de Puerto Rico* (LP 1000, VOL. 1). En ese tiempo estaba como director del grupo el profesor Juan Silva Parra. El 30 de noviembre de ese año *El Mundo* publicó: "La Tuna Universitaria de la Universidad de Puerto Rico ha grabado su primer disco de larga duración el cual salió al mercado esta semana bajo la firma de Caribe Records"[172]. El repertorio incluía, en el lado 1 del disco las siguientes canciones: "Despierta", "Manolo", "La uva", "En mi Viejo San Juan", "La Noche perfumada" y el "Silbidito". En el lado 2: "El gusto", "Clavelito", "Rondalla",

---

[171] Rojas Daporta, "En Hato Rey...", *op. cit.*
[172] *El Mundo*, 30 de noviembre de 1963, p. 26.

15. Carátula del primer disco, 1963

"Aurora", "Despierta" y el "Pin-pi-ri-bin-pin-pin"[173]. Esta última canción, "Pin-pi-ri-bin-pin-pin", se convirtió en el éxito de las navidades ese año. Cotto comenta que como el disco sale para la temporada navideña y debido a la letra de la canción las personas la asociaron con la Navidad.

El disco tenía un costo de tres dólares. Se vendió en el comercio y en las presentaciones que realizaba la tuna, en las cuales los integrantes se encargaban de ofrecerlo al público. Comentó Acevedo que en cada actividad que hacían vendían el disco y pedían más dinero si lo autografiaban. Sobre ese particular relató:

> Fuimos a una actividad en el Fuerte Brooke (El Morro). Le ofrecí el disco a un oficial y le expliqué que si lo autografiábamos era un poquito más. Todo el mundo lo firmó y me hizo un cheque. Yo pensé que eran diez pesos[174], me dio cien pesos por un disco. El disco más caro lo vendí yo como estudiante y para ese tiempo cien pesos era un montón[175].

Con ese disco se dieron a conocer por toda la Isla y en muchos pueblos los llamaban para hacer presentaciones y conciertos.

De este disco se hizo una copia para venderse como recuerdo en la Feria Internacional de Nueva York (1964-65). En ambas producciones aparece Caribe Records como la casa disquera. La carátula de la copia dice: *La Tuna de la Universidad de Puerto Rico*, con el escudo de Puerto Rico al lado y aparece el dibujo de un tuno tocando guitarra (LP 1001, VOL. 1). En la parte posterior de la carátula no se men-

---

[173] Información obtenida de la parte posterior de la carátula del primer disco de la Tuna de la Universidad de Puerto Rico.
[174] Se refiere a dólares. En Puerto Rico muchos de sus habitantes utilizan la palabra pesos para referirse a dólares estadounidenses.
[175] Acevedo González, *op. cit.*

cionan los nombres de los integrantes ni los instrumentos que tocaban, como aparecen en el disco original. En la copia solo tomaron parte del mensaje, y lo escribieron en español y en inglés. La información ofrecida en el disco original está firmada por José López Vázquez y en la copia por Luisa Bryan. Relató Acevedo que uno de esos discos llegó a sus manos años después, cuando ya era director del grupo y que ellos nunca se habían enterado de su existencia.

16. Copia del primer disco, 1964

17. Carátula del segundo disco, 1965

El segundo disco lo grabaron en el 1965, también con Caribe Records. El título del disco es *La Tuna de la Universidad de Puerto Rico* volumen II. Las canciones grabadas en el lado A son: "Ronda sanjuanera", "Estrellita del Sur", "Carrascosa", "Yo vendo unos ojos negros", "U-la-la" y "La sirena". En el lado B se grabaron: "La Luna borincana", "Carolina", "Alma boricua", "A tu puerta", "Ti-pi-tín" y "Amor de mis amores"[176].

En la tercera grabación participaron, acompañando a la cantante Lissette Álvarez, en un disco de canciones de Navidad que se titula *Ronda navideña Lissette ... y La Tuna Universitaria de Puerto Rico*, con el sello Borinquen (DG 1060). Ese disco se grabó en 1967 y contaron con la participación especial de Wildo Fuentes, uno de los tunos originales, que ya no era parte del grupo. Las canciones in-

18. Carátula de la *Ronda Navideña*, 1967

---

[176] Información obtenida de la parte posterior de la carátula del disco del segundo disco de la Tuna de la Universidad de Puerto Rico.

cluidas en este disco fueron: "Alegría, alegría", "Rin", "La Canción del tamborilero", "Arbolito", "Campanitas verdes", "Cascabel", "Si me dan pasteles", "Rodolfo", "Blanca Navidad", "La Virgen lava pañales" y "Descarga navideña"[177].

La cuarta grabación de la tuna fue en 1968 mientras el grupo era dirigido por el profesor Pedro Escabí. Opina Acevedo que, con ese disco hubo problemas ya que el director no lo supervisó bien. Además, indica que en ese tiempo él estaba en el ejército y en uno de los pases de visita a la Isla, se le invitó a participar de la grabación y así lo hizo. Relata que ese disco se grabó en dos días y, aunque tiene canciones muy bonitas, tuvo problemas de mezcla y ejecución. La casa disquera fue Montilla Records y el título es *Tuna de la Universidad de Puerto Rico*. Las canciones que se grabaron en esa ocasión fueron: "El Himno de la Universidad", "Marcha la Torre", "Rayo de luz", "Yo vendo unos ojos negros", "Así canto mis amores" y "La marimba". Por el otro lado: "Pregón de la Tuna". "Carolina", "Impromptu", "Barlovento", "Ojos tapatíos" y "La borinqueña"[178].

Hubo un disco titulado *La Tuna Universitaria* que en su carátula aparece la foto de la torre de la universidad y, en la parte posterior, una foto de una tuna integrada por varones. Fue grabado con el sello Borinquen. Incluye las canciones: "Jota de la uva", "Estudiantina", "Rondalla", "Sebastopol", "Horas de ronda" y "La sirena". Por el otro lado: "Clavelitos", "La aurora", "Despierta", "La ronda del silbidito", "Las cintas de mi capa" y "Carrascosa"[179]. Las canciones de este disco fueron interpretadas por un grupo de voces masculinas. La peculiaridad de que aparezca la torre en la carátula, que es símbolo del primer centro docente del país, parece haber

19. Carátula de *La Tuna Universitaria*, 1965

---

[177] Listado de canciones obtenido de parte posterior de la carátula del tercer disco de la Tuna de la Universidad de Puerto Rico.
[178] Listado de canciones obtenido de la parte posterior de la carátula del cuarto disco de la Tuna de la Universidad de Puerto Rico.
[179] Información obtenida de la parte posterior de la carátula del disco Tuna Universitaria.

sido una estrategia de venta, con el propósito de que las personas compraran el disco pensando que era de la Tuna de la Universidad de Puerto Rico.

Relata Acevedo, que el quinto disco se grabó en el Teatro de la UPR en el 2011, en ocasión de la celebración del quincuagésimo aniversario de la Tuna. La grabación estuvo a cargo del Departamento de Desarrollo de Radio Universidad de Puerto Rico. El título del disco es *50 Aniversario, Tuna de la Universidad de Puerto Rico, Ayer y Hoy*. Cuenta con once canciones, seis de los discos anteriores y cinco inéditas compuestas por personas que fueron integrantes de la agrupación. Los números musicales en esta grabación son: "Cantando con la Tuna", "Estrellita del Sur", "Manolo", "Galanteo isleño", "El negrito", "Amor de mis amores", "La noche", "Rayo de luz", "Olé morena", "La Marimba", "Qué lindo cuando amanece".

Entre la cuarta y la quinta grabación hubo un lapso de cuarenta y tres años en los que la tuna no pudo grabar. El deseo de hacerlo estaba desde que Acevedo se encargó de la dirección del grupo en 1972, pero no fue posible por falta de fondos. La reportera Fullana Acosta escribió al respecto:

> Don Goyo había hecho lo indecible en los pasados 40 años por lanzar un nuevo disco de la Tuna, pero debido a la falta de fondos no había podido. Este año, en tanto, con la ayuda de Radio Universidad de Puerto Rico, el Teatro de la UPR y el Decanato de Estudiantes, el músico podrá ver su sueño convertido en realidad[180].

Acevedo le indicó a Fullana en la entrevista: "Tuvimos otras oportunidades, pero no acepté porque la gente que iba a poner el dinero quería que grabaramos lo que ellos querían y yo grabo lo que la tuna es y quiere"[181]. Al momento de la grabación del disco, la tuna contaba con treinta y un integrantes, que acompañaban sus voces con guitarras, mandolinas, laúdes, bandurrias, tiple, bordonúa, cuatros puertorriqueños, panderetas y castañuelas[182].

---

[180] Mariela Fullana Acosta, "50 años de tradición la Tuna de la Universidad de Puerto Rico" *Primera Hora*, 26 de septiembre de 2011, p.4- A.
[181] *Ibíd*.
[182] Universidad de Puerto Rico. Recinto de Río Piedras. Decanato de Estudiantes. Programa de Actividades Sociales y Recreativas. *Tuna de la Universidad de Puerto Rico: 50 años de excelencia, aventura y tradición. Programa del 50 aniversario Tuna UPR*. Río Piedras, Puerto Rico: Universidad de Puerto Rico, 2011. p. 22.

11. Compositores de la tuna

El repertorio de la Tuna de la Universidad de Puerto Rico cuenta también con canciones escritas para la agrupación por personas que fueron integrantes de esta. Algunos de ellos fueron directores como el caso de Julio Vidal quien compuso "Marcha a la Torre" y don Pedro Escabí quien escribió "Carcajada lunar".

Cruz Iván González Vélez, compuso cuatro canciones: "El gran amogollar", "Cantando con la Tuna", "Parodia universitaria" y "Cantos de Navidad". Elsie Collado y Gissette Torres se unieron para escribir "Isla de amor". De la unión de Gissette Torres, Yazmín Cruz, Elba Ortiz y Carlos Luis Ramón Vázquez, surgió "Tierra mujer". Gissette Torres también se unió con Seni García y dieron origen a "El negrito" y "Vivamos la Navidad". La canción "Tuno estudiante" es el producto de la unión de Víctor Alvarado que aportó la letra y Raymond Dones, la música. Por su parte, Dones escribió "La brasa del tuno". Rubén Gely compuso la letra de la canción "Ven conmigo" y Gadiel Soto Pérez junto a Luis Ramos Vázquez añadieron la música.

Otros compositores y sus canciones son: Alexis Rivera, "Olé mi tierra"; Feliciano Carrión Puchales, "Sensaciones"; Elmer Santiago, "Dime que sí"; Iris García, "Para saludarte"; Iris Landrúa; "El amor para mí"; Iván Ayala; "Galanteo isleño"; Jaqueline Negrón, "Tuna puertorriqueña"; Joanne Torres Acevedo, "Aires navideños"; José David Colón Custodio, "Tuno panderetero"; José Luis Rivera, "Idea de una mañana"; William Beltrán, "Qué lindo cuando amanece" y "Gloria al Mesías" y Yasmín Cruz, "Enamorado de ti" y "Pasodoble de Borinquen"[183].

12. Vestimenta

La primera vestimenta utilizada fue muy sencilla. Como señaló Norma Urrutia en su escrito "Las capas, todas distintas –las que usaban los estudiantes de teatro- las acabábamos de obtener, prestadas, de la directora de teatro, Nilda González"[184]. Por

---

[183] Nombres de compositores y títulos de canciones en el Archivo Digital de la Tuna de la Universidad de Puerto Rico. http://www.adtunauprrp.wix.com/adtunauprrp.

[184] Universidad de Puerto Rico. Recinto de Río Piedras. Decanato de Estudiantes, *op. cit.*, p.7.

su parte, Acevedo la describe: "pantalón negro, camisa blanca, capa pequeña, como de pie y medio que se amarraba al cuello"[185]. Wildo Fuentes indica que la primera vestimenta fue un pantalón negro, camisa blanca y una capa pequeña, hasta que llegaron los uniformes con las becas, los cuales fueron entregados por la profesora Urrutia.

Con la ayuda de la Tuna Hispanoamericana, que había visitado la Isla en diciembre de 1961 hasta enero de 1962, se envió el pedido para la confección de la vestimenta para los integrantes de la tuna. Rojas Daporta aclaró: "Nos informa uno de los jóvenes miembro del grupo que los uniformes han sido encargados a España, por recomendación de la Tuna Madrileña que visitó la Isla a fines del año pasado, y serán como los de la Tuna"[186].

José Luis Campos, integrante de esa agrupación y quien tiempo después se convertiría en el esposo de Norma Urrutia, se encargó del proceso. Sobre Campos, Urrutia recalca:

> En aquel momento fue el enlace que con especial placer realizara en Madrid las gestiones de comprar instrumentos musicales para nuestros tunos, así como cumplir el encargo de los trajes hechos a la medida en el mismo taller artesano donde se confeccionaran los vistosos trajes y las capas de su Tuna Hispanoamericana[187].

Al momento de hacer el listado y tomar las medidas para los uniformes, el grupo contaba con veintiséis integrantes de los cuales la mitad eran féminas. El uniforme diseñado fue muy parecido al de la Tuna Hispanoamericana. Se ordenó el mismo uniforme para todos, la diferencia estaba en que para las chicas se ordenaron faldas. Víctor Cotto comenta que la tela con que se confeccionaron los uniformes era gruesa y que eso fue un error ya que el clima de Puerto Rico es tropical. Recordó que los pantalones eran bombachos con medias y zapatos negros. La camisa era negra, corta y de manga larga y tenía una capa. Este uniforme contaba con una beca confeccionada con los colores rojo y blanco que son los distintivos de la universidad. Al lado izquierdo de la beca, el de color blanco, estaba la insignia de la universidad.

Los uniformes se facturaron el 9 de noviembre de 1962 al Cen-

---
[185] Acevedo González, *op. cit.*
[186] Rojas Daporta, "En Hato Rey...", *op. cit.*
[187] Urrutia de Campo, "Amigos tunos...", *op. cit.*, p. 7.

tro Universitario (Estudiantina Universitaria), Universidad de Puerto Rico. Sobre ese particular Urrutia indicó:

> La factura se hizo a nombre del Centro Universitario porque para esa fecha (mayo 1962) habíamos hecho el traspaso de la Tuna desde nuestra Facultad de Estudios Generales al Centro Universitario el cual, ciertamente, se había creado para ocuparse de las actividades estudiantiles y enseguida proveyó el espacio que necesitaban los chicos para sus ensayos[188].

El costo de los trajes de tuna y sus becas fue de 27,430 pesetas. Los gastos de envío fueron de 3,290 pesetas. Los mismos se confeccionaron en Madrid, de donde los enviaron a Cádiz y de ahí a San Juan, Puerto Rico. Los uniformes los pagaron con un donativo del Centro de la Facultad[189]. Acevedo recordó que estos uniformes llegaron a principios de 1963, que la factura llegó primero y que cuando se pagó entonces los enviaron. En el programa del Primer Encuentro Iberoamericano de Tunas de la Universidad de Puerto Rico se indica que Wildo Fuentes fue el primer tuno en utilizarlo.

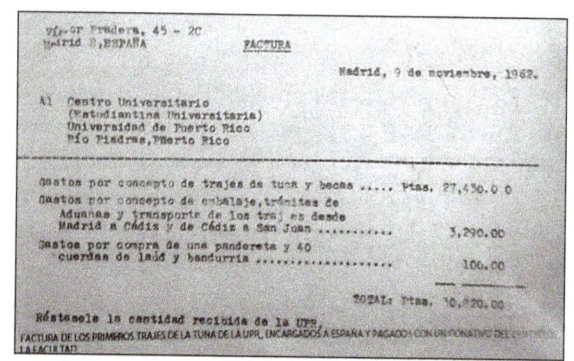

20. Factura de los uniformes

Este uniforme se mantuvo, aproximadamente, hasta finales de la década de los sesenta. Según la información que aparece en la página del Archivo Digital *online* de la Tuna de la Universidad de Puerto Rico, este uniforme se utilizó desde 1962 hasta el 1968. Luego se confeccionó uno inspirado en la vestimenta de Juan Ponce de León y fue utilizado desde 1968 hasta 1972, bajo la dirección del profesor Pedro Escabí.

En 1972 Gregorio (Goyo) Acevedo aceptó ser el director de la tuna. Cuando comienza a trabajar con el grupo, se encontró con la situación de que no contaban con uniformes. Este relata que recurrió a

---

[188] Martín Sárraga, "La música y la vestimenta...", *op. cit.*, pp. 13-14.
[189] Copia de la factura facilitada por Gregorio Acevedo González.

La primera tuna en el país, la Tuna de la Universidad de Puerto Rico

la idea de los inicios de la tuna y utilizaron un pantalón negro largo de vestir, tanto los varones como las chicas. Con unas capas grandes que encontró el director, se confeccionaron capas pequeñas para que cada integrante tuviera la suya. Acevedo explica que la capa es muy importante porque en ella el tuno va formando su historia. Es por eso que, aunque pequeña, cada tuno tenía una. Esta vestimenta se utilizó hasta 1974, cuando el director, tomó la decisión de colocar el pantalón donde, según él, debía ir, debajo de la rodilla, como los uniformes que fueron confeccionados en España, parecidos al de la Tuna Hispanoamericana. El uniforme cambió a un pantalón negro debajo de la rodilla y camisa negra y la beca. Tenían también una camisa blanca, que utilizaron en pocas ocasiones, porque requería más cuidado.

En la década de los ochenta se utilizó una vestimenta diseñada por la profesora Gloria Sáez teniendo presente el clima de la Isla. Acevedo señala que Sáez tomó en cuenta la historia de las tunas y la vestimenta utilizada en aquel tiempo para la confección del uniforme. El mismo estaba compuesto por un pantalón negro debajo de la rodilla, camisa blanca con un chaleco negro encima y la beca con los colores de la universidad, el lado izquierdo rojo y el lado derecho blanco.

Como indica la información del Archivo Digital de la Tuna, el modelo actual es parecido al de esos años, pero ha variado la insignia y la beca. Esas variaciones comenzaron a partir del 2000. En el lado izquierdo, en la parte superior de la beca hay una bandera de Puerto Rico y debajo de esta, la insignia de la tuna, la cual fue diseñada por Israel García. Debajo de la insignia, colocan una cuchara pequeña representativa de los tunos de la antigüedad. Esta debería ser de madera, pero algunos la llevan de metal porque, indicó Acevedo, esas ya no se consiguen. Al lado derecho de la beca, llevan la insignia de la universidad.

El uniforme actual Acevedo lo describe así: "Parece moderno, pero tiene características antiguas como los que se utilizaban al norte de España en el área de Galicia"[190]. En la actualidad la tuna se encarga de los gastos de la capa y la beca de cada tuno, pero estos elementos de la vestimenta hay que ganarlos con esfuerzo, trabajo y demostrando lo que han aprendido. Los tunos deben encargarse de

---
[190] Acevedo González, *op. cit.*

costear el resto del uniforme. Cuando se gradúan no pueden continuar en la agrupación a menos que se queden a realizar sus estudios de maestría. Una vez terminan sus estudios deben abandonar el grupo, pero conservan la capa y la beca.

13. Directores de la tuna

El primer director de la tuna fue Francisco López Cruz, quien, en ese momento, era profesor de música en la universidad. Aunque estuvo con la agrupación aproximadamente once meses, logró acoplar las voces, los instrumentos y la tuna y, desde su primera presentación, fue todo un éxito. Tenía la habilidad de identificar a los estudiantes que podían aprender otros instrumentos y se dio a la tarea de enseñarles.

En agosto de 1962, ya era director del grupo Juan Silva Parra, uno de los integrantes de la Tuna Hispanoamericana. En la carátula del primer disco, López Velázquez escribió:

> Durante los primeros meses de su existencia fue dirigida por el profesor Francisco López Cruz, del Departamento de Bellas Artes de la Facultad de Humanidades del mismo centro docente. Y en agosto de 1962, el Sr. Juan Silva Parra, afincado ya en Puerto Rico e integrando el claustro de la U.P.R. como Profesor de Física de la Facultad de Estudios Generales, asumió la dirección de la Tuna ampliando su conjunto y su repertorio y convirtiéndola poco a poco en una agrupación única en su estilo[191].

Con Silva Parra como director, el grupo adquirió un aspecto visual que se acercaba más a la tuna tradicional. Esto fue así, gracias a la experiencia que este había adquirido en sus años de tuno y a que los uniformes encargados en España llegaron. Es bajo su dirección que la tuna grabó su primer disco y realizó un viaje a Europa. Silva dirigió el grupo hasta 1964 y delegó el cargo a José Luis Campos, quien también había sido integrante de la misma tuna que él. Campos solo dirigió unos meses y la agrupación pasó a ser dirigida durante un tiempo por integrantes de la tuna. Gracias a su trabajo y esfuerzo la tuna continuó. Esas personas fueron: Wildo Fuentes, Antonio Abreu, Luis Muñiz, Oscar Benítez, Margarita Malavé, Luis A. Morales, Héctor Pérez, Samuel Hernández y Rafael Rivera.

---

[191] Información obtenida de la carátula del primer disco de la Tuna de la Universidad de Puerto Rico.

La primera tuna en el país, la Tuna de la Universidad de Puerto Rico

Sobre esto, el Decanato de Estudiantes en el programa del quincuagésimo aniversario de la Tuna de la Universidad de Puerto Rico indicó:

> Salido Campos de la regencia tuneril, la administración organizativa y musical del grupo recae en una sucesión cíclica de estudiantes de la misma tuna hasta que en 1968 Don Pedro Escabí, insigne e ilustre profesor de la Escuela Graduada de Ciencias Sociales toma las riendas de la misma[192].

Además, informó que Escabí logró mantener la continuidad de la agrupación y bajo su dirección se grabaron dos discos adicionales y colaboraron en uno de la cantante Lissette Álvarez. Ese director estuvo a cargo del grupo hasta 1970. Ese año, Julio Vidal, quien había sido integrante de la tuna, se encargó de mantener la continuidad del grupo.

En 1972, Gregorio (Goyo) Acevedo González, aceptó la responsabilidad de dirigir la tuna. Relató que cuando comenzó su labor quedaban como siete integrantes, entre ellos un novato. Les explicó cómo iban a ser las reglas, la forma de aprender y la organización de los ensayos. El grupo le expresó al profesor que las cosas no eran así. Acevedo se mantuvo firme y les indicó que desde ese momento iba a haber disciplina. Al parecer no les gustó y se fueron todos menos el novato.

Esa fue su primera prueba, tenía que hacer todo lo posible por lograr la continuidad del grupo y se dio a la tarea. Además, comenta: "Acepté personas en la tuna hasta sin audiciones"[193]. Esas navidades habría una actividad en la universidad y la tuna iba a participar. Así que aceptó a todos los que querían ser miembros del grupo. Relata también que: "Tenía diecisiete integrantes, solo tenía una guitarra y una mandolina todo lo demás eran voces. Me salvó una canción de aquella época, que estaba bien popular y la sabía todo Puerto Rico, "El Burrito sabanero"[194]. Los integrantes que se habían ido, pidieron regresar al grupo y fueron aceptados.

Desde 1972 hasta julio de 2018 Acevedo fue el director de la tuna. Solo en una ocasión tuvo que salir del grupo en lo que cum-

---

[192] Universidad de Puerto Rico. Recinto de Río Piedras. Decanato de Estudiantes, *op. cit.*, p. 13.
[193] Acevedo González, *op. cit.*
[194] *Ibíd.*

plía con otro compromiso. Este mencionó: "De ahí en adelante solamente dejé la tuna para dirigir el equipo de esgrima para los juegos Panamericanos del 1979"[195]. Esos juegos se celebraron en San Juan, Puerto Rico. En ese momento se encargó del grupo Carmen Sánchez. En diciembre de 2016 Acevedo fue galardonado con una de las mayores distinciones de la Universidad de Puerto Rico. Recibió el grado de *Doctor Honoris Causa* por su labor en la tuna.

Después del retiro de don Goyo Acevedo un grupo de tunos estuvo a cargo de la dirección de la tuna hasta que llegó el nuevo director. En la actualidad la directora del grupo es Edithmarie Claudio Cruz, quien ha sido integrante de la agrupación desde el 2008.

14. Actividades

Luego de la primera presentación comenzaron las actividades. El periódico *El Mundo* reseñó un concierto que la tuna ofreció el viernes, 23 de febrero de 1962 en el Club de Leones de Hato Rey. Víctor Cotto recordó que iban a tocar al Casino de Puerto Rico y que donde mayormente se presentaban era en Clubes de Leones. También eran invitados a distintos hoteles del país.

Después de la grabación del primer disco, comenzaron las invitaciones para presentarse en actividades en distintos pueblos de la Isla. Cotto señala que una de esas actividades fue organizada por la tienda de discos Casa Noel de Ponce, la cual los contrató para dos presentaciones en el Teatro La Perla. Las dos funciones se llenaron. Las mismas fueron el domingo, 2 de febrero de 1964, una a las cuatro de la tarde y la otra a las ocho de la noche[196].

Otra actividad de gratos recuerdos para Cotto y Acevedo fue la inauguración del teatro Isis en Adjuntas. Cotto menciona que salieron a las tres de la tarde y llegaron de noche. Él pensaba que en ese lugar no sabían lo que era una tuna. Para su sorpresa, había mucha gente, pero él creía que había otra actividad y que esa era la razón de la cantidad de personas. Dice que cuando caminaron más adelante vieron un cruzacalle con las palabras, *Bienvenida Tuna de la Universidad*. Recuerda que les tomaban fotos a todos los integrantes

---

[195] *Ibíd.*
[196] Información obtenida del afiche de la actividad, facilitado por Gregorio Acevedo González.

La primera tuna en el país, la Tuna de la Universidad de Puerto Rico

y cuando entraron al teatro estaba lleno, las personas que estaban afuera eran las que no pudieron entrar. Relata que llevaron solo una caja de discos y los mismos se vendieron en la primera fila. De esa actividad regresaron al otro día, a las siete de la mañana, porque no los dejaban salir. El dueño del teatro, quien les había hecho la invitación, les pidió que lo acompañaran a despertar a unas personas, en otras palabras, a dar una serenata.

Eran invitados a las actividades que se celebraban en la universidad. En 1963 participaron de la inauguración del nuevo edificio de la Escuela de Derecho y, el 13 de marzo, en el aniversario número 61 de la Universidad de Puerto Rico. En diciembre de 1963 y enero de 1964 compartieron en actividades con la Tuna Hispanoamericana durante su segunda visita a la Isla. Esta agrupación se presentó en la universidad. Según Acevedo, con esa tuna los varones aprendieron el concepto de dar serenatas, ampliaron su repertorio y vieron bailes de pandereta. En octubre de 1964 la tuna se presentó en el cuarto aniversario del Centro de Estudiantes. Ese año cantaron para la reina Juliana de Holanda durante su visita a la Isla. Todos estos sucesos fueron reseñados por la prensa del país.

21. Actividad en el Teatro Isis

El 4 de octubre de 1965, el periódico *El Mundo* publicó que la Tuna de la Universidad de Puerto Rico asistió a una actividad en Vieques, donde amenizaron la inauguración de un núcleo de viviendas. En 1967 realizaron su Primer Festival de Tunas en la Universidad y en 1969, el segundo. Acevedo señala haber celebrado uno, aproximadamente, en 1973 y otro en 1977. En 1981 celebraron el vigésimo aniversario de la tuna, el mismo fue dedicado a su fundadora, la profesora Norma Urrutia de Campos.

En los programas de los conciertos de la tuna, el Decanato de Estudiantes publica información sobre las actividades, los viajes y los logros obtenidos por la agrupación. Entre las actividades se mencionaron: en 1984 participaron del Primer Festival de Tunas de

HISTORIA DE LA CRIOLLIZACIÓN DE LAS TUNAS EN PUERTO RICO

la Pontificia Universidad Católica de Puerto Rico donde obtuvieron los premios de Mejor Tuna y Mejor Pieza Instrumental. En 1991 celebraron el Primer Festival Iberoamericano de Tunas de la Universidad de Puerto Rico. Ese año, el Senado de Puerto Rico le otorgó un reconocimiento a la tuna por sus treinta años de servicio. En el 1992 se presentaron en la Gran Regata Colón en San Juan, Puerto Rico. Participaron en el Quinto Encuentro de Tunas de la Universidad Interamericana en 1997. En 1999, participaron del Aniversario de Tunas del Municipio de San Juan, Puerto Rico, el mismo fue dedicado a Gregorio Acevedo y fueron invitados al Sexto Encuentro de Tunas de la Universidad Interamericana.

Los programas de los conciertos informaron diversas actividades para el 2000, entre ellos: fueron invitados a formar parte en la exposición "Acángana", cien años de música puertorriqueña del Banco Popular de Puerto Rico en el año 2000. El siguiente año la tuna festejó su cuadragésimo aniversario con un concierto celebrado en el Teatro Alejandro Tapia en el Viejo San Juan. También participó de pasacalles, uno en Río Piedras y otro en Caguas. En el año 2002 se presentó en varios programas de televisión: Telemundo, Televicentro, el Canal 6 y Univisión. Participó del Centenario de la Universidad de Puerto Rico recinto de Río Piedras en el 2003 y en varias actividades benéficas como: Relevo por la Vida de la Sociedad Americana contra el Cáncer y un homenaje a las madres de los residenciales públicos. En el año 2008 la tuna participó en la Segunda Edición del Festival Internacional de Tunas (FIT Caribe) que se celebró en San Juan, Puerto Rico.

La tuna tardó mucho tiempo en poder participar en los Actos de Colación de Grados del recinto de Río Piedras. Ese era uno de sus más grandes anhelos. Al respecto Acevedo relató que: "Tardamos 33 años en ser aceptados en una graduación"[197]. Se logró en 1994, gracias a la aprobación del rector en aquel momento, Dr. González Tejera, pero Acevedo no estaba conforme, porque la interpretación de los números solo podían hacerla instrumental. Sobre eso contó que:

> En una graduación le pedí al rector que si podíamos hacer los *shows* de capa, bandera y pandereta. Él dijo: "lo que diga la decana" y ella me dijo muy tranquila, pensando que no iba a suceder, "si hay

---
[197] Acevedo González, *op. cit.*

espacio". Era la primera vez que no me decían que no, técnicamente me estaban diciendo no[198].

Así que hizo que los tunos practicaran los bailes de pandereta, capa y bandera en un lugar pequeño. Este relató que el día de la graduación habló con el camarógrafo y le dijo que necesitaba dos pies más de escenario para la presentación y recibió la respuesta de "aquí no hay espacio si me muevo me siento encima de la señora que está atrás". Acevedo ripostó: "Tú te sientas encima de ella, pero yo quiero esos dos pies"[199]. Le dio la letra de la canción y le indicó donde tenía que hacer el espacio y presentaron los bailes. Acevedo mencionó: "Una vez lo logramos hacer caen en el protocolo y no hay que pedir permiso"[200]. De esa manera lograron presentar en las graduaciones un espectáculo completo que incluye música, canto y los bailes de pandereta, capa y bandera. Todos los años la universidad cuenta con ellos para tan importante ocasión.

Aproximadamente cada cinco años se prepara un encuentro o un concierto en celebración del aniversario. El quincuagésimo aniversario lo celebraron con un concierto que se llevó acabo el sábado, 19 de noviembre de 2011 en el Teatro de la Universidad de Puerto Rico. Para el aniversario quincuagésimo quinto la tuna realizó dos conciertos, un pasacalle y un encuentro de tunas universitarias. Las actividades se celebraron del 7 al 10 de diciembre de 2016, todas libre de costo.

Actualmente, la tuna se presenta en actividades de la universidad, conciertos, en festivales y encuentros de tunas. Cantan por las calles, dan serenatas, hacen panderetazos o "parches" y siempre utilizan el uniforme en sus presentaciones. Desde que Acevedo González comenzó a trabajar con la agrupación, mantuvo lo que a su entender es la tradición tuneril. La tuna no cobra por sus presentaciones, pero acepta donativos. Sobre este tema Acevedo mencionó que en ocasiones han recibido cinco o diez dólares y jamás han protestado lo que se les da, pero a veces han recibido hasta quinientos y mil.

Si están en la calle y cualquier persona les pide una canción se

---
[198] Ibíd.
[199] Ibíd.
[200] Ibíd.

le complace, no importa quién sea, puede ser un deambulante o un borracho, su condición social no importa. En el 2015 Acevedo González, explicó:

> Se da cada dos o tres semanas y si hay alguna actividad lo hacemos semanal si se puede. Cuando se está acercando un viaje, lo hacemos diario, un día va un grupito y al otro día va otro. El panderetazo es parte de la tradición obligatoria. Aparte de eso, los nuevos van aprendiendo el repertorio y practicando las piezas. El panderetazo y la serenata son dos cosas que ayudan a mejorar el nivel de conocimiento musical de repertorio y la ejecución de los muchachos[201].

El dinero de las serenatas y los panderetazos los ayudan con los gastos de transportación y comida durante las actividades. En ocasiones, ha servido para resolver gastos de uniforme o de hospedaje de alguno de los integrantes.

15. Viajes y premios obtenidos

Con las ganancias de la venta del primer disco realizaron un viaje a Europa. De este tema Víctor Cotto señaló lo siguiente: "El disco se vendió tanto que se organizó un viaje para los veintiun tunos, el director y su esposa. Gastos para veintitrés personas por treintaicinco días en Europa"[202]. Él recuerda que salieron el 26 de junio de 1964 y regresaron el primero de agosto. Al pie de una foto tomada por el periódico *El Imparcial* y con título "Tuna de la UPR en viaje a Madrid", se indica que el grupo regresaría el primero de agosto. Visitaron: España, Italia, Francia y Suiza. Del viaje aclara:

22. *El Imparcial*, 26 de junio de 1964

---

[201] *Ibíd.*
[202] Cotto Colón, *op. cit.*

Estuvimos más tiempo en las ciudades más grandes como Madrid, que estuvimos cinco días a la llegada y de cuatro a cinco antes de la salida. En Roma, Italia estuvimos dos o tres días. Fuimos a Milán, Venecia y a las Naciones Unidas en Suiza[203].

De la estadía en Francia, narró que "Hicimos un panderetazo en París, eso era típico de España, pero no de allí. Tocamos y pusimos las panderetas y un policía fue para allá. Gracias a Dios el profesor sabía francés y se encargó de la situación"[204]. Por su parte, Acevedo recuerda que en Castelgandolfo, Italia le cantaron "En mi Viejo San Juan" al papa Pablo VI. Fue una gran experiencia para todos y para algunos de ellos una oportunidad de mucho aprendizaje en la que pudieron visitar varios países y conocer sobre sus culturas.

Otro de los viajes realizados durante los años sesenta fue en 1968 a Caracas, Venezuela. Durante la década de los ochenta la agrupación visitó la República Dominicana en

23. Viaje a Madrid, 1964

dos ocasiones. En 1981 participó del aniversario de la universidad más antigua del país. El Decanato de Estudiantes publicó: "Inició la década con una nueva invitación a las celebraciones del aniversario 450 de la Universidad Autónoma de Santo Domingo, República Dominicana"[205]. Además, indica que 1983 fueron invitados por el Círculo de Estudiantes Puertorriqueños de esa institución.

---

[203] Ibíd.
[204] Ibíd.
[205] Universidad de Puerto Rico. Recinto de Río Piedras. Decanato de Estudiantes, op. cit., p. 16.

En 1982 surgió la oportunidad de realizar su segundo viaje a España -desde 1964 no habían regresado a ese país-. Se presentaron en el Sexto Certamen Internacional de Tunas Universitarias en Sevilla. Aprovecharon la ocasión para introducir el baile de bandera en el ambiente tuneril. Obtuvieron los premios de Mejor Pandereta y Mejor Bandera. El diario *Expresión*, años más tarde indicó: "En abril de 1982, fue la primera tuna puertorriqueña en participar en el Sexto Certamen Internacional de las Tunas Universitarias en Sevilla, España, obteniendo mención por las mejores panderetas y mejor abanderado entre más de cien tunas participantes"[206]. Uno de los panderetas era el director del grupo, Gregorio Acevedo. En julio de 1982, Urrutia explicó que una de las cosas que tuvieron que vencer en ese viaje fue el prejuicio de los que se negaban a aceptar una tuna con chicas. En esa ocasión resaltó lo siguiente:

> Nuestras fuentes nos informan que los cuatro mil espectadores que abarrotaron la Plaza la ovacionaron de pie, delirantemente, cuando los nuestros interpretaron *La Morena de mi copla* y *Alma Boricua*. Ante la pericia del bandera y los panderetas, cuando interpretaron *Las cintas de mi capa* los tunos rivales que estaban cerca lanzaron al escenario sus capas en señal de aprobación y de gentil acolada[207].

Según la información que aparece en el programa del quincuagésimo aniversario de la Tuna de la UPR, el grupo visitó, por primera vez, en 1990, un país sudamericano. Participaron en el Tercer Encuentro Internacional de Tunas celebrado en Arequipa, Perú. Allí introdujeron la fantasía de capa y bandera. En 1992 en Iquique, Chile se presentaron en el Séptimo Encuentro Iberoamericano de Tunas y Estudiantinas. Los integrantes de la Tuna de la Universidad de Puerto Rico tuvieron la oportunidad de enseñarles el baile de capa a la Tuna de la Universidad de Antofagasta, Chile.

Estas dos visitas fueron el inicio de muchas otras que se realizaron a estos países. La tuna regresó a Chile en 1994 para participar en el Noveno Encuentro Iberoamericano de Tunas y Estudiantinas celebrado en Iquique. El periódico *La Estrella*, de esa ciudad, publicó un artículo titulado "Puerto Rico abre el IX Encuentro Internacional". La noticia informaba: "Puerto Rico tendrá hoy la responsabilidad de abrir la primera jornada artística del IX Iberoamericano de Tunas y

---

[206] *Expresión*, el periódico de los universitarios, 12. Agosto 2004, p. 3.
[207] Urrutia de Campo, "Orígenes y triunfos...", *op. cit.*

Estudiantinas, en el Hemiciclo del Teatro Municipal, a partir de las 21.30 horas"[208]. Al siguiente año, la tuna regresó a Chile a participar del Décimo Encuentro Iberoamericano de Tunas y Estudiantinas.

En el programa ya mencionado del quincuagésimo aniversario de la Tuna de la Universidad de Puerto Rico, el Decanato de Estudiantes enfatizó que a Perú lo visitaron en 1996 donde participaron en el Noveno Encuentro Internacional de Tunas en Arequipa. En 1997 fueron al Primer Festival Internacional de Tunas en Piura, donde obtuvieron el premio al Mejor Pandero, la Bandurria de Plata e hicieron hermandad con la tuna anfitriona. Regresaron a ese país en 1999 para el Segundo Festival de Tunas, en esa ocasión ganaron Bandurria de Oro como Mejor Tuna y el premio al Mejor Pandero.

La agrupación visitó Estados Unidos en 2003 y se presentaron en el Trigésimo Sexto Festival Puertorriqueño de Massachusetts. En 2004 visitó dos países europeos, España, al cual no habían regresado desde 1982 y Francia. Sobre este viaje el Decanato de Estudiantes publicó en el programa del aniversario que: "Primero se dirigió a España donde al fin logró presentarse en la Casa de Troya en Santiago de Compostela, museo internacional de las tunas donde cumplió con dejar su beca, como es costumbre y tradición"[209]. Acevedo recordó que este viaje era un sueño que quería realizar y lo logró, por eso escribió, sobre la beca que dejaron en el museo, las palabras "con la satisfacción del deber cumplido". También visitaron las ciudades de San Sebastián, Santander y Oviedo, donde practicaron la tradición tuneril de cantar por las calles y dar serenatas.

La Tuna de la Universidad logró una extraordinaria participación en Francia por la que obtuvieron varias premiaciones. De esa participación el periódico *Expresión* señaló: "La Tuna del Recinto de Río Piedras se alzó con el título de Mejor Tuna en el Segundo Certamen Internacional de las Tunas de Pau, celebrado en Francia"[210]. Además indicó que "También obtuvo el premio de mejor solista con la canción *Alfonsina y el mar* interpretada por la estudiante Elsie

---

[208] "Tuna de la Universidad de Puerto Rico: 50 años de excelencia, aventura y tradición, Programa del 50 aniversario Tuna UPR". *La Estrella*. 25 de enero de 1994. Río Piedras: Puerto Rico, Universidad de Puerto Rico, 2011, p. 28.
[209] Universidad de Puerto Rico. Recinto de Río Piedras. Decanato de Estudiantes, *op. cit.*, p.21.
[210] *Expresión, op. cit.*

L. Collado"[211]. Sobre este certamen enfatiza Acevedo que la Tuna de Puerto Rico fue la única que cantó en francés y el público sabía la canción y la cantó con ellos. Las demás tunas invitadas y hasta la anfitriona, la Tuna del Distrito de Pau, cantaron en español.

En el 2005, la tuna llevó a cinco de sus integrantes a la ciudad de La Serena en Chile. Participaron en el Decimoquinto Seminario del Buen Tunar y Encuentro de Tunas. El Decanato de Estudiantes destacó que "La Tuna, a pesar de contar con la presencia de tan solo una pequeña parte de sus integrantes, una vez más regresó a casa con un galardón, esta vez el premio a Mejor Pandereta otorgado a su Director"[212].

En el 2007 regresaron a Europa. Visitaron la ciudad de Leiria en Portugal, para participar en el Quinto Festival de Tunas Mixtas del Mundo. De acuerdo con Acevedo las tunas de ese país son diferentes y no hay problemas de machismo. Recibieron los premios de Mejor Serenata, Mejor Solista y el galardón de "Tuna Mais Público" el cual es escogido por la audiencia. Acevedo recalcó: "El palo en Portugal fue la canción que todos los países conocen de Puerto Rico, *En mi Viejo San Juan* y la cantaron con nosotros"[213].

En el 2010 visitaron Kutztown University en Pennsylvania, para participar en actividades cívicas. Ese año la tuna participó en la celebración del vigésimo quinto aniversario del Festival de Tunas y Estudiantinas en la ciudad de Iquique, Chile, en el cual tuvo el honor de ser escogido para el cierre de la actividad.

Del 4 al 6 de julio de 2013 la Tuna de la Universidad de Puerto Rico se presentó en el Decimoséptimo Certamen Internacional de Tunas "Barrio del Carmen" en Murcia, España. Con motivo de los logros alcanzados por la agrupación la universidad escribió una carta circular con fecha del 8 de julio de 2013, felicitándolos y mencionando los premios obtenidos. El escrito resalta que la Tuna de la UPR logró conquistar el primer lugar en la categoría de Mejor Tuna, así como resultó triunfadora en las categorías de Mejor Pandereta, Mejor Solista y Mejor Bandera.

---

[211] *Ibid.*
[212] Universidad de Puerto Rico. Recinto de Río Piedras. Decanato de Estudiantes, *op. cit.*, p.21.
[213] Acevedo González, *op. cit.*

La primera tuna en el país, la Tuna de la Universidad de Puerto Rico

En enero de 2015 hicieron dos presentaciones en Chile. Para poder recaudar fondos para estas actividades, realizaron un concierto de Navidad el 30 de noviembre de 2014. La tuna participó del Trigésimo Festival Iberoamericano de Tunas y Estudiantinas del 21 al 25 de enero y en el Vigésimo Quinto Encuentro de Tunas en La Serena, del 30 al 1 de febrero de 2015.

Sobre el Festival el diario *El Vocero* reseñó lo siguiente: "Unos 15 tunos acompañados de su director Gregorio (Goyo) Acevedo se encuentran en la ciudad de Iquique, donde tendrán la primera participación de este viaje"[214]. El escrito indica que era la sexta ocasión en que la agrupación participaba de ese encuentro y que, además de las tunas de Chile, estuvieron tunas de Perú, Bolivia y Puerto Rico.

El viaje más reciente lo realizaron del 3 al 9 de abril de 2019. Participaron en el Certamen de Tunas Internacionales Universitarias III Novia del Mar en Santander, España. Fue el primer viaje de Edithmarie Claudio Cruz como directora del grupo. En esta competencia la tuna fue galardonada con cinco premios. Recibió tres segundos lugares en las categorías de Mejor Tuna Internacional, La Tuna más Tuna y Apoderamiento del Escenario. También recibió dos cuartos lugares en las categorías de Solista y Ronda.

16. Las fantasías de pandereta, capa y bandera

Durante el tiempo que Gregorio Acevedo estuvo como director de la tuna, logró desarrollar estilos genuinos y superiores en las fantasías de pandereta, capa y bandera, por los cuales la agrupación ha sido premiada en varios países. El reportero Soto Torres enfatizó que "Ha cosechado diversos premios, entre ellos varios de alcance mundial, como reconocimientos a la mejor pandereta, bandera y capa"[215].

Enfatizó Acevedo que en la fantasía de pandereta llegó un momento en el que él creó un estilo superior al español, con más calidad, con más elementos musicales. Soto Torres escribió que "Los premios a la mejor pandereta son producto del estilo que, de forma

---

[214] "Tuna de la UPR se presenta en Chile". *El Vocero*, 22 de enero de 2015. http://elvocero.com/tuna-de-la-upr-se-presenta-en-chile/.

[215] E. Soto Torres, "Gregorio Acevedo: Toda una vida, todo un legado". *Diálogo UPR*. Febrero, 2002, p. 42.

autodidacta, ha desarrollado"[216]. A ese reportero Acevedo le indicó: "Aprendí mirando a los que sabían más que yo, y añadiendo elementos propios"[217].

El periodista González Nieves publicó que llegó un momento en que la Tuna de la Universidad de Puerto Rico visitaba España para competir y resultaba victoriosa en la utilización de la pandereta. Esta situación provocó que las tunas de ese país y de otros países se prepararan para ganarle a la de Puerto Rico. Acevedo le dijo a este reportero: "Nosotros decidimos llevarla a un nivel tan alto que en otros países se tuvieron que tomar este instrumento más en serio. No solamente desde el punto de vista de bufonería, sino también desde el punto de vista de un espectáculo más completo"[218].

Este exdirector compartió sus conocimientos y estilo enseñando la fantasía de la pandereta a muchos de los integrantes que ha tenido la agrupación y a miembros de otras tunas en y fuera del país.

Aproximadamente en el 1973 Acevedo introdujo en la tuna el baile de bandera al que él llama "fantasía de bandera". Explica que la idea la obtuvo de una película de corte árabe que vio, en la cual se presentaba a una persona haciendo movimientos con una bandera muy grande con su asta y él pensó: "Si esa persona hace eso con esa bandera yo puedo hacerlo con una más chiquita"[219]. Cuenta que en ese tiempo había un joven de apellido Almodóvar que seguía a la tuna a todas partes, al punto de que a los integrantes les llegó a molestar su presencia. Entonces se les ocurrió la idea de que ese muchacho podía ser el abanderado del grupo. Esto fue innovador en la tradición tuneril porque, como recalcó Acevedo, todas las tunas en España tenían su bandera, pero solo la ondeaban y en América del Sur salían corriendo con la bandera hacia el público. Esta destreza la ha compartido con otras tunas dentro y fuera de Puerto Rico. Sobre este tema González Nieves indicó:

> Otro de los elementos que caracterizan a la Tuna del Recinto de Río Piedras, es la utilización de la bandera, concepto que Don Goyo creó

---

[216] Ibíd.
[217] Ibíd.
[218] Ziara González Nieves. "Tuna UPR: Al compás de otra melodía". Universia, Puerto Rico. 6 de diciembre de 2006, párr. 8. http://noticias.universia.pr/tiempo-libre/noticias/2006/12/06/137783/tuna-upr-compas-otra-melodia.html.
[219] Acevedo González, op. cit.

y le llama "fantasía de banderas". Esto también fungió como un elemento innovador en las tunas alrededor del mundo, cuando en el 1982 la agrupación local la llevó a unas competencias europeas[220].

El tercer elemento en las presentaciones de la tuna lo es la fantasía de la capa. Acevedo mencionó que lo introdujo entre 1976 al 1977, aproximadamente. Relató que vio una película mexicana en blanco y negro en donde los charros mexicanos bailaban con una capa de torero y es de ahí que toma la idea de desarrollar un baile de capa. La fantasía de capa, como él la llama, la ha llevado a Sur América. El primer país en aprenderla fue Chile, también la llevaron a República Dominicana. Enfatiza Acevedo que los integrantes de la tuna han desarrollado pasos particulares. Para este exdirector su hija, Raquel Acevedo, ha sido la mejor en la capa. Tanto es así que ha desarrollado un sistema de defensa personal utilizándola. Sobre su hija indicó: "Fue la primera que cogió la capa se tiraba por el piso y le caía en la mano dando vueltas. La tiraba con el pie y la cogía con la mano. Lo tomó tan en serio que la llevó al deporte"[221].

Estas tres fantasías, que ha desarrollado la Tuna de la Universidad de Puerto Rico, con estilos únicos, la hacen destacarse en todos los lugares donde se presentan. Para Acevedo González una presentación completa incluye estos tres elementos donde demuestran un excelente dominio de ellos.

17. Aportaciones

Entre las aportaciones que la Tuna de la Universidad de Puerto Rico ha hecho se encuentra el haber sido la primera tuna en el País y ejemplo a seguir por otras tunas que se fundaron en la Isla. Señala Acevedo que en el tiempo en que comenzó como director de esta agrupación, durante su tiempo libre también dirigió la Tuna de la Universidad Interamericana. Mencionó que han apadrinado a la Tuna de la UPR en Arecibo y la de la UPR en Bayamón. Considera que otra contribución de la tuna ha sido incluir mujeres en el grupo, cosa que otras tunas prohíben, así como haber ayudado en el desarrollo de artistas en el País. Este indicó en entrevista a *Primera Hora*:

De aquí salieron artistas como: El Topo, los tríos Caribe y Cemí y las

---

[220] González Nieves, *op. cit.*
[221] Acevedo González, *op. cit.*

cantantes Jessica Cristina y Celinés. Además, la Tuna ha ayudado a muchos estudiantes a través del programa de Destrezas Especiales y así ha logrado tener jóvenes que no entraban a la Universidad por las razones que fueran y entraron por este programa y se han graduado suma y magna cum laude de la UPR[222].

Los conocimientos adquiridos son compartidos con otras agrupaciones similares tanto en Europa como en Suramérica. Un ejemplo de esto es que a la Tuna de Antofagasta le regalaron una capa para que aprendieran e hicieran el baile con la misma. Comentó este exdirector que hicieron un pacto de hermandad con la Tuna de Perú. En el viaje que realizaron en enero de 2015 en La Serena, Chile dieron clases de pandereta, capa y bandera. Acevedo recalcó: "La responsabilidad de nosotros es ayudar a que las tunas se desarrollen"[223].

Gregorio (Goyo) Acevedo estuvo la mayor parte de su vida en la tuna, desde sus años de estudiante como tuno, y en la década de los setenta hasta el 2018 como director. De sus experiencias vividas puede contar que en la tuna que se fundó en 1961 la amistad se valoraba sin pensarlo. Eso es algo que él ha mantenido en la agrupación a través de los años. Como él mencionó, esa amistad verdadera que cuando uno necesite del otro ese esté ahí para ayudarlo. Enfatizó que es importante cantar, tocar el instrumento, pero el concepto de 'estoy para ti cuando me necesites' es lo más importante. La tuna es como una familia y los tunos fueron como sus hijos. Hubo momentos en que los tuvo que ayudar en lo emocional y otras veces en lo económico, como pagar el hospedaje. Es por eso por lo que la tuna necesita hacer serenatas y panderetazos, pues los mismos les ayudan a recaudar dinero para los gastos del grupo y necesidades que pueda tener cualesquiera de sus integrantes.

De sus conocimientos adquiridos en tantos años, Acevedo puede comparar la tuna en sus comienzos con la actual. Sobre esa comparación indica:

> El nivel de la tuna ha subido mucho desde el punto de vista de la ejecución del instrumento y desde el punto de vista de las armonías en las canciones, las voces. La mayoría de las canciones del primer disco eran al unísono, quizás dos canciones a dos voces. Pero la ejecución siempre ha sido maravillosa. Ahora dos o tres voces. El estilo de la tuna no ha cambiado. El repertorio es más amplio y las canciones y

---

[222] Fullana Acosta, *op. cit.*
[223] Acevedo González, *op. cit.*

la ejecución del instrumento más difícil. La tuna tiene que garantizar su nivel[224].

Cada año entran tunos nuevos. Se hacen audiciones, pero no tienen que ser excepcionales, aclaró el exdirector, pero todos tienen que tocar un instrumento. Los estudiantes que se convierten en integrantes, además de la oportunidad de desarrollar sus habilidades en el canto y la ejecución de su instrumento, tienen el beneficio de exención de matrícula.

También explicó que cuando llega un integrante nuevo si no ha escogido un padrino se le asigna, hasta que aprende y se convierte en un tuno de primera. Eso significa que debe aprender la historia completa de la tuna. El padrino se convierte en su amigo, está a su lado en todo momento, es quien lo ayuda a aprender las canciones y cómo se toca en la tuna. Es la persona que le regala la cuchara cuando el tuno recibe la beca. La primera tarea que reciben los integrantes nuevos es aprender "Clavelito" y el "Himno de la Universidad" por cuenta propia.

Aclara que el proceso de aprendizaje nunca termina. Cuando el tuno consigue la capa se considera que ha llegado a lo más lejos en la tuna. Así que lo último que reciben es la capa y el parcho de la universidad.

Acevedo enfatiza que la tuna está cumpliendo con su deber. Mantiene las tradiciones tuneriles y, sobre todo, tiene los brazos abiertos para recibir, ayudar y compartir sus conocimientos con agrupaciones como estas, dentro y fuera de la Isla. Menciona que ha recibido el honor más alto que se le puede hacer a una persona en la tuna, que es la de poner la capa a sus pies. Esa experiencia la ha vivido en dos ocasiones en la celebración del cuadragésimo quinto y quincuagésimo aniversario de la tuna, en los cuales tuvo la oportunidad de caminar por sobre doscientas o trescientas capas.

---

[224] *Ibíd.*

CAPÍTULO IV

La segunda tuna en la Isla, La Tuna Estudiantina de Cayey

1. Origen

En la escuela Benjamín Harrison, única escuela superior del pueblo de Cayey en los años sesenta, había un grupo de maestros que le gustaba cantar y se reunían todos los días a la hora de almuerzo en la oficina del director. La escuela contaba con una profesora de canto, Ana Dolores (Doris) Maldonado que había organizado un coro de estudiantes y otro de maestros. Relata María Celeste (Bruny) Vázquez que a la profesora Maldonado le surgió la oportunidad de realizar estudios de maestría con una beca que le otorgaron, la cual aceptó. La escuela se quedó sin ese excelente recurso y los estudiantes, al igual que los maestros, sin su coro. Uno de los profesores que formaba parte del grupo era Juan Ángel Nogueras Rodríguez, que se encontraba ejerciendo su segundo año en la escuela y ofrecía el curso de Distribución y Mercadeo. Nogueras, desde el primer día en su profesión, siempre llevó su guitarra a la escuela. Como relata María Celeste (Bruny) Vázquez:

> Nogueras se pasaba con su guitarra cantando canciones de Gilberto Monroig. En las reuniones durante el almuerzo, Nogueras tocaba la guitarra y los maestros cantaban. Si había alguna actividad en la escuela, como, por ejemplo, el homenaje a las empleadas del comedor, se le pedía a Nogueras que cantara y él lo hacía[225].

Como se quedaron sin el coro y les gustaba tanto cantar, un día, durante sus reuniones a la hora del almuerzo, a Juan Ángel Nogueras se le ocurrió hacer una tuna y compartió allí en la oficina del director la idea con sus compañeros de trabajo. Así lo cuentan Manuel Rodríguez, Andrés Collazo y María Celeste (Bruny) Vázquez, integrantes originales de la tuna. En un principio, la tuna iba a ser solo integrada por maestros. Esto hubiera representado un gran

---

[225] Entrevista a María Celeste (Bruny) Vázquez Rosario, Cayey, Puerto Rico, 23 de junio de 2014.

cambio en el concepto de las tunas, ya que estas, desde sus orígenes, estaban integradas por estudiantes y más adelante, las estudiantinas del siglo XIX, por músicos profesionales. A los maestros les pareció buena la idea y pensaron que sería excelente tener un grupo para amenizar las actividades en el plantel escolar. Sobre el origen del grupo, Manuel Rodríguez González, uno de los maestros fundadores, recordó que "No teníamos con qué amenizar las actividades de la escuela y así fue como empezamos. Tampoco teníamos la intención de salir de la escuela. Era un grupo musical más bien para las actividades escolares, así fue como surgió"[226].

Según Bruny Vázquez su tío, Víctor Rafael Vázquez, maestro de español, compartió la idea con ella, que cursaba el cuarto año en esa escuela. Inicialmente se puso muy contenta y expresó al tío el deseo de pertenecer al grupo, pero este le explicó que la tuna era solo para maestros. Comenzaron a ensayar por las tardes, luego del horario de trabajo. Ensayos que María Celeste no se perdía porque, aunque no era parte del grupo, se quedaba con su tío que sí lo era. Llegaron las dificultades, porque las maestras comenzaron a ausentarse a los ensayos debido a que no se podían quedar luego del horario de trabajo. Sus responsabilidades con los hijos y el hogar no se los permitían. Esto ocasionó un cambio de planes. Necesitaban de los estudiantes para poder llevar a cabo este proyecto. Entonces surgió la idea de reclutar a los alumnos y que la tuna estuviera integrada por maestros y estudiantes, lo que fue una novedad en el concepto de las tunas. Además, ese compartir de profesores y escolares en un mismo grupo no era algo común en ese tiempo.

Bruny Vázquez expresa que su tío le pidió que buscara a las amigas, que estudiaron con ella en el Colegio la Merced en Cayey, y que habían pertenecido al coro de dicho colegio. La tarea era convencerlas de formar parte del grupo. Vázquez realizó la labor inmediatamente y con mucho gusto, ya que le gustaba cantar, algo que lo había aprendido de su tío, además de que quería participar en la agrupación. Entre sus amigas estaban: Ivette Padró, Inés Aixa Gómez y María del Carmen Gómez, quienes aceptaron la invitación.

Por su parte, Herminio de Jesús, que también cursaba el cuarto

---

[226] Entrevista a Manuel Rodríguez González, Cayey, Puerto Rico, 16 de junio de 2014.

año, comenta que Nogueras lo llamó, porque tenía conocimientos de que él tocaba guitarra. En ese momento, Herminio acompañaba a una muchacha que cantaba en las actividades de la escuela. Sobre este asunto de Jesús dice:

> Él sabía que yo tocaba guitarra, me llamó un día y me dijo que estaba pensando hacer la tuna, que yo me encargara entre los estudiantes, condiscípulos míos, personas que tuvieran habilidad tocando un instrumento o cantando. Yo le hice un listado y se lo llevé[227].

Ismael (Maelo) González, otro estudiante que cursaba el mismo grado, recordó que para ese tiempo había un sistema de sonido en la escuela con el que se podían comunicar con todos los salones, y lo utilizaron para invitar a los estudiantes que tocaban instrumentos a asistir a la reunión. También colocaron carteles por la escuela haciendo un llamado a todos los estudiantes que tuvieran habilidad para el canto o que tocaran algún instrumento musical para que asistieran al salón de Manuel Rodríguez, maestro de español. Andrés (Andy) Collazo, maestro de ciencias, confirmó los detalles sobre la gestión de la escuela:

> Yo recuerdo que se citaron al salón de Manuel Rodríguez y se tiraron anuncios por toda la escuela, que el que tuviera instrumento o tocara algún tipo de instrumento o le gustara cantar o tuviera algún talento de canto que fuera a las audiciones[228].

La convocatoria tuvo éxito, y la reunión pudo realizarse en el salón del profesor Rodríguez. Asistieron muchachas a las que les gustaba cantar y varones que tocaban guitarra. Otros estudiantes, aunque tuvieron el interés hacia la agrupación que se estaba organizando, no asistieron a la reunión ni a los ensayos. Ese fue el caso de Ismael (Maelo) González que no asistió porque pensó que su voz a lo mejor no les interesaba y, además, estaba en cuarto año, según nos relata. Cuando la profesora de coro, Ana Dolores Doris Maldonado terminó sus estudios regresó a la escuela y los ayudó con las audiciones, tarea que realizó hasta que cambió de trabajo.

La fecha de fundación se escogió una vez el grupo estaba formado. Andrés (Andy) Collazo aclaró que consideramos la idea de la fundación después que se habían hecho audiciones. El 15 de octubre

---

[227] Entrevista a Herminio de Jesús Figueroa, Cidra, Puerto Rico, 5 de julio de 2014.
[228] Entrevista a Andrés Antonio (Andy) Collazo Rodríguez, Cayey, Puerto Rico, 28 de noviembre de 2014.

de 1964 quedó organizada la agrupación, día que se reconoce como la fecha de la fundación de la tuna. Al igual que la Tuna de la Universidad de Puerto Rico recinto de Río Piedras, la Tuna de Cayey comenzó y continúa siendo una tuna mixta, con integrantes femeninas y masculinos. Hasta donde he podido investigar, se convirtió en la segunda tuna en la Isla que se inició con la novedad de incluir en una misma agrupación a estudiantes y maestros. Lo que se conocía de las tunas en ese tiempo es que eran agrupaciones universitarias, lo que era la tradición, así que la Tuna Estudiantina de Cayey rompió también con esa tradición.

2. Por qué una tuna

Los entrevistados coinciden en que la idea de crear una tuna en la escuela superior de Cayey fue de Juan Ángel Nogueras. También coinciden en que dicha idea la compartió con los compañeros maestros y estos la aceptaron y ayudaron en la formación del grupo. ¿Por qué a Nogueras se le ocurrió fundar una tuna? A esta pregunta, Andrés Collazo contestó: "La idea de la tuna fue, básicamente, de Nogueras, porque ya existía la tuna de la UPR. Ya nosotros la conocíamos porque ya existía cuando yo estudiaba"[229]. Juan Ángel Nogueras también fue estudiante en la Universidad de Puerto Rico, recinto de Río Piedras para el tiempo en que se fundó la tuna en esa institución. Víctor Cotto Colón, quien es cayeyano y fue integrante de la Tuna de la Universidad de Puerto Rico, recuerda que durante los cambios de clase se encontraba en los pasillos con Nogueras y este le preguntaba sobre el grupo musical que estaba ensayando. Cotto lo invitaba a los ensayos y le indicaba la hora y el lugar, pero Nogueras nunca asistió.

Según Víctor "Aunque se mostraba interesado posiblemente no iba porque como no se hospedaba y viajaba de Río Piedras a Cayey no se podía quedar a los mismos"[230]. Además piensa que otra razón por la cual Nogueras no tomó la decisión de ser integrante de la Tuna de la UPR fueron sus estudios. Nogueras era un estudiante de cuatro puntos que completó la escuela superior en dos años y estaba muy enfocado en sus estudios ya que su meta era terminar el

---

[229] Collazo Rodríguez, *op. cit.*
[230] Cotto Colón, *op. cit.*

bachillerato rápido y estudiar Derecho. Esas pudieron ser las razones por las cuales Nogueras nunca fue a las reuniones de esa tuna, pero le había demostrado a su compueblano que tenía interés en conocer sobre la agrupación. Según Herminio de Jesús, Nogueras era admirador de la tuna de la universidad, circunstancia que también lo motivó a traer la idea de fundar una tuna en Cayey. De alguna manera, la Tuna de la Universidad de Puerto Rico fue ejemplo a seguir por estos dos maestros quienes estudiaron en esa institución para el tiempo en que se fundó esa agrupación.

Andrés (Andy) Collazo indica que cuando era estudiante en la universidad siempre que podía iba a las actividades y a las presentaciones de la tuna. Refiriéndose al momento en que Nogueras compartió la idea con sus compañeros, Andrés Collazo explica que "En ese momento la tuna de la universidad la veíamos como un grupo para compartir en la manera en la que nosotros queríamos, que fuera coral y a la vez con instrumentación"[231]. Ese concepto era ideal para lo que ellos querían, un grupo donde pudieran cantar ya que a estos maestros fundadores era algo que les gustaba. Víctor Vázquez había pertenecido al coro de la Universidad de Puerto Rico, recinto de Río Piedras durante sus años de estudio. José Luis Aponte, maestro de ciencias y el mayor del grupo, había pertenecido al coro de la Universidad Interamericana. A Andrés (Andy) Collazo y a Manuel Rodríguez siempre les gustó la música y el baile. De esa manera, hacían lo que les gustaba y, a la misma vez, Juan Ángel Nogueras tocaba la guitarra, instrumento que siempre lo acompañaba.

El grupo original no tenía una idea clara de lo que era una tuna, solo lo que había escuchado de las tunas españolas. Y lo que había visto en presentaciones que hacía la Tuna de la Universidad de Puerto Rico, única en la Isla. María Celeste (Bruny) Vázquez relata que en las navidades, antes de la fundación de la tuna de la escuela, hubo una actividad en la Plaza de Cayey. En dicha actividad participó la Tuna de la Universidad de Puerto Rico que había sido invitada por uno de sus integrantes de este pueblo. Vázquez aclara que ella asistió porque conocía de la tuna, había escuchado su disco y quería conocer a los integrantes. Dice que su tío también asistió, así como algunas de las personas que luego formaron parte de la Tuna Estu-

---

[231] Collazo Rodríguez, *op. cit.*

diantina de Cayey. Fue una actividad vista por muchas personas. Víctor Cotto enfatiza que otra manera de dar a conocer en Cayey lo que era una tuna fue utilizando un suéter de la Universidad que él tenía y que en la parte posterior le había añadido la palabra tuna, ya que él pertenecía a la agrupación. En las navidades, cuando estaba de vacaciones en Cayey, como hacía frío, él lo utilizaba y las personas le preguntaban qué era eso de tuna y Cotto les explicaba. Esas fueron algunas de las maneras en que se comenzó a conocer sobre estas agrupaciones en ese municipio. Luego, a través del reto que aceptaron cinco maestros de la escuela superior Benjamín Harrison, quienes tenían poco conocimiento sobre las tunas, pero un gran deseo de formar una agrupación. En ese momento, comenzaron la fundación, sin saber que se convertiría en una tuna con actividad ininterrumpida, desde su fundación hasta el presente, que tendría una gran trayectoria y que sería conocida en todo Puerto Rico y también en otras partes del mundo.

3. Origen del nombre

Sobre el nombre original de la tuna hay varias versiones, pero todos los entrevistados coinciden que el nombre original llevó la palabra "estudiantina". A continuación, presento los testimonios de los que participaron en esta etapa.

María Celeste (Bruny) Vázquez nos informó que se llamó "Tuna estudiantina de la escuela superior de Cayey". Según Vázquez lo de la palabra estudiantina surgió en su hogar cuando su tío, Víctor Rafael Vázquez, compartió la idea de que iban a formar una tuna. Vázquez explica: "Mi papá dice a tío que en España hay unos grupos musicales que le dicen estudiantinas, por qué no le pones la estudiantina, porque estudiantina viene de estudiantes. No le pongas tuna porque ya está la de la universidad"[232]. Al parecer Víctor Rafael Vázquez llevó la idea a Nogueras porque se utilizó esa palabra en el nombre del grupo. Por su parte, Andy Collazo expresa que surgió La Estudiantina porque predominaban los estudiantes. Indica que "No me acuerdo a quién se le ocurrió, pero nos gustó, de hecho, en la canción de entrada a los sitios, el tema, era *La Estudiantina*"[233].

---

[232] Vázquez Rosario, *op. cit.*
[233] Collazo Rodríguez, *op. cit.*

La segunda tuna en la Isla, La Tuna Estudiantina de Cayey

Manuel Rodríguez mencionó que el primer nombre fue Estudiantina de Cayey, porque era de estudiantes y maestros. Herminio de Jesús tuvo la oportunidad de entrevistar a Juan Ángel Nogueras en el 2010 y dice que Nogueras le contó que el nombre original fue La Estudiantina de Cayey y que fue por sugerencias de Lino Fragoso, dueño del sello Fragoso con quien la tuna tuvo la oportunidad de grabar sus primeros discos, que el nombre cambió a Tuna Estudiantina de Cayey.

Cuando la tuna grabó su primer disco en 1966, para el sello Fragoso, apareció en la carátula el nombre de Tuna (Estudiantina) de Cayey. La palabra estudiantina se encuentra escrita entre paréntesis. Esto evidencia que ese era el nombre que estaba utilizando la agrupación ese año. En los cinco discos siguientes, que también fueron con el mismo sello disquero, aparece ese nombre en las carátulas unas veces la palabra estudiantina entre paréntesis y, en otras ocasiones, no.

Gertrudis Maldonado, quien ingresó a la tuna en 1975 y todavía es integrante del grupo, señala que la agrupación se inscribió en 1969, según los datos que tiene el Departamento de Estado, cinco años después de su fundación. Se

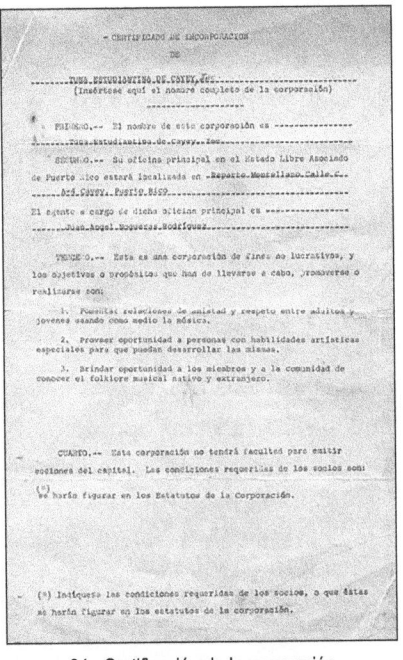

24. Certificación de Incorporación
Tuna Estudiantina de Cayey

estableció una junta que presidía Juan Ángel Nogueras, donde se establece que la tuna es una organización musical sin fines de lucro y se inscribió como Tuna Estudiantina de Cayey.

Bruny Vázquez establece que, a principio de los años 70, la tuna cambia de casa disquera y pasó a trabajar con el productor de televisión, Paquito Cordero[234] y fue él quien comienza a llamar a la

---

[234] Su nombre completo era Francisco Cordero Báez. Para el 1960 fundó la compañía Paquito Cordero Productions y se convirtió en el primer productor independiente de Telemundo. Producía programas y también fungía como representante artístico

agrupación Tuna de Cayey, para darle un nombre más comercial al grupo. En ese tiempo, la tuna participaba en los programas de este productor y la presentaban como Tuna de Cayey. De ahí es que las personas comenzaron a llamarla de esa manera y en las carátulas de algunos discos comenzaron a utilizar ese nombre. En la actualidad, durante las presentaciones a veces se le llama de la forma abreviada o popular y, en otras ocasiones, por su nombre oficial.

4. Primeros integrantes

Cuando se pregunta quiénes integraron la tuna original, obtenemos la siguiente información. Para Andrés Collazo y Manuel Rodríguez, la tuna quedó compuesta por cinco maestros y diecinueve estudiantes. Esta respuesta surge porque posiblemente toman como referencia la parte posterior de la carátula del primer disco que se grabó en 1966 donde aparecen los nombres de los integrantes del grupo en aquel tiempo. En esa información aparecen cinco maestros, diecinueve estudiantes y una maestra que se unió en el segundo año. Por su parte, Bruny Vázquez destaca que hubo estudiantes que pertenecieron a la tuna original y que para el primer disco no se encontraban en el grupo porque se graduaron en el 1965.

La tuna quedó integrada por cinco maestros y veintidós estudiantes. Los profesores fundadores fueron: Juan Ángel Nogueras, Manuel Rodríguez, Víctor Rafael Vázquez, Andrés (Andy) Collazo y José Luis (Chelay) Aponte. Todos hacían voces excepto Nogueras que tocaba la guitarra. Los alumnos que iniciaron este grupo fueron: voces: María Celeste (Bruny) Vázquez, Adelina Sánchez, Ruth Miriam Rivera, Sonia Vélez, Carmen V. Colón, Ivette Padró, Teresita Rodríguez, Migdalia López, Awilda Berríos, Inés Aixa Gómez y María del Carmen Gómez. Tocaban la bandurria: Miguel López y Eduardo Solís; mandolinas: Lino Juan Cotto y Juan Martínez y las guitarras: Francisco Sánchez, Orlando Lamboy, Neptwin Rosario, Edgardo Lleras, Luis Torres, Wilfredo (Freddy) Meléndez y Herminio de Jesús[235].

Estos integrantes originales participaron en el primer disco ex-

---

de muchos talentos puertorriqueños.
[235] Listado facilitado por Andrés (Andy) Collazo y completado por María Celeste (Bruny) Vázquez.

La segunda tuna en la Isla, La Tuna Estudiantina de Cayey

cepto los que se habían graduado. Indica Bruny Vázquez que en ese año escolar (1964-1965), se graduaron Herminio de Jesús, María del Carmen Gómez, Wilfredo (Freddy) Meléndez y ella. Ismael (Maelo) González también recuerda a estos compañeros como integrantes del grupo ya que era de la misma clase graduanda y estaba muy pendiente de la tuna pues su novia era parte de ella. En el primer disco Vázquez participó porque, aunque se encontraba en primer año de universidad, no se le aplicó la regla de salida del grupo, pero el próximo año tuvo que abandonar la agrupación. La tuna tenía una regla la cual establecía que cuando el estudiante se graduaba de cuarto año no podía continuar en el grupo.

Andrés (Andy) Collazo menciona que en el segundo año entra a la tuna Emilia (Millita) Colón, una maestra que comenzó a trabajar ofreciendo cursos de Historia de Puerto Rico y de Estados Unidos. Collazo dice al respecto que "Después se incorpora Luz Emilia López que no enseñaba en la escuela superior de Cayey, pero era trabajadora social del distrito de Cayey"[236].

Los estudiantes miembros de la tuna siguieron graduándose y en el 1967 la composición del grupo había cambiado. Ese año grabaron el segundo disco en el cual participaron los cinco maestros fundadores, la profesora que comenzó el segundo año y Luz Emilia (Lucky) López. De los estudiantes del primer disco solo quedaban Adelina Sánchez (voz), Teresita Rodríguez (voz) y Luis Torres (guitarra). Los demás integrantes eran, en las voces: Awilda Bonilla, Carmen Lago, Carmen Porto, Vilma Lamboy, Carmen. M. Rodríguez, Sandra Rosario, José L. López, Severiano Miranda. En la instrumentación estaban en las bandurrias: Miguel Cotto y Wigberto Suárez; mandolinas: Benjamín Vásquez y Efraín León; cuatro: William Vázquez y guitarras: María de los Ángeles Correa, José Caraballo, Jaime Sostre, Héctor Malavé y José Díaz[237].

Cuando Juan Ángel Nogueras se da cuenta que todos los años estaba perdiendo a jóvenes talentosos y tenía que reclutar integrantes nuevos a los que había que enseñarles todo sobre la agrupación, se le ocurrió la idea de buscarlos desde la escuela intermedia. Sobre este asunto Ismael González expresa: "Muchos empezaron en la es-

---

[236] Collazo Rodríguez, *op. cit.*
[237] Información tomada de la parte posterior de la carátula del segundo disco de la Tuna Estudiantina de Cayey.

cuela intermedia, porque así duraban más tiempo en la tuna, idea de Nogueras que era un genio"[238]. Nogueras comenzó a ofrecer clases de música en la escuela intermedia Benigno Fernández García, donde inició la práctica de reclutar lo que él llamó "los tunitos". Entre los primeros estudiantes que ingresaron a esa agrupación estaban: Wanda Collazo Rosario, su primo Héctor (Juni) Rosario Reyes y Leyda López Rosario. Wanda Collazo recordó: "Él nos pasó niños aún, estuvimos como año y medio con él, vio que teníamos talento y nos dijo: van a empezar en la Tuna Estudiantina. Ensayábamos allá. Yo tenía doce años cuando comencé en la Tuna Estudiantina de Cayey"[239].

En julio de 1975 se integran a la tuna Gertrudis (Gigi) Maldonado Ríos y Eda Cotto Carrasco. Eran estudiantes de escuela intermedia y su maestro de salón hogar era Ismael (Maelo) González. En ese tiempo, Maldonado (quien tocaba guitarra y había pertenecido a una tunita en la escuela elemental), con otros estudiantes y la ayuda de su maestro, organizaron una tuna en la escuela intermedia. En esta pequeña agrupación, el maestro comenzó a enseñarles a tocar la mandolina a varios estudiantes. En cuanto a las dos niñas mencionadas (Gertrudis y Eda), informa González que cuando la Tuna Estudiantina de Cayey se quedó sin mandolinistas, él le habló a Nogueras sobre el potencial de ambas. Nogueras le respondió que las llevara al grupo. De esa manera, continuaron llegando estudiantes más jóvenes.

En 1967 se fundó otra agrupación en Cayey dirigida por Víctor Cotto (extuno de UPR) que se llamó Tuna Taurina Cayeyana. A Cotto se le ocurrió la idea de reclutar a músicos experimentados y las voces que habían pertenecido a la Tuna Estudiantina de Cayey que ya no estaban en la agrupación por la regla de salida que tenía el grupo. La Tuna Estudiantina de Cayey estaba preparando músicos y cantantes que llegaban a otras agrupaciones por la regla de salida. De esa manera, esta otra agrupación se benefició del talento y la experiencia adquirida de algunos de ellos. Debido a eso, a la cantidad de estudiantes que tenían que reclutar cada año y al deseo de los integrantes de no abandonar el grupo, en 1969 se decidió abolir la regla de salida. Esta medida dio la oportunidad a que integrantes del

---

[238] Entrevista a Ismael (Maelo) González López, Cayey, Puerto Rico, 9 de julio de 2014.

[239] Entrevista a Wanda Ivelisse Collazo Rosario, Cayey, Puerto Rico, 8 de julio de 2014.

grupo inicial y de otros años regresaran a la tuna. Ese fue el caso de María Celeste (Bruny) Vázquez, María del Carmen Gómez e Inés Aixa Gómez, quienes habían sido integrantes del grupo original, luego formaron parte de la Tuna Taurina y posteriormente regresaron a la Tuna Estudiantina de Cayey. Además de los que regresaron, hubo otros que no tuvieron que dejar de ser integrantes. Sin embargo, aún con la abolición de la regla de salida, la composición del grupo cambiaba, pero con menos frecuencia. Wanda Collazo enfatiza que los que entraban se quedaban y estaban años en el grupo. Había mucha gente que quería entrar, pero Nogueras los escogía. Siempre llegaba alguien y salían otros, mayormente por sus compromisos de estudios universitarios o de trabajo.

25. Nogueras, quinto aniversario de la Tuna

Para pertenecer al grupo, además de poseer talento, había que seguir unas reglas. En entrevista para *Tele Revista* en 1975, Nogueras enfatizó:

> Nosotros exigimos a los interesados en entrar a la Tuna tres cosas: que cumplan con las normas de la organización, asistir a los ensayos, sin excusas. Tiene que tener una razón extremadamente poderosa para excusarlo – porque la entrada a la organización es voluntaria pero la asistencia es obligatoria –. Otro de los requisitos consiste en que nadie recibe paga alguna por sus participaciones ni tampoco dinero en efectivo[240].

5. La dirección de la tuna

La responsabilidad de dirigir la Tuna Estudiantina de Cayey la tuvo Juan Ángel Nogueras. Él fue el que llevó la idea a sus compañeros maestros, así que él sabía lo que quería lograr. Fue el director de la tuna por dieciséis años, desde su fundación en 1964 hasta el 1980. Nogueras se encargaba de todo lo relacionado a la tuna. De ese

---

[240] María A, Olán, "La Tuna de Cayey sus Logros y Metas", *Tele Revista, El Mundo*, 21 de diciembre de 1975, p. 19.

momento Manuel Rodríguez recordó:

> Nogueras tuvo la idea de la tuna y Nogueras fue el primer director, pero nosotros nos unimos a él desde el primer día, José Luis Aponte y Víctor habían pertenecido a coros y ayudaron mucho. Ahora, el que tuvo la idea fue Nogueras y era el único que tocaba guitarra y tuvo el control[241].

Por su parte Wanda Collazo, que entró muy niña a la tuna y fue integrante por muchos años, relata sobre Nogueras:

> Él era un líder completo, responsable de todo, los otros maestros lo auxiliaban, pero el liderazgo de él sobresalía en todo, él era el responsable de todo, el que tenía la visión de esa tuna, lo que él quería para la tuna, él era el que dirigía todo. Él sabía la instrumentación que faltaba, él era el que decidía a que actividades teníamos que ir, que actividades le convenían a la tuna para nuestro enriquecimiento. Él era el que tenía esa visión, vamos a cambiar la vestimenta, algunos daban sugerencias, pero él decidía. Él estaba bien dirigido a lo que él quería, cuál era su norte, a dónde quería llevar a la tuna y las experiencias que él quería. En la música él decidía lo que se grababa. Nogueras era la pieza clave en la tuna. Era un líder de primera[242].

Juan Ángel Nogueras contaba con un comité al que le consultaba las decisiones que se iban a tomar en el grupo. A ese comité pertenecían los maestros que eran los que ayudaban con la disciplina del grupo y se encargaban de los estudiantes en las actividades y en los viajes. González reafirma: "Cuando Nogueras estaba, él dirigía todo y había un comité de disciplina"[243]. En la entrevista para *Tele Revista*, Nogueras informó:

> Cuando hay que tomar una decisión sobre algo, nos reunimos y todos exponen sus puntos de vista. Se anotan los puntos en que coincidimos y se sigue discutiendo hasta la saciedad. Preferimos perder contratos y hasta dinero antes de forzar a los compañeros a tomar una decisión[244].

Nogueras aclaró en esa entrevista que el grupo le había dado el poder de tomar decisiones en momentos de crisis, si surgía algo inesperado. En ese tiempo la organización de la tuna estaba a cargo de una directiva. El artículo citado destacaba que: "La Junta de

---

[241] Rodríguez González, *op. cit.*
[242] Collazo Rosario, *op. cit.*
[243] González López, *op. cit.*
[244] Olán, *op. cit.*

La segunda tuna en la Isla, La Tuna Estudiantina de Cayey

Directores de la Tuna de Cayey está compuesta por Juan Ángel Nogueras -Director y Presidente de la Corporación-"[245]. Además señaló a Víctor R. Vázquez como vicepresidente. Otros integrantes de la directiva fueron Ismael González, Humberto González y María de los Ángeles (Angie) Correa, que ayudaba con la parte económica.

En 1980 a Juan Ángel Nogueras le surgió la oportunidad de ir a Estados Unidos a realizar estudios doctorales en psicología. Sobre ese momento Gertrudis (Gigi) Maldonado comentó: "Nogueras tuvo una oportunidad de irse a hacer el doctorado en Penn State, era un hombre muy brillante, es becado y hace el doctorado en psicología en el área de investigación"[246]. Nogueras le comunicó al grupo sus planes y estos realizaron votaciones para elegir a la persona que iba a quedar a cargo de la dirección del grupo. Para ese tiempo Manuel Rodríguez y Víctor Rafael Vázquez, maestros fundadores, todavía eran integrantes de la agrupación. De ese suceso Maldonado comentó:

> Cuando se va y se desprende de la tuna fue un golpe fuerte que nosotros vivimos. Éramos jovencitos y no queríamos que la tuna se cayera, así que nos tiramos de cabeza a proteger al grupo. Se quedaron Víctor Vázquez y Manuel dos de los fundadores[247].

La persona seleccionada por el grupo fue Jorge Guzmán, quien llevaba ocho años en la tuna y era el mayor de ellos, después de los profesores que quedaban. Guzmán no había sido estudiante de la escuela superior de Cayey, él se integró al grupo por invitación. Era amigo de uno de los integrantes y había participado en la grabación del disco con Chucho Avellanet. De esa experiencia Maldonado relata:

> El grupo pasa a la responsabilidad de Jorge Guzmán que era el mayor del grupo y él sigue con nosotros, todos éramos como de las mismas edades, los que en un momento llegamos bien jovencitos, habíamos madurado musicalmente y estábamos bien acoplados[248].

Con un nuevo director cambiaron algunas cosas en la agrupación. Tenían que acoplarse a los cambios en la tecnología y en la industria del disco. Todos tenían el deseo de que la tuna continuara y trabajaron para eso. Entre los cambios que hubo, Maldonado indica:

---

[245] Ibíd.
[246] Entrevista a Gertrudis (Gigi) Maldonado Ríos, Cayey, Puerto Rico, 24 de junio de 2014.
[247] Ibíd.
[248] Ibíd.

Ahí empieza los sonidistas y nosotros ya no cargábamos el equipo. Las formas de grabar cambiaron, la tuna grababa a toda la tuna en el mismo estudio. Cuando Jorge empieza a grabar era por secciones no todos a la vez. Hay un disco que tiene los dos estilos porque lo empezó Nogueras y lo terminó Jorge Guzmán[249].

Otro de los cambios ocurridos en la tuna bajo la dirección de Guzmán fue organizar el grupo en una directiva con presidente(a), vice- presidente(a), secretario(a), tesorero(a). Las tareas y las responsabilidades quedaron divididas. De esa manera, Guzmán pudo encargarse más de la parte musical y no tenía que encargarse tanto de la parte administrativa, económica y logística del grupo. De esas tareas se encargaba el resto de la directiva. Jorge Guzmán recalca:

> Empecé a hacer un bosquejo y a ir dándole forma a unas directrices, a un reglamento de cómo organizar el grupo y tener elecciones para los diferentes puestos dentro del grupo. Tener una directiva, mantener la organización del grupo, tener una estructura, tener una base para mantener el grupo y darle una continuidad, y gracias a Dios eso funcionó[250].

26. Jorge Guzmán director. Monumento al Jíbaro, Cayey

---

[249] *Ibíd.*
[250] Entrevista telefónica a Jorge Guzmán Torres, 21 de febrero de 2015.

La segunda tuna en la Isla, La Tuna Estudiantina de Cayey

Guzmán explica que ese cambio también lo hizo por necesidad, él no era profesor como lo eran Nogueras, Vázquez y Rodríguez a quienes los estudiantes obedecían sin cuestionar. Así que pensó que una directiva iba a ser una forma efectiva para la organización del grupo. Los que se encontraban como integrantes en ese momento lo apoyaron y esa organización trajo resultados muy positivos.

Por su parte Maldonado señala: "La tuna se reúne como grupo y establece una directiva, esa directiva elige presidente al Sr. Jorge Guzmán, vicepresidente al Sr. Víctor Rafael Vázquez, secretaria Eda Cotto y tesorera esta servidora"[251]. Además aclara que Guzmán es un músico formado, que había tomado clases de acordeón desde pequeño y, es por eso, que se enfoca más en la parte musical y ayudaba tanto con las voces y los arreglos musicales.

Maldonado cuenta que, en el 1995, cuando Jorge Guzmán le comienza a dar señales de que quería realizar otras cosas en su vida, la tuna se reorganiza y divide la función del director musical y de la Junta Directiva como le llaman en la actualidad. Quien responde por la tuna es el presidente de esa Junta Directiva. Esa es la persona que tiene que firmar las contrataciones y responder como institución sin fines de lucro. El director o directora musical es elegido por la junta con el apoyo del grupo quien recomienda a una persona para ese cargo. Enfatiza Maldonado que esa persona puede ser el presidente como puede no serlo, porque quizás el que tiene las destrezas para ser director musical no las tiene para ser presidente porque no siempre se tiene ambas destrezas. En términos jerárquicos, es el presidente quien dirige los intereses del grupo.

Maldonado señala que tanto Nogueras como Guzmán fueron directores musicales con mucha paciencia y podían manejar mejor la dinámica de grupo. Luego de ellos eso se perdió. Apunta que eso quizás tuvo que ver con la edad, pues los directores siguientes eran más jóvenes y ella notó que la tolerancia se hizo menos porque estaban más entre pares.

Al continuar con este trasfondo, Maldonado menciona que cuando Jorge Guzmán sale del grupo la dirección musical estuvo a cargo de Emma García Rivera, quien es de Cidra. A finales de la década del noventa, asume el cargo Gilberto León (Gilbert), quien

---

[251] Maldonado Ríos, *op. cit.*

cuenta con formación musical y lo que llaman "oído musical". De 1999 a 2006, Aurea Alicea Negrón asumió la dirección musical. Ella es flautista y tiene formación en esa área, ya que había sido integrante de una banda. Después se encargó de la dirección musical, Ileana Oyola, quien es músico natural, al igual que muchos miembros de su familia. Estuvo dos años, aproximadamente, en ese cargo. Le siguió María (Nina) Rivera quien terminó su función a principio del 2011 y regresó como directora Aurea Alicea hasta el 2017. Desde ese momento, hasta el presente, la dirección musical de la tuna ha estado a cargo de Luis Rafael Ortiz Torres.

De acuerdo con el reglamento los puestos de la Junta Directiva son escogidos por los miembros del grupo, para lo cual se celebran votaciones cada dos años. La directiva actual está integrada por Gertrudis Maldonado Ríos, presidenta; José Luis Castro, vicepresidente; Janette Carrasquillo, secretaria y David Colón es el tesorero. Como vocales: Edwin Rivas, Migdalia Ortiz y Adriana Cruz, quienes tienen a su cargo la coordinación de la comida, transportación, los uniformes, actividades del grupo y las fiestas internas, como los cumpleaños. En el cargo de director musical, Luis Rafael Ortiz Torres, como se mencionó anteriormente y la directora musical asociada, María (Nina) Rivera.

6. Lema

Entre los preparativos de la agrupación estuvo la tarea de escoger un lema. La tuna ha tenido dos y al primero lo llamaron "Estudiantina". Este fue grabado en el primer disco de la tuna en el 1966. María Celeste (Bruny) Vázquez informa que en la conversación familiar donde surgió la idea del nombre para la tuna su tía, Carmen Vázquez, sugirió que se utilizara una canción española que era conocida con el título de "Estudiantina". Le enseñó la canción a su hermano Víctor Rafael Vázquez para que la llevara a la tuna. La misma se convirtió en el lema y era interpretado al inicio de cada presentación. Esta es la letra:

> ¡Oye, carita divina!
> los ecos de mi garganta
> escucha la Estudiantina
> la Estudiantina
> como te canta

La segunda tuna en la Isla, La Tuna Estudiantina de Cayey

Si tu balcón se cayera
y debajo me pillara
en tus brazos me acogieras
y a besos me consolabas
¡Niña bonita y angelical!
¡Oye las notas de este cantar!
que un estudiante lindo y galante
te dedicó.
¡Oye, carita divina!
los ecos de mi garganta
escucha la Estudiantina
la Estudiantina
la Estudiantina
¡Olé!

Esta letra surgió de la canción original "La estudiantina pasa", escrita por Martinillo y con música de Manuel Bertrán Reyna. Esta canción española es un pasodoble marcha y su partitura original es de 1919[252]. Sin saberlo, los integrantes de la Tuna Estudiantina de Cayey utilizaron una canción de principios del siglo XX. La letra original es:

Al verme la Estudiantina
asomada en el balcón
se ha detenido
y un mozo muy guapetón
me cantó con vos divina
y buen oído esta canción:

Oye, carita divina
los trinos de mi garganta
y escucha la Estudiantina
la Estudiantina como te canta.

Si tu balcón se cayera
y debajo me pillara
y en mis brazos te cogiera
del golpe me consolara.
¡Ay niña! ¡Ay niña!
del golpe me consolara.

Niña hechicera y angelical
que ha escuchado este cantar
nunca te olvides de la canción
que un estudiante

---

[252] Museo Internacional del Estudiante. www.museodelestudiante.com/Canciones_y_letrillas/la_Estudiantina_Pasa.htm.

> siempre galante
> te dedicó.
>
> Si ves una golondrina
> que vuela a ti caprichosa
> la cuidas niña divina
> la golondrina es mi persona.
> Pues como ave viajera
> del amor soy caminante
> que en amores somos unos
> golondrinas y estudiantes.
> ¡Ay niña! ¡Ay niña!
> siempre el amor errante
>
> Niña bonita, niña gentil
> la estudiantina ya va a partir
> Nunca te olvides de la canción
> que un estudiante
> que marcha errante
> te dedicó.
>
> El estudiante marchó
> y me llegó a cautivar
> con su canción[253]

De esta canción surgieron varias versiones debido a la tradición oral, ya que las personas aprenden las canciones escuchándolas y, cuando no recuerdan parte de ellas, las cantan como piensan que son o cambian palabras que se les olvidaron. Una de esas versiones fue la que Carmen Vázquez aprendió y luego le enseñó a su hermano.

A finales de la década de los sesenta, el profesor Juan Ángel Nogueras escribe un nuevo lema para la tuna. En ese tiempo el grupo tenía muchas presentaciones, como las Fiestas Patronales que eran actividades alegres y no convenía comenzar con una canción lenta como "Estudiantina". Así es que surge el segundo lema de la tuna el cual todavía se utiliza y la letra es como sigue:

> Es nuestro lema alegrar almas cantando
> por aire, tierra y mar, la dulce paz donar
> al igual que nuestra caña de Borinquen lleva el sol,
> las canciones que cantamos dan dulzor
> al igual que nuestra caña de Borinquen lleva el sol,
> las canciones que cantamos dan dulzor

---

[253] Ibid.

La segunda tuna en la Isla, La Tuna Estudiantina de Cayey

La la la la larala la la la la la laaa laaa
La lara la la laaa la lara la la laaa
La la la lara la la la la
La la la lara la la laaa
La la la larala la la la la la laaa
La la la lara la la la la
La la la lara la la laaa
La la la larala la la la la laaa

Nuestras canciones llevan aires de alegría,
Ardor de juventud, mensajes de amistad.
De la Tierra de las Brumas y el torito bramador
llega en notas musicales nuestro amor
De la Tierra de las Brumas y el torito bramador
llega en notas musicales nuestro amor

La la la la larala la la la la la laaa laaa
La lara la la laaa la lara la la laaa
La la la lara la la la la
La la la lara la la laaa
La la la larala la la la la la laaa
La la la lara la la la la
La la la lara la la laaa
La la la larala la la la la laaa

En 1973, Ismael (Maelo) González, ya era integrante de la tuna. En ese tiempo comenzó la tarea de presentador del grupo. Comenta González que anteriormente quien presentaba los números de la tuna era el director, Juan Ángel Nogueras. González cuenta que un día en una actividad celebrada en San Lorenzo, se dañó un equipo y mientras Nogueras lo arreglaba, él cogió el micrófono y empezó a hablarle al público sobre el disco que tenían y a Nogueras le gustó. Informa González que:

> Al otro día había un espectáculo en Coamo y para aquel tiempo las plazas se llenaban cuando anunciaban a la Tuna de Cayey, porque era un grupo que todo el mundo esperaba y me dijo: "Maelo, prepárese para que mañana presente cuatro o cinco números", de los que íbamos a presentar y yo, no solamente preparé eso, sino que preparé chistes. Cuando yo eche el primer chiste, que yo veo una masa de gente riéndose de lo que yo había dicho, para mi fui una magia. Desde ese día yo fui el presentador de la tuna hasta que me retiré[254].

Como la tuna contaba con un presentador cambiaron el formato del lema que se utilizaba para iniciar las presentaciones. González

---

[254] González López, *op. cit.*

explica que al principio cantaban, luego había un espacio para que él entrara y presentara la tuna. Hacía una historia corta en la cual mencionaba las tunas de España, la Tuna de la Universidad de Puerto Rico, luego decía "y esta es la Tuna Estudiantina de Cayey", y continuaba el coro. Eso fue hasta 1979, año en que este dejó de ser integrante del grupo. Señala Gertrudis Maldonado que hoy día se utiliza el mismo lema, pero en la parte en que González hacía la presentación ahora es un puente musical instrumental.

7. La vestimenta y sus cambios

Otro detalle importante que dilucidaron en sus inicios fue escoger la vestimenta que utilizarían en sus presentaciones. Los primeros uniformes fueron confeccionados por Carmen Vera Vega, madre de Víctor Rafael Vázquez. Bruny Vázquez, recuerda que comenzaron a reunirse en octubre de 1964. En diciembre de ese año necesitaban un uniforme y su abuela se ofreció para realizar esa tarea.

Cuenta Bruny que su tío, Víctor, le explicó a su madre que necesitaban algo como una capa para poder colgar las cintas como lo hacían las tunas españolas. Como había poco tiempo, a su abuela se le ocurrió preparar una especie de paño cuadrado con una abertura en el centro por la cual introducían la cabeza, algo parecida a un poncho. Del primer uniforme, Bruny Vázquez dice: "Era un zarape[255] mexicano, un pañolete con un boquete en el medio que se colocaba por la cabeza, tapaba el frente y la espalda y tenía flequitos abajo"[256]. Andrés (Andy) Collazo la describe: "Era una vestimenta que en el primer disco está. Parece un zarape mexicano y a mí no me gustaba por eso. Luego hicimos un uniforme más propio de tuna. Para esas primeras presentaciones necesitábamos tener algo"[257].

Sobre este tema Manuel Rodríguez comentó: "Nos invitaron a salir de la *high* y no teníamos uniforme, usábamos una camisa blanca, un pantalón negro y una faja. Lo segundo que usamos era como una capita que Víctor Vázquez le decía madril, yo no sé lo que es eso. La hizo la mamá de Víctor que era costurera"[258]. La tela utili-

---
[255] Manta de lana o algodón, generalmente con colores vivos y a veces con una abertura en el centro para la cabeza, que se usa como abrigo y cae a lo largo del cuerpo.
[256] Vázquez Rosario, *op. cit.*
[257] Collazo Rodríguez, *op. cit.*
[258] Rodríguez González, *op. cit.*

zada tenía un diseño de líneas de varios colores entre ellos tonos de azules, verde y fucsia.

Esa pieza sustituía la capa y no les permitía utilizar beca. Además, los varones utilizaban un pantalón negro, camisa blanca de manga larga y zapatos negros. Para las féminas era igual, excepto que en vez de pantalón utilizaban falda. Este uniforme se puede apreciar en la foto de la carátula del primer disco que se grabó en 1966.

Al año siguiente, el uniforme cambió y era más tipo tuna española. Se escogieron los colores negro y dorado (amarillo) que se convirtieron en distintivos de esta agrupación y todavía se utilizan. Los chicos utilizaban pantalón negro, camisa dorada de manga larga y zapatos negros. Las chicas vestían lo mismo, pero con falda negra. Este uniforme contaba con capa de color negro, donde colocaban las cintas que les obsequiaban en las actividades, pero no tenían beca. En la foto de la carátula del segundo disco los integrantes aparecen utilizando esa vestimenta.

Cuando grabaron el tercer disco, continuaron utilizando los mismos colores en el uniforme, con la variante de una pieza de tela

27. Colegio Universitario de Cayey 1978. Juan Ángel Nogueras al centro

negra, que en el centro tenía bordado unos instrumentos de cuerda y alrededor de los mismos, las palabras Estudiantina, Cayey, Puerto Rico. Esta se colocaba sobre el pecho y hacía la función de la beca, pieza que fue utilizada por muchos años. A la camisa le hicieron un cambio en la manga para que en la parte superior fuera más ancha y se abultara, y en la parte del antebrazo fuera más estrecha. En ese tiempo, sus capas ya tenían muchas cintas.

Luego de este uniforme, que podemos considerar oficial, se continuaron utilizando los mismos colores. Lo que varió fue la beca que, para los años ochenta, se confeccionó una más parecida a las que usan las tunas españolas. La forma de las mangas de la camisa ha cambiado de estilo, pero siempre largas. En el caso de la falda, ha tenido sus variaciones en el largo. Explica Wanda Collazo que para los años setenta, cuando estaban de moda las minifaldas y las botas, estos elementos fueron incluidos en la vestimenta. En la foto que aparece en la parte posterior de la carátula del disco *La Tuna de Cayey, Éxitos Musicales de los 50* y en la de los *200 años de la fundación de Cayey*, las muchachas aparecen utilizando dicha moda.

En los años setenta la tuna comienza a participar en muchos programas de televisión. En algunos se presentaban con el uniforme y en otros vestían de una manera, a la que ellos llaman, más formal.

28. Presentación en el programa de televisión *Noche de Gala*

La segunda tuna en la Isla, La Tuna Estudiantina de Cayey

Cuando eran invitados al programa de televisión *Noche de Gala* y a presentaciones en hoteles, utilizaban trajes largos. En muchas carátulas de discos o en las fotos en la parte posterior de estas, aparecen con otro tipo de vestimenta. En ocasiones, combinaban la ropa de las chicas con la de los varones. Dependiendo el tipo de actividad a la que se iban a presentar, el director de la tuna, el profesor Juan Ángel Nogueras, escogía la vestimenta que se iba a utilizar. Sobre este tema Wanda Collazo explica:

> Cuando había presentaciones formales en los grandes hoteles usábamos varios trajes, trajes largos, formales y los varones con unos mamelucos elegantes con camisas de mangas largas, teníamos diferentes vestuarios. Él[259] nos mandaba a hacer trajes para las diferentes presentaciones. Dependiendo cuál era la presentación, así él nos vestía[260].

29. Jorge Guzmán director. Foto en el Capitolio, 1991

Para los años ochenta, la tuna cambia de director, pero el concepto de la vestimenta permaneció igual. Como indica Jorge Guzmán, segundo director de la tuna, en el grupo se tomaban ideas de algunos integrantes que tenían arte para la selección de uniformes. Se mantuvieron los elementos de la beca, la capa y los colores tradicionales de la tuna, el dorado y el negro, pero se confeccionaron en otro estilo, según las modas de aquel tiempo.

En algunas presentaciones se utilizaba el uniforme oficial con la beca y la capa y las vestimentas a las que llamaban formales, en otro tipo de actividades, ya que las presentaciones en televisión y en los hoteles continuaron. Era una manera de darle variedad a sus espectáculos. En la foto de la carátula del disco, *Parranda navideña con*

---
[259] Hace referencia a Juan Ángel Nogueras.
[260] Collazo Rosario, *op. cit.*

la Tuna de Cayey, grabado en 1982, las integrantes utilizaron un traje largo, blanco. Algunas de ellas utilizaban capas azules, otras, rosas y algunas verdes.

Tenían una variedad de opciones. Como dice Jorge Guzmán: "Ya el grupo era Tuna de Cayey, ya no había que decir que éramos tuna, si éramos o no éramos eso estaba establecido. Cuando íbamos a cantar no teníamos que obligatoriamente usar la capa y las cintas"[261].

En otro tipo de actividades no formales, se utilizaba una vestimenta más cómoda. Sobre ese asunto Guzmán explica: "Para algunas actividades un uniforme más informal dependiendo la ocasión y el tipo de evento, como fiestas patronales, podíamos ir como más relajados, algo informal y seguíamos siendo la Tuna de Cayey. Teníamos opciones y eso se fue desarrollando en el grupo"[262]. La idea de variar la vestimenta dependiendo de la presentación se ha mantenido como costumbre en la agrupación. Ahora, además del uniforme oficial tienen un polo con el logo de la tuna y el nombre del integrante, que utilizan para algunas actividades como las visitas a las estaciones de radio.

8. Evolución de los instrumentos

En 1964, cuando se hace la convocatoria para organizar la tuna, el profesor Juan Ángel Nogueras, y los estudiantes que acudieron a la misma, tocaban guitarra. Sobre este tema Manuel Rodríguez mencionó: "Principalmente eran guitarras lo que había, no había nada más y después siguieron surgiendo otra clase de instrumentos"[263]. Las muchachas cantaban, pero no tocaban instrumentos. Bruny Vázquez nos informó que Ivette Padró había tomado clases de baile español y aprendió a tocar las castañuelas, las cuales tocaba cuando se interpretaban las canciones españolas en la tuna. Bruny Vázquez y María del Carmen Gómez fueron autodidactas y aprendieron a tocar la pandereta.

Andrés (Andy) Collazo enfatiza que, como la agrupación tuvo una buena acogida, algunas personas los apoyaron y les donaron instrumentos. Vázquez comenta que el profesor Nogueras identificaba los estudiantes que tenían talento para tocar y los cambiaba a otro

---

[261] Guzmán Torres, *op. cit.*
[262] *Ibid.*
[263] Rodríguez González, *op. cit.*

La segunda tuna en la Isla, La Tuna Estudiantina de Cayey

instrumento de los que hacían falta en el grupo. Para la grabación del primer disco en 1966 contaban con seis guitarras, incluyendo al director, dos mandolinas y dos bandurrias. Además, contaban con las castañuelas y las panderetas. Al año siguiente, para el segundo disco, tenían siete guitarras, dos de ellas ejecutadas por muchachas, (María de los Ángeles Correa y Emilia), un cuatro puertorriqueño, dos mandolinas y dos bandurrias. Ese disco era de Navidad así que la integración del cuatro ayudó a que las interpretaciones de las canciones se sintieran puertorriqueñas.

En sus inicios la Tuna Estudiantina de Cayey contaba con la instrumentación típica de las tunas españolas, la cual se compone de instrumentos de cuerdas como guitarras, bandurrias, mandolinas, laúdes, acompañados de panderetas y castañuelas. Con el tiempo la agrupación fue integrando otros instrumentos que no eran utilizados en las tunas. Andrés Collazo nos informó lo siguiente:

> Del segundo año en adelante nos dio con incorporar instrumentos del Caribe como los de cuero, conga, timbales y bongos, maracas y güiro. Particularmente cuando decidimos montar canciones de Navidad, eso hacía falta. Eso es un cambio que hace la Tuna de Cayey. Fuimos severamente criticados por esos cambios. Pero no nos importó era la tuna concebida por nosotros dentro del Caribe[264].

Al pasar los años, además de la música española y la navideña de Puerto Rico, Juan Ángel Nogueras comenzó a integrar a la tuna otro tipo de canciones. En el repertorio del grupo se incluyeron letras puertorriqueñas y latinoamericanas de la canción popular. También este director comenzó a escribir para la agrupación. Esto los llevó a seguir incorporando otros instrumentos ya que necesitaban de otros sonidos. Wanda Collazo recalca que Nogueras incluía en el repertorio lo que se estuviera trabajando en el país en ese momento. Por ejemplo, para el tiempo de Cortijo incluyó ritmos de salsa en las canciones. Sobre ese aspecto Wanda Collazo destaca:

> Él trajo un poco de salsa a la tuna y quiso darle otro giro a la tuna. Ahí fue que comenzamos a grabar *El Sopón, Con un Pote y una Lata, Puerca Sinvergüenza*, que lo grabamos con una calidad increíble porque teníamos percusionistas de primera[265].

Menciona también que Nogueras integró el bajo eléctrico y dice:

---

[264] Collazo Rodríguez, *op. cit.*
[265] Collazo Rosario, *op. cit.*

"La tuna la sentimos más fuerte y nos fuimos acostumbrando sin dejar la bandurria, la mandolina, los instrumentos originales de la tuna"[266].

Otros instrumentos que Nogueras añadió a la tuna son la batería y el acordeón. Sobre esto Ismael (Maelo) González indica: "Nogueras es quien primero le añade una batería que era más de rock, le dio una dimensión diferente a la tuna porque en los arreglos, la batería le da grandiosidad a la composición, le expande el sonido, hizo crecer la tuna en términos de sonido"[267]. Según González, la razón para Nogueras añadir estos instrumentos no era caprichosa, era que le daba la oportunidad al grupo de interpretar más cosas. Aclara que más adelante añadió el acordeón y cuando Nogueras ya no estaba en la tuna, llegó una muchacha que tocaba la flauta. Sobre ese tema Jorge Guzmán especifica:

> En la tuna integramos flauta, no creo que la hubiera antes. Según las personas se iban había que integrar nuevos talentos. Empezó Aurea, Aurita Alicea tocando flauta y sonaba muy bien y caía muy bien a la instrumentación que habíamos tenido. Yo fui el primer acordeonista[268].

Un cambio que ocurrió en la tuna más adelante fue la eliminación de la batería y la integración de los timbales. Esto se logró gracias a que ingresó al grupo Luis Santiago, quien fue el primer percusionista del grupo.

En la actualidad la Tuna Estudiantina de Cayey cuenta con los siguientes instrumentos: en las cuerdas, cuatro puertorriqueño, mandolina, guitarra y bajo. En el área de viento, la flauta. De los instrumentos de fuelle, el acordeón. En la sección de percusión, bongos, conga, timbales y batería. En la percusión menor, el güiro y las maracas. Utilizan las castañuelas cuando interpretan los pasodobles. Gertrudis Maldonado señala que dependiendo los números van acondicionando los instrumentos que, generalmente, son cuerda, percusión y voces. Es así, como la Tuna de Cayey creó un estilo propio ya que le añadió a la tuna, además del cuatro que es un instrumento típico de la Isla, la percusión, acordeón, flauta, bajo y hasta batería combinando los mismos con los instrumentos de cuerdas.

---

[266] *Ibid.*
[267] González López, *op. cit.*
[268] Guzmán Torres, *op. cit.*

La segunda tuna en la Isla, La Tuna Estudiantina de Cayey

Con estos cambios, la Tuna Estudiantina de Cayey se alejó de lo que eran las tunas tradicionales y fueron creando un estilo propio y distintivo. Emmanuel Rodríguez, quien fue presidente de la tuna, en una entrevista en 2014 indicó: "Todas las tunas son impresionantes, con una historia musical muy rica, pero son tunas tradicionales. Nosotros nos salimos de lo que es esa tradición 'tunística' y criollizamos conceptos"[269].

9. Repertorio

Las primeras canciones que comenzaron los maestros fundadores a montar y a ensayar en la tuna fueron canciones populares y españolas. María Celeste (Bruny) Vázquez recuerda que en su casa siempre se escuchaba la radio y su tía, Carmen Vázquez, se pasaba cantando. Cuando comienzan a buscar el repertorio para el grupo su tía, que sabía tantas canciones, se las enseñaba a su hermano Víctor Vázquez y este las llevaba al grupo. Víctor era quien se encargaba de hacer el arreglo de voces y Nogueras de la parte musical. De esa forma se montaron los primeros temas. Andy Collazo mencionó que las canciones se llevaban al grupo y se trabajan a manera de taller donde los integrantes del grupo aportaban ideas.

Para el primer disco se seleccionaron canciones populares españolas y puertorriqueñas. Las escogidas fueron: "Estudiantina", que era su lema, "Dos puntas", "Tipitín", "Doce cascabeles", "Lamento", "El botecito", "Yo soy boricua", "Purupita", "Triste y sola", "No te mires en el río", "Mágica Luna" y la canción que fue el éxito de ese año, "El bigote de Tomás"[270]. Los arreglos musicales en ese tiempo estuvieron a cargo de Juan Ángel Nogueras y Víctor Rafael Vázquez.

En la parte posterior a la carátula hay un resumen de datos sobre el grupo y uno de ellos resalta que La Estudiantina, a diferencia de la tuna tradicional, hace arreglos vocales en sus melodías. Este fue otros de los cambios que la agrupación trajo al concepto de las tunas. Sobre esto Andrés (Andy) Collazo comenta:

---

[269] Dialogo UPR. 19 de diciembre de 2014. http://www.google.com.pr/search?=la+tuna+de+cayey&ie=UTF8&oe=UTF8&hlclient=safari#q=la+tuna+de+cayey&hl=es&start=40.
[270] Información obtenida de la carátula del primer disco de la Tuna Estudiantina de Cayey.

Se hacían arreglos de voces y esa era una de las contribuciones de la tuna. Originalmente, la Tuna de la UPR, no hacía arreglos de voces, era unísono, una sola voz, la de la melodía y las tunas españolas son así. Y nosotros empezamos a hacer arreglos de voces que, eventualmente, le gustó a la tuna de la universidad que lo incorporó[271].

Bruny Vázquez recordó que a Lino Fragoso (dueño del sello disquero Fragoso), se le ocurrió la idea de que para el segundo disco se grabaran canciones de Navidad. Juan Ángel Nogueras se comunicó con Cándida Luz Rivera, pianista y arreglista cayeyana, y le asignó la tarea de hacerle arreglos a las canciones tradicionales de esa época, con la música y el estilo de las parrandas. De acuerdo a Herminio de Jesús: "Lino Fragoso vio el potencial musical del grupo y tuvo el interés de grabar con fines comerciales un disco de larga duración de la Tuna Estudiantina de Cayey en 1967"[272].

Las canciones escogidas para este disco fueron: "Las Navidades", "Fiestas navideñas" de Cándida Luz Rivera, "Triste Navidad", "A las zarándelas", "Lirios blancos", "Alegre vengo", "Dicen los pastores", "Cascabel", "Blanca Navidad", "Pastores a Belén", "Los Tres Santos Reyes" y "Cantemos, cantemos"[273]. Esta última canción se convirtió en el éxito de esas navidades gracias al arreglo musical que le hizo Cándida Luz Rivera que añadió a la letra la parte que dice: lara, lara, lara, lara lara, lara, lara...

Después de estos éxitos la Tuna Estudiantina de Cayey comenzó a grabar dos discos por año, uno de música popular y otro navideño. Para la tercera producción discográfica Juan Ángel Nogueras escribió dos de las canciones: "Río de la Plata" y "Tengo fe". Las otras canciones incluidas fueron: "Barlovento", "De propina al corazón", "Jinetes en el cielo", "Canción de la serranía", "Olga (Nieve)", "Poron pon", "Brasil" y "Promesa campesina"[274].

Nogueras comenzó a escribir temas de Navidad y muchos de ellos se convirtieron en éxitos que fueron escuchados, y se siguen escuchando, en la mayoría de los hogares puertorriqueños; canciones

---

[271] Collazo Rodríguez, *op. cit.*
[272] Herminio De Jesús Figueroa. "Escrito sobre la Tuna Taurina de Cayey, la Tuna de Cayey y la Tuna del Recuerdo". Facilitado por el autor.
[273] Información obtenida de la parte posterior de la carátula del segundo disco de la Tuna Estudiantina de Cayey.
[274] Información obtenida de la carátula del tercer disco de la Tuna Estudiantina de Cayey.

que son las preferidas en las parrandas y las personas no saben que son de su autoría. Una de esas canciones es la "Parranda del sopón" que se grabó en 1971 y en las navidades de 1972 era la canción que estaba pegada en la radio. Sobre este tema musical Herminio de Jesús cuenta: "En entrevista con el autor, en el balcón de su residencia, me dijo que este tema se incluyó a última hora en el disco como un relleno, porque faltaba una canción para terminar con la producción y no tenían más temas"[275]. María Celeste (Bruny) Vázquez relata que Nogueras llegó de noche a su casa y le pidió ayuda a ella y a su esposo Peter para terminar una canción. Tenía las primeras estrofas y debía finalizarla, porque le faltaba una canción para el disco que debían terminar de grabar al otro día. Ese tema que se terminó de escribir a la prisa para completar el disco fue el que se convirtió en el éxito de esa Navidad.

En esos años, la tuna estaba muy pegada en la Isla y ya era conocida en los Estados Unidos, destino que habían visitado en más de una ocasión. En la revista *Billboard* del 12 de junio de 1971, en la sección *From the capitals of the world* aparece un artículo de San Juan donde mencionan a Ednita Nazario, Olga Guillot y también a la tuna. El escrito indicaba:

> Discos Fragoso, Puerto Rican label is promoting two new LPs, Rafael Bracero with Singer Charlie and Siso and la Tuna Estudiantina de Cayey, student group made up of singers and string players. This group remains through the years as Fragoso's top sellers both in Puerto Rico and U.S. Latin market[276].

Al año siguiente, para el mes de enero, la misma revista publicó en la sección *Hits of the World* en la columna de Puerto Rico LP's que el primer lugar en el *Hit Parade*, lo ocupaba la Tuna de Cayey. Esa información fue cortesía de WKAQ y *El Mundo*[277].

Otras canciones que se convirtieron en éxitos lo fueron: "La trullita de la gata", "Candela" y "Ese pobre lechón". En 1973 Nogueras escribió la canción "Son borinqueño" y fue grabada por la tuna. La parte posterior de la carátula señala que para esa grabación contaron con la participación especial de Tony Croatto, pero no específica cuál fue su colaboración. A Croatto le gustó la canción y luego la

---

[275] De Jesús Figueroa, "Escrito...", *op. cit.*
[276] Revista *Billboard*, 12 de junio 1971, p. 50.
[277] *Ibíd.*, 8 de enero de 1972, p. 39.

grabó. La misma se hizo muy famosa y, además de ese interprete, la cantaron otros. Muchas personas no saben que esa canción es de la autoría de Juan Ángel Nogueras; piensan que es de Croatto. Un dato curioso de esta canción es que las personas se identificaron con ella porque cuando la escuchan creen que la canción dice "son borinqueños" refiriéndose a que son de Borinquen y no es así. Lo que ocurre es que confunden el sustantivo "son" con la forma verbal "son" al añadir una /s/ a borinqueño. La canción trata sobre el tipo de música del son borinqueño. Wanda Collazo recuerda que en la letra original de la canción Nogueras utilizó los nombres de los integrantes de la tuna. Por ejemplo, en una parte la canción mencionaba: y Wanda baila la bomba cuando Costa toca conga.

Varios artistas han participado en grabaciones o en presentaciones con la Tuna Estudiantina de Cayey. Algunos de ellos son: Chucho Avellanet, Danny Rivera, Andrés Jiménez, Alejandro Croatto, Quique Domenech, y Victoria Sanabria. También han participado conjuntos musicales como Haciendo Punto en Otro Son. En el año 2015 la tuna tuvo la experiencia de tocar junto a la orquesta de Elías López en una actividad en la ciudad de Mayagüez.

Nogueras continuó escribiendo canciones para la tuna hasta el 1980, año que se retiró para llevar a cabo estudios doctorales. Entre las composiciones de Nogueras se encuentran: "Lamento", "Saludos a Borinquen", "Esta noche me amanezco", "En los tiempos de papá", "Río de la Plata", "Tengo fe", "Mañanas de Navidad", "En Borinquen", "Noches de parranda", "Parranda del sopón", "Qué buena es la Noche Buena", "Pregones de Navidad", "Me gusta el pegao", "Candela", "Mosaico del lechón", "Con un pote y una lata", "Tengo *swing*", "Son borinqueño", "Nuestro lema", "Bicentenario", "San Juan de la Maguana", "Los Toritos", "La parranda de Chucho", "Ecos de Borinquen", "La chanza", "La visita", "Cabrito en fricasé", "Coplas de ki-ki-ri-ki", "El Guapo de mi compay", "Lado al súper orejón", "Mi Isla", "Jalao", "Al cantío de un gallo", "Tradición", "El Tonito", "Las parrandas de mi barrio", "Kikiriki", "El Lechón se coge se mata y se pela", "El *swing*"[278].

---

[278] Listado de canciones facilitado por Emily Stella Seilhamer viuda de Nogueras.

10. Los temas en las canciones

Muchas de las canciones interpretadas por la Tuna Estudiantina de Cayey están relacionadas con la época navideña y cómo se celebra en Puerto Rico. Otras, han sido inspiradas por paisajes naturales del pueblo de Cayey, o por algún personaje de ese lugar. Wanda Collazo explica que Nogueras, a través de sus canciones, transmitía la fe que tenía en Dios. Sus canciones son alegres, sobre nuestra cultura y de lo que pasaba en Cayey. Además, enfatiza:

> Él tenía una cayeyanía como él le llamaba, que estaba impregnada en todo su ser. Recuerdo cuando le escribió una canción al equipo de los Toritos, él le hizo un lema y ese era el que se usaba en radio cuando se iba a hablar de los Toritos de Cayey. A Cayey le escribió muchísimo, Río la Plata. Tenía una mente increíble para componer. Recuerdo cuando escribió esta canción tan famosa que cantó Tony Croatto y muchos otros, Son Borinqueño[279].

Sobre esa cayeyanía a la que se refería y sentía Nogueras, Ismael (Maelo) González explica:

> Nogueras era un hombre enamorado de Cayey. A él le gustaba resaltar la cayeyanía. Él usaba mucho la palabra cayeyanía y en todas las canciones trataba de poner algo de Cayey, un personaje típico, un área de Cayey, la temática era festiva, pero le daba énfasis a cosas de Cayey[280].

En sus canciones, Juan Ángel Nogueras, describía la Navidad, la cultura y las cosas que pasan en Cayey y en la Isla. Su música tenía un propósito el cual explicó en el lema del grupo que dice: es nuestro lema alegrar almas cantando. Ismael (Maelo) González recalca que en las canciones "todo era festivo, Nogueras siempre trató de que las canciones no tuvieran doble sentido. Nogueras nunca permitió eso en la tuna, eran canciones festivas, cosas jocosas, el buen humor"[281]. Por su parte, Wanda Collazo enfatiza: "Él tenía una mente increíble para componer asuntos importantes de nuestra cayeyanía y de nuestra cultura"[282].

Algunas canciones surgían de experiencias vividas o de cosas que Nogueras observaba. Otras surgían porque cuando los miem-

---

[279] Collazo Rosario, *op. cit.*
[280] González López, *op. cit.*
[281] *Ibíd.*
[282] Collazo Rosario, *op. cit.*

bros de la tuna iban de parranda en la época navideña, les gustaba improvisar y de esas improvisaciones salían canciones que luego se convertían en éxitos de la tuna. Sobre las parrandas González relata: "Eran de mucha creatividad, inventando, cambiándole la letra a muchos éxitos populares. Así nacieron muchos éxitos de la tuna"[283]. Otras letras surgieron de anécdotas de cosas que le ocurrieron al grupo. Por ejemplo, de la canción "El sopón", González cuenta que fue algo anecdótico, algo que pasó en una parranda, donde a las dos de la mañana les dieron un sopón y les cayó mal. También cuenta que Nogueras escribió la canción "La chanza" describiendo a un miembro de la tuna que tenía características de vago y que la canción trata de un hombre al que el trabajo lo cansa.

Gertrudis (Gigi) Maldonado explica que los mensajes de las canciones que interpretan en el grupo son pícaros, de bulla, con el propósito de celebrar la Navidad. En la tuna las canciones son, generalmente dedicadas a la tradición o a la picardía en esa época, a la parte religiosa de las celebraciones, a la cultura y a la amistad. Esas son las líneas. Maldonado aclara: "La picardía como vacilón, pero nosotros nunca y, cumplimos cincuenta y cinco años, nos hemos dirigido a algo de doble sentido o a algo que desvirtúe un poco la Navidad"[284]. En los últimos años, los temas de algunas canciones tratan sobre los problemas sociales en la Isla.

11. Compositores

En cincuenta y cinco años que lleva la tuna de Cayey los compositores que han pasado por la tuna han sido muchos. Además de Juan Ángel Nogueras, la agrupación ha contado con las composiciones de Cándida Luz Rivera, Víctor Rafael Vázquez, Ismael (Maelo) González, Luis Torres, Humberto González, Jorge Guzmán, Gertrudis (Gigi) Maldonado, María T. (Tessie) López, María Rivera, Herminio de Jesús, Emma García, José L. Cordero, Ramón Pérez, Javish Viera, Juan P. González, Iris García y otros.

Cándida Luz escribió para el segundo disco de la Tuna, "Fiestas navideñas". En 1977 Víctor Rafael Vázquez compuso "El son del tundirula". Cuando Ismael (Maelo) González comenzó como

---

[283] González López, *op. cit.*
[284] Maldonado Ríos, *op. cit.*

integrante de la Tuna se le pidió que escribiera y así lo hizo. Entre sus composiciones están: "Te agarré ajá", "Así se forma tremenda trulla", "Así es Navidad", "Esto es Navidad", "A Cantarte vengo". Entre las canciones de Humberto González se encuentran: "Cuando me muera" y "Llegaron las Navidades". Dos composiciones de Jorge Guzmán son las danzas "Damayanti" y "Sol de mi Boriquen" y de música de Navidad, "¿Qué pasó?" y "Canta con nosotros". Por su parte, María T. "Tessie" López escribió en 1984, "Cantares de Navidad". Las canciones "Mística de pueblo" y "Así siento la Navidad" son de Javish Viera. El tema de promoción de la grabación de 2014, "Fuiste tú" es de Ramón Pérez.

En los ochenta, Gertrudis (Gigi) Maldonado incursionó como compositora con "Va embollá" (1981), "La parranda loca" (1982), "El pesebre" (1982), "La parranda '84" (1984), "La Institución Musical" (1984), "Doña Esperanza" (1986), "Embriaga'o de felicidad" (1986), "Ta'to hablao" (1987), "Homenaje a Andrés Jiménez" (1987), "Esperanza en la Navidad" (1987). En los noventa con "Ven y baila bomba" (1990), "Ofrenda" (1990). Para los 2000 comenzó con "Suéltate" (2003) y "En Cayey se canta" (2011) y lo más reciente de sus canciones son: "Trulla al boricua" (2016) y "Echa esa junta pa' allá" (2018)[285].

Otros temas y compositores con los que ha contado la tuna son: Emma García, con la canción "Traigo esta plena", y junto a Germán García, "La parranda de los instrumentos"; Juan P. González: "De Belén a Boriquen", "A Ritmo de palo", "Pesebre serán", "El Motivo de mi plena", "Es (ritmo de salsa)", "La parranda de los buenos" y el tema de los 55 años de aniversario; Herminio de Jesús: "La rebelión de los cerdos" y "Atuqui"; José Luis Cordero: "De camino hacia Belén", "Controversia navideña" y "Nuestras capas"; Junior Couvertier: "Hoy es Navidad" y "Protesta del lechón"; María "Nina" Rivera: "Parranda de los Santos Reyes" y "Venimos cantando"; Bernadette López: "Al rescate de la Navidad"; Félix López Morales: "Navidades recortaditas"; Tito Amadeo: "El paquete"; Nelson Rodríguez: "Puerca sin vergüenza"; Idelfonso Cotto: "Prende la luz" y "El nieto de doña Yuya"; Mayra Rivera: "Navidad Dios con nosotros" y "El Niño nacerá"; Ricardo

---

[285] Listado facilitado por Gertrudis (Gigi) Maldonado Ríos.

Román: "Los maridos"; Daniel Reyes: "Se goza en Navidad"; Roberto Mercado: "Brisitas de Navidad"; Carlos Padilla: "Alondras en el bosque"; J.F. Flores: "Ven a cantar"; María Rodríguez: "Esplendido Sol"; Iris García Martínez: "Condená María" (plena) y "Época de Tradición"; entre otros[286].

12. Discografía

La Tuna Estudiantina de Cayey tiene, aproximadamente, más de cuarenta producciones discográficas, la mayoría de ellas navideñas. El primer disco lo grabaron en 1966 con la disquera Casa Fragoso. La reportera, María A. Olán escribió en 1975: "Según el señor Nogueras la Casa Fragoso fue quien los sacó del anonimato. Después de ese primer disco grabaron varios más con ellos, y "estamos muy agradecidos porque el día que no nos pudieron seguir pagando nos dejaron libre"[287]. El primer disco de canciones populares y españolas, fue todo un éxito y Fragoso decidió grabar uno de Navidad. Con esta casa disquera comenzaron a grabar dos discos por año. Uno de música popular y otro de Navidad. Con esta compañía grabaron sus primeros seis discos y años más tarde, dos adicionales. Todos tienen por título *La Tuna Estudiantina de Cayey*. Luego grabaron para *Hit Parade*, *Velvet* y *Disco Hit*, entre otros.

De su arduo trabajo, en 1975 lograron tener un total de 14 producciones. Sobre ese asunto Olán informó: "La Tuna de Cayey se inició hace exactamente 11 años. Han grabado 14 elepés, 7 de música popular y 7 de música navideña"[288]. Gigi Maldonado indica que Nogueras podía tomar un día completo para hacer gestiones, se encargaba de las contrataciones, escribía canciones y estaba pendiente siempre de ideas nuevas. Cuando se reencontraban en enero, luego del descanso de las actividades del mes anterior, comenzaban a trabajar con las ideas para producir el disco, las cuales, quizás, habían surgido durante la Navidad. El disco se grababa casi siempre en verano, la primera parte del año era la producción y el montaje. Luego se preparaba la temporada. Esa era la dinámica que se realizaba con Nogueras.

---

[286] Esta información se obtuvo de la parte posterior de las carátulas de los discos de la Tuna Estudiantina de Cayey.
[287] Olán, *op. cit.*, p. 19.
[288] *Ibíd.*, p. 18.

30. Discografía de la Tuna de Cayey

La tuna trabajó con distintas casas disqueras hasta que en 1984 decidió encargarse de sus producciones. En 1986 recibieron la ayuda económica de Mueblerías Mendoza para la grabación de su disco, *Un regalo navideño para ti* y en 1987 contaron con la ayuda de Pérez Hermanos para la grabación de la producción discográfica, *La Tuna de Cayey con cariño*.

Maldonado entiende que hubo años en que la tuna entró en competencia con ella misma porque han preparado una producción y alguna casa disquera, para la cual han trabajado, producía un disco con sus éxitos. También explica que la casa disquera puede hacerlo ya que es dueña de los *masters* de los discos que la tuna ha grabado para ella.

Maldonado reafirma que la tuna tiene más de cuarenta producciones discográficas. Informa que hubo una época en que se grababa un disco por año, años con dos grabaciones y otros en los que no han podido grabar. Durante el tiempo en que Nogueras fue director, desde que comenzó la primera grabación, todos los años se preparaba un disco. Los años en que hubo dos producciones, una de Navidad y otra de música popular, también fueron bajo su dirección. En 1980, cuando Guzmán llegó a la dirección de la tuna trató de mantener ese patrón de grabaciones, pero no fue posible. Al tomar la responsabilidad de que ellos se encargasen de sus producciones, se les hacía difícil encontrar el dinero o los auspiciadotes para la grabación. Maldonado recalca que en los años en que no tenían disco, muchas veces grabaron demos para la radio. Si se cuentan las producciones que las casas disqueras han preparado luego de que la tuna dejara de trabajar para ellas, serían más de cuarenta los discos de la Tuna Estudiantina de Cayey.

Entre sus últimas producciones se encuentran en el 2011, *Homenaje a los grandes* y en el 2014, *Aniversario 50*. En el 2016, hicieron una recopilación que se titula *Para ti boricua*. El propósito principal de esta producción fue llevarlo a la diáspora puertorriqueña en Chicago. En el 2018, se preparó un CD para la diáspora en Orlando y Miami titulado *La Tuna de Cayey de parranda tour*. Su más reciente producción, *55 años de fiesta con la Tuna de Cayey*, se terminó de grabar en septiembre de 2019. Esta grabación incluye una diversidad musical como paso doble, trova, merengue y hasta incursionaron con el reggaetón. La Tuna de Cayey quiere dar a conocer la diversidad de ritmos musicales que ellos interpretan. La mayoría de los números son nuevos y los que se volvieron a grabar como "El lema" y "Que siga la fiesta" tienen nuevos arreglos. Esta producción cuenta con la participación de Victoria Sanabria, en la canción de trova "Soy como el coquí"; Luis Daniel Colón, en la canción de trova "Época de tradición"; y la cayeyana, Inés Rivera, quien escribió e interpreta "Rayito de luz".

13. Arreglos musicales

Cuando la Tuna Estudiantina de Cayey comenzó los arreglos musicales los hacía Juan Ángel Nogueras, su director. Este se encargaba de la parte musical y Víctor Rafael Vázquez de la parte vocal. Aunque Nogueras no contaba con estudios formales en música, utilizaba el conocimiento que tenía en la guitarra para enseñar a sus estudiantes distintos instrumentos de cuerda. Wanda Collazo recuerda que fue Nogueras quien le enseñó a tocar la mandolina.

Víctor Rafael Vázquez, por su parte utilizó todos los conocimientos adquiridos mientras fue integrante del Coro de la Universidad de Puerto Rico en sus años de estudiante. El coro era dirigido en ese tiempo por Augusto Rodríguez, músico, compositor y director de varios coros en la Isla, incluyendo el de la Universidad de Puerto Rico, que él había fundado. Así que Vázquez había tenido un gran maestro. Todo lo aprendido lo puso en práctica preparando los arreglos vocales para la Tuna Estudiantina de Cayey. Por esa razón, desde su comienzo, los arreglos en el grupo eran a varias voces.

Luego se unía el trabajo de los músicos y las voces. El resultado era interpretaciones que gustaban mucho al público. La evidencia es que, al año de haberse fundado la tuna, se presentó en televisión y para su segundo año grabó su primer disco. Ismael (Maelo) González nos ofreció detalles sobre este éxito: "Aunque Nogueras no tenía estudios formales de música, tenía mucha creatividad y se rodeaba de gente que sí los tenía. Él se unió a la señora Cándida, maestra de música, pianista que le hizo muchos arreglos"[289]. Fue Cándida Luz Rivera, quien preparó arreglos musicales para las canciones tradicionales de Navidad que se grabaron en el segundo disco. Para el tercer disco, además de Nogueras y Víctor Vázquez, Luis A. San-

---

[289] González López, *op. cit.*

tiago trabajó con los arreglos de las canciones. En el cuarto disco contaron con los arreglos corales y musicales y el asesoramiento del maestro Rafael Elvira. La tuna fue mejorando económicamente y eso le dio la oportunidad a su director de contratar a personas que le ayudaran en los arreglos musicales. González comenta al respecto que: "Cuando la tuna económicamente estaba mejor buscó arreglistas como Pedrito Rivera Toledo, llegó a pagar grandes arreglistas de afuera para algunas canciones de la tuna"[290].

El proceso de preparar los arreglos musicales en la Tuna Estudiantina de Cayey era un trabajo colaborativo. Se dividía el grupo en dos, a un lado los músicos con Juan Ángel Nogueras y en otro lado, las voces con Víctor Rafael Vázquez. La mayoría de las canciones las llevaba Nogueras ya sea porque las escribía o porque las buscaba. Cuando eran canciones de su autoría, la idea de la música estaba en su mente y le transmitía al grupo lo que quería lograr, cómo quería la canción. Jorge Guzmán cuenta:

> Nogueras traía un arreglo básico, entonces Mr. Vázquez hacia el arreglo de las voces y muchas de estas cosas no eran escritas, todo era lo que la persona tenía en su mente y lo expresaba, entonces le íbamos dando forma. No era como en otros grupos musicales que escribe su arreglo musical y leen la partitura, y entonces se interpreta la canción, se canta la canción. Era algo bien dinámico en términos de que traían un arreglo que lo tenían en su mente e iban comunicando, mira canta de esta manera, tú de esta otra, la guitarra hace este acorde y lo hace así, con este ritmo e íbamos tanteando, dándole forma[291].

Gertrudis (Gigi) Maldonado que ha sido integrante de la Tuna desde los años setenta, sobre ese proceso recuerda:

> Los arreglos musicales son por época. Cuando estaba de director Juan Ángel Nogueras, que él fue director musical por 16 años, del 64-80, tenía siempre su idea y se la comunicaba a los músicos y ellos trabajaban las ideas de él, más le añadían y llegaban a un consenso y, todo caía de una manera elegante[292].

Además de Nogueras, algunos integrantes del grupo traían canciones y otros comenzaron a escribir como es el caso de Ismael (Maelo) González. Este explica que comenzó esa tarea para la tuna

---
[290] Ibíd.
[291] Guzmán Torres, *op. cit.*
[292] Maldonado Ríos, *op. cit.*

La segunda tuna en la Isla, La Tuna Estudiantina de Cayey

por encargo de Nogueras y que los arreglos de sus canciones los hacía su hermano Humberto González. Esa técnica de trabajo fue progresando según pasaba el tiempo y el grupo iba aprendiendo a trabajar de esa manera. Los que tenían alguna preparación musical o que ya tenían más experiencia, comenzaron a escribir. Presentaban la idea de la canción y el arreglo, y se trabajaba en el grupo. De esa forma comenzaron a poner en práctica lo que habían aprendido. En el caso de Gigi Maldonado, esta comenzó a escribir para la tuna en los años ochenta. De su trabajo dice:

> Cuando yo escribo una canción además de la letra pienso en la música. Siempre tengo la idea de la música con la letra. Como no soy escritora de música como tal, yo la grabo y de ahí los músicos escuchan la música y la siguen elaborando, en mi caso yo suelto la canción, para que la trabajen y la devuelvan con todas las ideas[293].

Maldonado relata que luego de Nogueras, la tuna fue dirigida durante quince años por Jorge Guzmán, quien era músico de acordeón. Contaba con formación musical, pues había tomado clases desde niño con Antonio Calderón y George Kudirka. Este director se encargaba de los músicos y también hacía el montaje de las voces. Aunque se encargaba de esas dos tareas, el trabajo seguía siendo en equipo; forma de trabajar que él había aprendido en el grupo durante los ocho años anteriores a convertirse en director. Entre los objetivos que Jorge tenía para la agrupación estaba el que los integrantes aprendieran participando en los procesos del grupo. En esos años en los que estuvo a cargo encontró un gran compromiso e interés de parte de los integrantes. Guzmán recordó la experiencia:

> Había un espíritu colectivo de lograr presentar nuestra música ya sea en vivo o a través de los discos, y fueron aprendiendo, y se dividían los trabajos. Hubo un grupo muy bonito que cada uno ponía de su parte para aprender. Esa dinámica sacó la mejor contribución de cada uno, el mejor talento de cada uno, lo juntamos y salían las presentaciones y salían los arreglos y las grabaciones[294].

En esos años, también contaron con la ayuda de Humberto González que les preparó el arreglo completo de un *medley* de Rafael Hernández. Maldonado indica que tuvieron la ayuda de Rafa Santos, que es un gran cuatrista, y nos dejó saber su opinión sobre esta

---
[293] Ibíd.
[294] Guzmán Torres, *op. cit.*

practica. Nos explica que:

> En el disco, *La Parranda Loca* de 1982 hay arreglos de Rafa y hay arreglos de Jorge y tú vez esa riqueza, no se parecen las canciones una con las otras, porque hay diferentes personas participando. Jorge en eso era un director musical abierto[295].

Sin lugar a dudas, esta forma de trabajar colectivamente ha sido una fórmula triunfadora para esta agrupación que tiene, aproximadamente, más de cuarenta producciones discográficas y muchas canciones exitosas que todavía son interpretadas cada Navidad. La familia Castro Martell, integrantes de la tuna, comentan que en la actualidad hay un comité que regularmente escoge las canciones. La mayoría de ellas son de la autoría de miembros de la tuna. En ocasiones han tenido la dicha de encontrar personas que les regalan un tema porque son fanáticos de la tuna. Siempre tienen el cuidado de que los temas no sean ofensivos, estén acorde con los valores de la tuna y, sobre todo, que no tengan doble sentido.

14. Presentaciones

La primera presentación de la Tuna Estudiantina de Cayey fue en el patio central de la escuela. Sobre la misma Ismael González cuenta que: "Se presentaron por primera vez y causaron furor, ver los propios compañeros con los maestros. Montar maestros y estudiantes en una actividad común eso fue una novedad de Nogueras, eso no se hacía, él los mezcla, eso fue algo novedoso"[296]. Participaban en todas las actividades de la escuela como la actividad de Navidad y el día del maestro. La acogida fue buena y se dieron a conocer de inmediato. Sobre esta experiencia, Andrés Collazo, recordó: "Cuando empezamos con presentaciones al público la aceptación fue muchísima, inmediatamente, las personas decían, y por qué ustedes no graban"[297].

Las siguientes actividades fueron por invitación y la tuna no cobraba por su actuación. Manuel Rodríguez recordó que la primera presentación fuera de la escuela fue en el Club de Leones de Cayey y se hizo para personas no videntes. La segunda presentación se rea-

---

[295] Maldonado Ríos, *op. cit.*
[296] González López, *op. cit.*
[297] Collazo Rodríguez, *op. cit.*

La segunda tuna en la Isla, La Tuna Estudiantina de Cayey

lizó en la Plaza de Cayey, en un homenaje a Miguel Meléndez Muñoz, ilustre escritor de ese pueblo. Después de esa actividad, la tuna comenzó a participar en distintas graduaciones, entre ellas, la de su escuela y la de la escuela del barrio Toíta.

Al poco tiempo de fundada la tuna tuvieron su primera presentación en televisión. Sobre esta actividad *Tele Revista* publicó: "Se divierten recordando cómo a los tres meses de haberse organizado como Tuna, le ofrecieron hacer un programa de 15 minutos por la WIPR, los viernes por la noche"[298]. En ese artículo Nogueras comentó: "Para la primera presentación estuvimos ensayando una semana completa. Luego ensayábamos cinco días a la semana para un programa de quince minutos. Permanecimos en el programa cuatro meses a ese 'tajo'"[299]. Este debe ser el programa televisivo del cual hace referencia Manuel Rodríguez cuando dice: "Nos dieron trece martes corridos y estando nosotros en la *high* no teníamos tiempo para ensayar, eran tres canciones en quince minutos que nos daban. Para el otro martes tres canciones y era fuerte montarlas en una semana"[300]. Vázquez recuerda que estaba en primer año de universidad cuando la tuna se presentaba en un programa de WIPR, que era la emisora del Departamento de Instrucción Pública.

En el segundo año continuaron las presentaciones del grupo en programas televisivos. Recibieron la invitación para participar del programa de don Rafael Quiñones Vidal, considerado el de mayor audiencia en ese tiempo. Andrés (Andy) Collazo comenta sobre esa participación: "Teníamos que ser buenos, te voy a decir por qué, *Tribuna del Arte* tenía fama de que lo que llevaban allí eran voces que tenían talento, de ahí salió Lucecita Benítez, de ahí salió Ednita Nazario"[301]. Esta oportunidad es una de las experiencias más recordadas por los primeros integrantes de la tuna.

A esas presentaciones se añadieron otras en diferentes canales de televisión. La Tuna Estudiantina de Cayey se presentó constantemente en los programas de mayor audiencia en la Isla, como el *Show de las doce* y *Noche de Gala*, que según Maelo González era el programa más fino, donde se presentaban los artistas internacionales que visita-

---

[298] Olán, *op. cit.*, p. 18.
[299] *Ibíd.*
[300] Rodríguez González, *op. cit.*
[301] Collazo Rodríguez, *op. cit.*

31. *Show de Chucho*, 1983

ban el país. También participaron en el *Show de Charityn* y el *Show de Chucho*. Fuera de Puerto Rico, se presentaron en el *Show de Judith Gordon* y en programas como *Wonders of the world*, (realizado en 1968 en California), y en el programa español, *Trescientos millones*, en 1988. En diciembre de 1994, el periódico *El Vocero* mencionó algunas de estas presentaciones y recordó la realizada en el Concurso Miss USA.

De las presentaciones en televisión, María de los Ángeles (Angie) Correa comentó, que a veces, salían dos veces en semana, como por ejemplo, en programas del Canal Seis y *Noche de Gala*. En esos programas la tuna tuvo la oportunidad de darse a conocer y de compartir con productores y personas de los medios artísticos. Correa comenta sobre otro aspecto positivo de estas experiencias: "Tuvimos la oportunidad de participar con artistas de la talla de Chucho Avellanet, Lissette Álvarez, Lucecita Benítez, El Gallito de Manatí, Eddie Miró y Paquito Cordero"[302]. Además cuenta que fueron tantas las presentaciones en el *Show de las doce* que de ahí surgieron buenas amistades entre los integrantes de la tuna y los artistas. Recuerda como ejemplo, la amistad que conservó con Chucho Avellanet. Por

---

[302] Entrevista a María de los Ángeles (Angie) Correa, San Juan, Puerto Rico, 13 de febrero de 2015.

su parte Wanda Collazo menciona haber compartido con Alfred D. Herger, Danny Rivera y Luisito Vigoreaux.

Durante muchos años, la tuna fue invitada al programa *Noche de Gala*, anteriormente conocido como *Jueves de la Gala*. Correa recuerda que invitaban a la tuna a un programa especial que iniciaba la Navidad. Sobre esto recalca: "Ahí no solo tuvimos la oportunidad de darnos a conocer sino de compartir con artistas de la talla de Julio Iglesias"[303].

Otro de los programas en los cuales tuvieron la oportunidad de participar fue en el *Aguinaldos Libbys con la Tuna de Cayey*. Correa aclara que ese programa era una sección dentro del programa *Sábados gigantes* que presentaba el Canal Siete en el Viejo San Juan. Bruny Vázquez recuerda que *Aguinaldos navideños Libbys* presentaba la tuna en una carroza cantando por los pueblos de la Isla. Las personas se acercaban a verlos. Vázquez compara estas presentaciones con la fiebre que hubo en Puerto Rico con el grupo Menudo, años después.

El año 1972 fue de muchos recuerdos gratos para la tuna. Entre ellos la celebración, por primera vez en el país, de los Concursos Miss USA y Miss Universo. Ambos se celebraron en el hotel Cerro Mar Beach en Dorado. La Tuna Estudiantina de Cayey participó en el concurso Miss USA como artistas invitados. El concurso se llevó

32. Actividad en el Hotel Cerro Mar Beach en Dorado 1972

[303] *Ibíd.*

a cabo el 20 de mayo. La agrupación presentó todo un espectáculo, con las canciones de su repertorio de música puertorriqueña, española y latinoamericana; nada de música navideña. Luego del certamen, mientras los miembros de la tuna se encontraban hospedados en el hotel estallaron dos bombas en dos de las habitaciones de la hospedería. María de los Ángeles (Angie) Correa recuerda que después de la explosión tuvieron que recoger sus pertenencias a prisa y salir. María Celeste (Bruny) Vázquez, quien estaba embaraza para ese tiempo, relata que las pertenencias de los integrantes del grupo se mojaron, recuperaron lo que pudieron y lo demás se perdió.

Además de las actuaciones en programas de televisión la tuna hizo una presentación para el Departamento de Estado en Washington en octubre de 1970. Sobre esa visita el periódico El Mundo publicó: "La Tuna de Cayey ha sido invitada a participar para amenizar una fiesta en la capital federal, bajo los auspicios del Comisionado Residente, licenciado Jorge Luis Córdova Díaz, el viernes, 30"[304]. En noviembre este mismo diario informó:

33. Viaje a Washington D.C., 1968

> La Tuna de Cayey logró prolongados y entusiastas aplausos a finales del mes pasado en la Capital Federal, al actuar ante inmenso auditorio, en el salón de actos de Departamento de Comercio en Washington. La actividad fue presentada bajo el auspicio de la Oficina de Puerto Rico en Washington, en cooperación con el Departamento de Instrucción[305].

La tuna se presentó en las fiestas patronales de muchos pueblos de la Isla y en los desfiles de Puerto Rico en New York y en New Jersey. En varias ocasiones visitaron la costa este de Estados Unidos, donde hacían presentaciones para comunidades de puertorrique-

---

[304] *El Mundo*. 29 de octubre de 1970, p. 11- B.
[305] *Ibíd.*, 27 de noviembre de 1970, p. 6-A

La segunda tuna en la Isla, La Tuna Estudiantina de Cayey

ños. Correa recuerda que en esas actividades cuando cantaban "Alma boricua", las personas se emocionaban mucho. Por su parte, Maldonado recordó una experiencia que la marcó mucho en su primer viaje con la tuna en 1977. Ocurrió en la comunidad Rochester de Nueva York,

34. Desfile puertorriqueño en New York, 1993

en un teatro que estaba lleno. La primera canción fue "Alma boricua" y, cuando comenzaron a tocar, el público comenzó a llorar. Enfatiza que, para muchos puertorriqueños en Estados Unidos, escuchar al grupo es como tener un pedazo de Puerto Rico y recordar las navidades en la Isla. Algo parecido también le ocurrió en una presentación en el Bronx donde cantaron "Verde luz". El señor que pidió la canción comenzó a llorar; entonces Maldonado le preguntó que cuánto hacia que no iba a Puerto Rico. Para su sorpresa, él le indicó que nunca había estado en la Isla, que la canción la había aprendido de sus padres.

En Nueva York se presentaron en el Teatro Puerto Rico. González menciona al respecto: "Paquito Cordero hacía un espectáculo enorme en Nueva York, y se agotaban los boletos en un día y la tuna era invitada"[306]. Manuel Rodríguez narró que, cuando vivía en Rochester, fue a visitar a su cuñado y, cuando pasaron por una de las calles de Nueva York, su esposa le dijo: "Mira, Paquito Cordero presenta a la Tuna de Cayey en el Teatro Puerto Rico". Por su parte, Wanda Collazo informa:" Cuando fuimos al Teatro Puerto Rico, estaban Los Hispanos, Tavín Pumarejo y Machuchal. Aquel teatro estaba lleno y la tuna estaba en todo su apogeo"[307].

La agrupación ha tenido a su cargo promociones navideñas de distintos canales de televisión. Basado en la entrevista que le hizo a

---

[306] González López, *op. cit.*
[307] Collazo Rosario, *op. cit.*

Juan Ángel Nogueras, Herminio de Jesús señala que:

> En 1999, la Tuna de Cayey tuvo a su cargo la promoción navideña del canal 47 de Telemundo en Nueva York. En 2004, se le dedicó la Parada Cultural Puertorriqueña de Florida en la ciudad de Tampa y, en 2005, la "Puertorican Heritage Society" en San Antonio Texas. En Puerto Rico, también realizaron la promoción del Canal 6 TUTV en 2009, cuando la agrupación cumplió 45 años de organizados[308].

La tuna participaba de actividades fuera del ambiente artístico. María de los Ángeles Correa enfatiza, que todas las navidades, la agrupación visitaba una cárcel de seguridad mínima que se encontraba en el barrio Guavate de Cayey. Además, ha participado de actividades benéficas en distintos pueblos del país, tales como visitas a asilos de ancianos.

35. Presentación Iglesia Luterana (solo músicos), 2002

En la actualidad, el grupo se mantiene activo durante todo el año, aunque la mayor cantidad de presentaciones las realizan durante la temporada navideña, donde se presentan en muchas de las plazas públicas de diferentes pueblos de Puerto Rico, en encendidos navideños y fiestas privadas. Las personas asocian al grupo

36. Gertrudis Maldonado, Gregorio (Goyo) Acevedo e Iris García

---

[308] De Jesús Figueroa, "Escrito..." *op. cit.*

con la Navidad, y muchos no conocen que su repertorio incluye otro tipo de canciones. La tuna es una institución sin fines de lucro, por eso participan en actividades benéficas y actividades que no necesariamente reciben remuneración económica. Llevan su talento a comunidades, hospitales, escuelas, universidades y otros lugares.

15. Ensayos

En los inicios, se ensayaba en un salón de la escuela superior Benjamín Harrison, después de las tres de la tarde, cuando terminaba el horario escolar. Informa Andrés Collazo que, para el tiempo que él salió de la tuna, ensayaban, los viernes por la noche, en un local en el Mirador Echevarría. Ese local pertenecía a un tío de María de los Ángeles Correa, integrante del grupo.

Los primeros dos años se reunían en la casa de las hermanas Gómez (Inés y María), que vivían cerca de la escuela en la urbanización Aponte, y de ahí salían a las actividades. Luego, se reunían en la casa de María de los Ángeles Correa, que estaba ubicada frente a la Plaza del Mercado de Cayey. Correa comenta al respecto: "Cuando comencé en la tuna, los ensayos eran los viernes. Yo vivía en la es-

37. Patio interior de la escuela Benjamín Harrison, 1968-69

quina frente a la Plaza del Mercado. Como era un lugar cómodo por su ubicación, allí nos reuníamos para las salidas"[309].

Cuando se establece la segunda escuela superior en el pueblo de Cayey, se hace con el propósito de dividir los programas académicos. El programa vocacional se quedó en la escuela Benjamín Harrison y el programa general pasó a la escuela nueva, que luego se llamó escuela superior Miguel Meléndez Muñoz. A esa escuela, pasaron a trabajar los maestros fundadores que permanecían en la agrupación. En 1980, cuando Guzmán fue el director, recuerda que ensayaban en un salón de la nueva escuela superior. En la actualidad, ensayan los viernes en la escuela de Bellas Artes de Cayey. Cuando tienen presentaciones pueden ensayar otros días de la semana como los jueves y los domingos. Esta agrupación siempre ha estado ligada a las escuelas de este municipio, y cuentan con el respaldo del alcalde. La familia Castro Martell indica que nunca han tenido un lugar propio de la tuna, pero el municipio siempre les ha brindado el apoyo de tenerles un salón para ensayar.

En el presente, luego de las actividades de la temporada navideña, toman un descanso y comienzan a reunirse en el mes de marzo. Tienen ensayos todos los viernes tengan o no actividad programada. Cerca de la temporada navideña, ensayan viernes y domingos.

16. Remuneración económica

En la Tuna Estudiantina de Cayey, ninguno de los integrantes recibe retribución por participar en presentaciones ni en grabaciones. Eso ha sido así desde sus inicios hasta el presente. En 1975, Nogueras le indicó a Ollán, reportera de *Tele Revista*, que:

> Ninguno de nosotros recibe remuneración alguna por las presentaciones que hacemos ni por la venta de discos. El dinero que recibimos va a un fondo especial. Una especie de seguro que sólo se usa para las necesidades del grupo. Esto quiere decir que cualquier cosa que ocurra durante el trayecto o mientras estamos trabajando se cubre con ese dinero. Eso cubre hasta las denuncias por infracciones de tránsito[310].

Además, explicó: "Ese dinero lo utilizamos para viajar duran-

---

[309] Correa, *op. cit.*
[310] Olán, *op. cit.*, p. 16.

La segunda tuna en la Isla, La Tuna Estudiantina de Cayey

te el verano. La distancia depende de la cantidad de dinero que tengamos"[311].

Según Manuel Rodríguez, esa ha sido la clave para que la agrupación se haya mantenido por tanto tiempo. Sobre este asunto Rodríguez señaló en el 2014: "La tuna lleva cincuenta años porque nunca se le ha pagado a nadie, solamente los viajes, y esa dinámica es la que ha mantenido el grupo"[312]. El dinero que obtiene la agrupación, por sus presentaciones y venta de discos, va a un fondo común. Esas ganancias siempre se han utilizado para la compra de instrumentos, equipo y uniformes, así como para pagar la transportación y los alimentos cuando tienen una actividad, y para viajar. Sobre este tema Correa relata: "Alquilábamos unas guagüitas, que el chofer era de Salinas. Casi siempre eran dos. En ocasiones salíamos tarde de las presentaciones y se utilizaba el dinero para llevarnos a comer. También se utilizaba para los viajes donde nos pagaban todo"[313]. María Celeste (Bruny) Vázquez recalca:

> Todo el dinero que recibía la Tuna de Cayey iba a una cuenta común, nadie cobra; sí se proveían los uniformes, la transportación a los pueblos, la comida. La experiencia enriquecedora y el orgullo de pertenecer a la Tuna de Cayey era la mejor paga. Todos los veranos, de acuerdo a las ventas del disco, se hacía un viaje cultural[314].

En la actualidad todavía lo trabajan de esa manera. Emmanuel Rodríguez Velázquez, en entrevista con un diario de Cidra, en ocasión del quincuagésimo aniversario, señaló: "Llevamos cincuenta años llevando alegría y música. No cobramos un centavo por nuestro trabajo. Lo que hacemos, lo hacemos por amor al arte. Lo que recaudamos va para un pote para suplir equipo, transportación, discografía"[315]. Luis Rafael Ortiz, director musical actual, señala: "La tuna te da la oportunidad de desarrollarte sin gastar. Damos nuestro servicio, disfrutamos, pero no cobramos. Indirectamente sí, porque la tuna nos paga todo, hasta los viajes"[316]. También indica que esa ha sido la magia de la tuna, que las personas que están en el grupo no tienen interés

---

[311] *Ibíd.*
[312] Rodríguez González, *op. cit.*
[313] Correa, *op. cit.*
[314] Vázquez Rosario, *op. cit.*
[315] Castro Camacho, *op. cit.*
[316] Entrevista a Luis Rafael Ortiz Torres. Realizada el miércoles 26 de junio de 2019.

económico. Por su parte, Juan Primitivo González Ruiz, indica que la retribución que se recibe es la satisfacción de estar en una tarima y sentir lo que significa la trayectoria de un grupo como la Tuna de Cayey. Ese orgullo y la admiración que sienten las personas por la agrupación, para él son la mejor retribución. Esta fórmula les ha dado resultado, ya que las personas que integran la tuna lo hacen porque así lo quieren y sus motivaciones son la música, las tradiciones y representar al pueblo de Cayey y a Puerto Rico.

17. Viajes

Los viajes se realizan con el dinero recaudado por las presentaciones y ventas de discos. La mayoría han sido viajes culturales, otros para realizar presentaciones y, en ocasiones, una combinación de ambas cosas. El primero se llevó a cabo en 1966 e incluyó New York, New Haven y Connecticut. En el reportaje preparado en 1975, Olán informó: "Grabaron el primer disco gratis. Con un repertorio típico de tuna, música de serenata. Con los seiscientos discos que le regaló la compañía que grabó el elepé hicieron $1,600.00, dinero que utilizaron para su primer viaje"[317]. Andrés Collazo señala que el segundo viaje fue en el verano de 1967 a la Feria Mundial en Montreal, Canadá. Menciona que la mayoría de los integrantes iba a los viajes, y que otras personas, como padres o familiares acompañaban a los que eran menores de edad. Recordó, que a un comerciante de Cayey, de apellido Olivero, que tenía una joyería, le encantaba la agrupación y, desde el inicio, los auspició. Tanto él como su esposa acompañaban a la tuna en todos los viajes. Su tercer viaje fue en 1968. Esa vez se presentaron en Miami, Washington D.C. y Baltimore.

En 1969, fueron a Francia, España y al desfile de Nueva York. El dinero para este viaje también fue producto de la venta de un disco. Nogueras contó en una entrevista que: "El dinero que hicimos con el elepé en que aparece "La gata" y "Ese pobre lechón" nos permitió pasar 23 días en España en 1969"[318]. Este viaje, no solo fue una gran experiencia para todos sus integrantes, sino también el más recordado. Wanda Collazo enfatiza que ese viaje era un sueño que tenía Nogueras, pues quería visitar Santiago de Compostela, lugar donde se

---

[317] Olán, *op. cit.*, p. 19.
[318] Ibíd., p. 16.

38. Viaje a España, 1969

originaron las tunas. Relata que visitaron Nueva York, pasaron por Islandia, hicieron escala en París y llegaron a España. Además, señala:

> Nos recibieron mandatarios y la administración grande de la Universidad de Santiago de Compostela. Allí tocamos con ellos, compartimos con los tunos que se maravillaron cuando vieron mujeres en la tuna, porque allá se componía de hombres. Y me dijeron ¿Qué es eso?, ellos no sabían lo que era una mandolina[319].

Relata, que en España, cantaron en el Hostal de los Reyes Católicos y que fue interesante porque compartieron ideas, dieron serenatas por las calles y tuvieron una preciosa experiencia con los tunos de esa universidad. Andrés Collazo resalta: "La actividad más oficial de todas fue en Santiago de Compostela, al norte de España. Allí la Universidad de Santiago nos dio un banquete. La tuna de la universidad compartió muchísimo con nosotros"[320]. Manuel Rodríguez recordó que el viaje fue en 1969 ya que su esposa estaba embarazada de gemelos y no pudo acompañarlo. Sobre esa experiencia Rodríguez indicó:

---

[319] Collazo Rosario, *op. cit.*
[320] Collazo Rodríguez, *op. cit.*

Cuando fuimos a España y nos hicieron un homenaje en la Universidad de Santiago, nos entregaron unas cintas y otras cosas. Nosotros no esperábamos eso. Hubo mucho lloriqueo allí, el primero que rompió a llorar fue Nogueras, porque nos hicieron un reconocimiento[321].

Al año siguiente, regresaron a Washington y visitaron a la República Dominicana. El viaje a la República Dominicana fue otro de los más recordados, porque resultó ser un intercambio cultural. Andrés Collazo relata al respecto: "Allí fuimos a San Juan de la Maguana y Nogueras escribió una canción dedicada a ellos y se la cantamos. Allá nos presentamos en la radio y en varias ciudades de la República"[322]. Sobre este asunto Wanda Collazo menciona:

> Recuerdo una vez que hicimos un intercambio cultural cuando viajamos a San Juan de la Maguana y nos hospedamos en sus casas. Allá tocamos en Teatros y nos recibió el presidente de la República Dominicana. Ellos vinieron acá y se hospedaron en las casitas de la UPR en Cayey[323].

Continuaron los discos y con la venta de ellos se realizaron más viajes. En 1971, viajaron a Los Ángeles, California y México. En su reportaje Olán escribió: "Con 'El sopón' que es el disco que más di-

39. Viaje a México, 1971

---
[321] Rodríguez González, *op. cit.*
[322] Collazo Rodríguez, *op.cit.*
[323] Collazo Rosario, *op. cit.*

nero les ha dejado, según ellos, visitaron México, Disney World y todavía quedó dinero para pasar unas pequeñas vacaciones en el "Carla C.", dicen con satisfacción"[324]. Del viaje a México, Wanda Collazo relata: "En México tocamos en la Plaza Garibaldi. Aquello se llenaba de grandes agrupaciones mexicanas. Una de las noches que estuvimos, llegaron muchos grupos de mariachis y compartimos con ellos. Era una calidad musical increíble"[325]. En el año 1972 visitaron New York, Colombia y Venezuela. En 1973, fueron a Curazao, Martinica, Guadalupe, Trinidad y Saint Tomas, en el Carla C, el crucero ya mencionado. En 1975, regresaron a la República Dominicana.

La tuna ha visitado el este de Estados Unidos donde ha realizado presentaciones para las comunidades puertorriqueñas. Si no tenían el dinero suficiente para hacer el viaje, Nogueras se las ingeniaba y lo hacían. Sobre ese asunto Manuel Rodríguez recalcó: "Nogueras era bien

40. Actividad en una iglesia de Atlanta, 1995

atrevido y, a veces, sin tener los chavos, hacia los viajes, pero él tenía la manera de conseguirlo"[326]. En 1977 visitaron Rochester y Buffalo. En la época en que Nogueras fue director, se realizaron una gran cantidad de viajes. Estos continuaron con los demás directores, pero no con tanta frecuencia. Menciona Guzmán, que durante su dirección, el grupo viajó a Venezuela en el año 1987. Visitaron Nueva York, Atlanta. Fueron a República Dominicana en 1988 y 1990. Entre los viajes del 2000, se destacan los realizados a Houston y a La Florida; ambos en 2004. En el primero de estos, participaron en le Semana de la Puertorriqueñidad, y en el segundo, en la Parada Puertorriqueña, que les fue dedicada por la celebración del cuadragésimo aniversario de la tuna. En el 2005 viajaron a San Antonio, Texas.

---

[324] Ollán, *op. cit.*, p. 16.
[325] Collazo Rosario, *op. cit.*
[326] Rodríguez González, *op. cit.*

Los últimos viajes se han realizado con el propósito de visitar la diáspora puertorriqueña en Estados Unidos. En el 2013 visitaron Nueva York. Se presentaron en el *Hostos Community College* y visitaron distintos centros de ayuda a los ciudadanos luego del paso del huracán Sandy. Visitaron Chicago en el 2015, invitados a participar en una actividad benéfica. En el 2016 repiten su visita a Chicago y a través de sus presentaciones realizaron labor comunitaria. En el 2018 visitaron Orlando y Miami. Realizaron presentaciones en comunidades puertorriqueñas que estaban deseosas de sentir la Navidad boricua.

41. *Puerto Rican Cultural Parade of Tampa.* Florida, 2004

42. Acogida en Miami, 2018

18. Audiciones

Wanda Collazo menciona que el grupo de maestros escogía las voces que integrarían la tuna. Un año después de la fundación de la tuna, aproximadamente, Ana Dolores (Doris) Maldonado comenzó a ayudarlos en estas labores. Ismael González recalca que Nogueras era muy amante de la estética y que, por esa razón, las chicas que se escogían para la agrupación tenían que verse bien y explica:

> En aquel tiempo se combinaban las dos cosas, la figura y que pudieran hacer voces. Él era muy amante de lo estético, de lo visual. Nogueras era un genio en eso y él combinaba para que, aunque no fueran grandes voces se vieran bonitas, vendía una idea bonita[327].

La tuna aceptaba a las personas sin importar su condición social. Wanda Collazo establece que Nogueras no discriminaba y enfatiza: "Él mezclaba los niveles sociales en la tuna, lo mismo estaba el hijo del médico y del abogado que el pobrecito"[328]. Tampoco había discrimen por creencias religiosas. Un ejemplo es el relato que hace Maldonado sobre un muchacho de la iglesia menonita, hijo del ministro, que fue aceptado en la tuna y lo veía salir de su casa con su guitarra y su capa. Wanda Collazo cuenta que Nogueras fue a su casa a pedir autorización para que la maquillaran, porque eran evangélicos, y para presentarse en televisión el maquillaje era un requisito.

Gertrudis Maldonado enfatiza que las personas interesadas en ser integrantes de la tuna pasan por una audición. Explica que, generalmente, participan el director musical y los músicos del grupo que tocan el mismo instrumento de la persona que va a demostrar su talento. Estos integrantes determinan si la persona puede hacer el trabajo musical que la tuna requiere y evalúan cómo se desenvuelven con el instrumento. Según Maldonado ese siempre ha sido el proceso. En el caso de la audición de voces, esta se lleva a cabo por el director de voces. En la actualidad la estética no es lo más importante, sino lo más importante es poseer una gran voz.

La tuna no tiene disponibles audiciones todo el tiempo. Las realizan de acuerdo con las necesidades que surgen en el grupo, ya sea un instrumento o voces. Se da conocer la audición a través de

---

[327] González López, *op. cit.*
[328] Collazo Rosario, *op. cit.*

las redes sociales o de un anuncio. Las personas interesadas son citadas a la escuela de Bellas Artes de Cayey donde se realizan las audiciones.

19. Coreografía

Desde sus inicios, hasta el presente, la Tuna Estudiantina de Cayey, ha utilizado el baile como un elemento que complementa sus presentaciones. Este grupo fue de los primeros en utilizar el baile mientras cantaban. En sus inicios, Luz Emilia (Lucky) López y María Celeste (Bruny) Vázquez, se encargaban del montaje de la coreografía. Bruny utilizaba sus conocimientos como maestra de teatro para realizar esa tarea. Según Ismael González, la agrupación fue pionera en integrar la coreografía a sus canciones. Este recalca:

> La tuna fue el primer grupo musical que hizo coreografías en Puerto Rico. Después es que surge el Gran Combo haciendo coreografías, bailando y cantando. Antes de la Tuna de Cayey el único que cantaba bailando era Bobby Capó y un poco Ismael Rivera[329].

En la actualidad la coreografía es trabajo de grupo. Explica Jamie Castro Martell, que ella junto al resto de las chicas de la agrupación montan las coreografías de las canciones que interpreta la tuna. Tienen que tomar en cuenta el tamaño del grupo y que la mayoría de sus presentaciones son en tarimas, lo que hace que el espacio sea reducido. Siempre se las ingenian para lograr un trabajo de calidad.

20. La tuna una gran familia

Una vez aceptados como integrantes de la Tuna Estudiantina de Cayey, sus miembros pasaban la mayor parte de su tiempo con los compañeros del grupo. Esto ocasionó que entre ellos surgieran grandes lazos de amistad. Angie Correa comenta que, aunque estuvo los tres años de la escuela superior, nunca se sintió parte de la clase graduanda, debido a que cuando no estaba en clase, estaba en las prácticas de la tuna o en alguna actividad del grupo. Menciona que sus amistades de la escuela superior eran los compañeros de la agrupación o personas relacionadas a la misma. Wanda Collazo sostiene que había un ambiente hermoso de hermandad y, hoy día, cuando se encuentran es como si compartieran a diario. Es un

---

[329] González López, *op. cit.*

sentimiento que ha continuado a través del tiempo, aunque no se comuniquen constantemente. Sobre este tema Ismael González señala: "Es un carácter de hermandad, nos encontramos y nos abrazamos como si fuéramos hermanos"[330]. Lo describe como un nudo invisible que los ha mantenido por mucho tiempo. Siempre que se encuentran hablan de sus años en el grupo. Andrés Collazo menciona al respecto: "Los integrantes de la tuna pasábamos más tiempo, después del horario del trabajo con los miembros de la tuna, era como una familia."[331]. Por su parte, González expresa que la dinámica del grupo era como en las familia, donde había de todo, peleas, diferencias y mucho amor.

Ese sentido de amistad verdadera y de tratarse como una familia fue aprendido de los maestros fundadores. Tres de ellos se mantuvieron mucho tiempo en el grupo y es, por esa razón, que las personas que han sido integrantes del grupo los recuerdan más. Se refieren a Juan Ángel Nogueras, Víctor Rafael Vázquez y Manuel Rodríguez que fueron grandes amigos. Esa relación la describe Wanda Collazo:

43. Actividad del cuadragésimo aniversario de la Tuna de Cayey.
Fundadores: Juan Ángel Nogueras, Víctor Vázquez y Manuel Rodríguez

---

[330] *Ibíd.*
[331] Collazo Rodríguez, *op. cit.*

Eran como unos hermanos, eran amigos inseparables, todo lo consultaban, todo lo planificaban juntos. Ellos se privaron de muchas cosas y de compartir con otras amistades por la responsabilidad que tenían con nosotros. Esa era la vida de ellos, ese era su norte, que todos estuviéramos juntos. Sus familias se integraban a las actividades de la tuna[332].

Gertrudis Maldonado los describe: "Esos tres seres fueron amigos, hermanos. Podían tener diferencias, pero jamás hubo discusiones entre ellos. Jamás fueron desleales unos con otros. Ellos se querían como eran, se complementaban unos con otros siendo tan distintos"[333]. Sobre ellos Bruny Vázquez recalca: "Víctor y Manuel eran los mejores amigos de Nogueras, eran sus consejeros, su mano derecha, sus asesores, no solo en la tuna, sino en lo personal"[334].

El compartir tanto tiempo con integrantes del grupo llevó a algunos de ellos a enamorarse de algún compañero(a). Sobre ese tema Correa comenta: "El estar siempre con los miembros de la tuna hacía que algunos nos enamoráramos. Tuve un novio en la tuna y otros llegaron a casarse como el caso de Bruny con Peter y Wanda con Costa"[335]. Relata María Celeste (Bruny) Vázquez que se hizo novia de Pedro (Peter) Aguayo con la condición de que él también se hiciera integrante de la tuna. En diciembre de 1971 fueron la primera pareja en casarse del grupo. Al año siguiente, se convirtieron en padres. Ese suceso ocasionó que una revista preparara un artículo titulado "...y a las 2 de la mañana, nació en Navidad el primer nene de la "Tuna de Cayey". En el escrito se indica: "Y fue precisamente a las dos de la mañana que nació el primer nene de una de las integrantes de la Tuna de Cayey." Vino al mundo en Noche Buena y sus padres lo llamaron, Ricardo José Aguayo. Lo curioso de esto era que la canción que estaba pegada esas navidades era la canción "El sopón", que dice "a las dos de la mañana nos comimos un sopón y se nos pegó un dolor allá por la madrugada...". Terminó la noticia indicando: "Mientras tanto Brunilda ya se ha integrado al grupo con Pedro J. y siempre que cante 'El sopón' se estará acordando de aquel 24 de diciembre de 1972, a las dos de la mañana"[336].

---

[332] Collazo Rosario, *op. cit.*
[333] Maldonado Ríos, *op. cit.*
[334] Vázquez Rosario, *op. cit.*
[335] Correa, *op. cit.*
[336] Revista *TV Guía*, diciembre de 1972

La segunda tuna en la Isla, La Tuna Estudiantina de Cayey

44. Revista *TV Guía*, diciembre de 1972

La segunda pareja fue la de Wanda Collazo y Constantino (Costa) Petru. Recuerda Collazo que cuando ella se casó sus padrinos de boda fueron Juan Ángel Nogueras y María Gómez. Esta comenta: "Cuando me casé y pasé por el altar todos me pusieron las capas"[337].

Años después contrajeron nupcias Jorge Guzmán, el segundo director de la Tuna, con Mirta Rivera cantante de la agrupación. Guzmán dice que una de las razones para entrar en el grupo fue Mirta. Una historia muy bonita en la tuna es la de José Luis Castro Ortega y Carmen G. Martell Vega. Se conocieron en la tuna, vivieron su noviazgo en la agrupación y se casaron en el año 1987. Tuvieron una hija, Jamie Castro Martell. Desde su nacimiento siempre estuvo en las actividades de la tuna. Aproximadamente, a los tres años fue la mascota del grupo y a los doce años se convirtió en integrante. Jamie vivió el amor en la tuna. El padre de su hijo, Ricardo Negrón Centeno, fue músico, tocaba el cuatro puertorriqueño. La tuna cuenta con tres generaciones de esta familia: José Luis y Carmen, su hija Jamie y su nieto Yojan A. Negrón Castro, quien comenzó en percusión menor y hoy día es bongosero de la agrupación. Esta familia comparte el amor a la tuna y las tradiciones puertorriqueñas y sien-

---

[337] Collazo Rosario, *op. cit.*

ten el deber de llevar alegría y la cultura de la Isla a través de sus participaciones en la Tuna de Cayey.

Las familias de los maestros fundadores compartían con los miembros del grupo, ya que iban a las actividades. Es curioso que los hijos de los fundadores no se convirtieran en tunos. Solo el hijo varón, que Nogueras tuvo en su primer matrimonio, participó en la agrupación. Recuerda Wanda Collazo que Ariel Nogueras tocaba el güiro, pero no estaba fijo en la agrupación. Para el 2000, Ariel y Jennifer, la hija menor, producto del segundo matrimonio de Nogueras, participaron de otra agrupación que su padre fundó.

21. Reconocimientos

Durante estos cincuenta y cinco años de trayectoria musical, la Tuna Estudiantina de Cayey ha recibido un sin número de reconocimientos. Manuel Rodríguez aclaró que no hubo premios de dinero, pero si muchos certificados y placas. Entre los reconocimientos recibidos, Rodríguez expresó que: "Había un programa de Osvaldo Agüero, que era cubano, que se llamaba *Codazos*[338]. Yo no sé porque se llamaba así. La tuna se ganó un 'Codazo' y ese día Velda González también se ganó uno"[339]. Indicó que les dieron un homenaje las Altrusas de San Juan, como el único grupo que, en aquel tiempo, no tenía canciones de doble sentido. El homenaje recibido en la Universidad de Santiago de Compostela es de los más recordado y apreciado por los integrantes que vivieron esa experiencia.

45. Cuadragésimo quinto aniversario, 2009

---

[338] El Festival de Codazos otorgaba un Agüeybana en Oro para premiar los valores y el talento de las figuras más destacadas del año.
[339] Rodríguez González, *op. cit.*

La segunda tuna en la Isla, La Tuna Estudiantina de Cayey

Cada diez años, cuando cumplen aniversario, el grupo es homenajeado por la Cámara o el Senado del Gobierno de Puerto Rico. Cuando cumplieron el trigésimo aniversario, la Cámara de Representantes le rindió un homenaje. El periódico *El Vocero* publicó: "Con motivo del trigésimo aniversario de la Tuna Estudiantina de Cayey, la presidenta de la Cámara de Representantes, Zaida Hernández Torres, le rindió un reconocimiento a esa agrupación musical por tan especial ocasión"[340]. En el 2014 la tuna celebró su quincuagésimo aniversario y recibió varios homenajes. El reportero Castro Camacho escribió:

> Como parte de la conmemoración de sus 50 años, la Tuna de Cayey ha recibido emotivos homenajes. El 3 de noviembre fue reconocida por la Cámara y el Senado de Puerto Rico, y posteriormente, el pueblo de Cayey le rindió un homenaje, al que asistieron las tunas de la UPU-Río Piedras y la Universidad Interamericana, entre otras[341].

Según Ismael González la agrupación también ha recibido homenajes de Clubes de Leones y del Club Rotario. Maldonado menciona el premio Paoli 2009 en el Teatro Tapia y los homenajes en los festivales de Puerto Rico y paradas puertorriqueñas en distintas ciudades de Estados Unidos. El 15 de octubre de 2019 cumplieron cincuenta y cinco años de su fundación.

22. Aportaciones

De la misma manera en que la Tuna de la Universidad de Puerto Rico fue un ejemplo a seguir para la Tuna Estudiantina de Cayey, esta se convirtió en ejemplo para otras agrupaciones

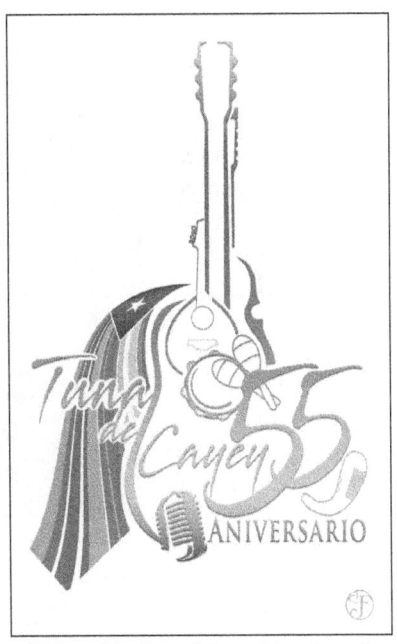

46. Logo del quincuagésimo quinto aniversario de la Tuna de Cayey

---

[340] *El Vocero*, 17 de diciembre de 1994, p. 25.
[341] Castro Camacho, *op. cit.*

que se organizaban en escuelas elementales, intermedias y superiores del país. El estilo original de esta agrupación fue modelo a imitar por los grupos que surgieron tanto en el ambiente escolar como fuera de las escuelas. En Puerto Rico hubo un *boom* de estas agrupaciones a finales de los años sesenta y durante la década del setenta. Estos grupos copiaron el estilo de esta segunda tuna de la Isla. El tipo de canciones, la instrumentación, la grabación de discos de Navidad y el tipo de actividades donde se presentaban. Andrés Collazo menciona que se contagiaron en las escuelas superiores y comenzaron a fundar tunas. Gertrudis Maldonado recuerda haber participado de tunas escolares cuando estaba en sexto grado y luego en la escuela intermedia. Sobre estos grupos musicales Andrés Collazo indica:

> Al inicio que comenzamos nuestra tuna, tuvimos mucho contacto con la Tuna de la UPR, Río Piedras y hubo un primer encuentro de tunas. Éramos como dos o tres nada más. La de nosotros fue la segunda en Puerto Rico, después hubo otra en Cayey, La Taurina, que también participaba de esos encuentros[342].

A sus integrantes, la tuna les brindó la oportunidad de desarrollarse en la música, estar expuestos a experiencia de aprendizaje dentro y fuera de la Isla. Sobre ese tema Wanda Collazo enfatiza: "Ese legado y esa semilla que ellos sembraron tuvieron la oportunidad de verla crecer. Muchos son grandes profesionales, gente de bien, artistas, personas sensibles que fomenta las artes"[343]. Ismael (Maelo) González recalca al respecto: "Algo que quiero resaltar es el carácter de seriedad. Casi todos los que se quedaban en la tuna iban

47. Encuentro de Tunas, 1994

---
[342] Collazo Rodríguez, *op. cit.*
[343] Collazo Rosario, *op. cit.*

a la universidad. Puedo hacer una lista de ocho a diez médicos, además de abogados, maestros, muchos profesionales salían de allí"[344]. También explica que el rigor de los ensayos y el compartir entre ellos hacían que unos se interesaran en lo que otros estaban logrando.

Otro factor que ayudó a la formación de estas personas fue el hecho de que en el grupo había maestros que servían de ejemplo de la importancia y necesidad de estudiar. Nogueras era un hombre que le gustaba estudiar y eso se lo transmitía a sus estudiantes. Él les enseñaba que tenían que combinar las actividades del grupo con los estudios. Sobre ese tema Wanda Collazo explica:

> La mayoría de los muchachos eran brillantes y no tenían problemas con su promedio. Él sabía quiénes iban a estar ahí, eran muchachos con talento y sobresalientes. Él fomentaba los estudios y era el modelo, se mantuvo estudiando toda la vida. Para estar en la tuna había que mantenerse bien en la escuela. Había que combinar: familia, escuela y tuna[345].

48. Líderes de tunas. Encuentro en el Teatro La Perla. Ponce, 2018

El haber estado expuestos a tantas actividades y presentaciones los ayudó a aprender a desenvolverse en los distintos aspectos de sus vidas, tanto personal como profesional. Según María de los Ángeles Correa: "El haber pertenecido a la Tuna de Cayey fue de mucho provecho para mí. El visitar tanto la televisión y estar expuesta a tantas presentaciones me ayudó a no sentir miedo de hablar frente a las personas y atender público[346]. Los conocimientos adquiridos como integrantes de la tuna los ha ayudado a sentir seguridad de que están haciendo bien las cosas y confianza en sus capacidades intelectuales. Wanda Collazo trabajó

---

[344] González López, *op. cit.*
[345] Collazo Rosario, *op. cit.*
[346] Correa, *op. cit.*

para el Municipio de Cayey. Fue la directora de la escuela municipal de Bellas Artes, la cual les brinda servicios a los estudiantes de ese municipio y de pueblos limítrofes. Wanda enfatizó en el 2014, cuando todavía era directora: "Todo lo que aprendí en la tuna lo aplico, todo ese sacrificio y compromiso con la niñez y la juventud de este país lo aprendí de ellos"[347]. Compromiso aprendido por la mayoría de los integrantes, que al igual que Wanda Collazo, se han dedicado a la formación de los niños y jóvenes de su pueblo. Bruny Vázquez es otro ejemplo de ello, ya que ha dirigido varios grupos artísticos y culturales. El primero de ellos fue una tuna que fundó, en sus primeros años como maestra en la escuela Jesús T. Piñero de Cidra. En la actualidad dirige el grupo vocal Acquas del Plata, compuesto por cuatro o cinco chicas que cantan música puertorriqueña. También es profesora de teatro de la escuela de Bellas Artes de Cayey, y ha tenido a cargo la dirección de varias obras.

En el aspecto cultural, la Tuna Estudiantina de Cayey, se convirtió en parte de la Navidad en Puerto Rico. Ese legado de canciones típicas de esa temporada del año, muchas de ellas son de la autoría de su primer director Juan Ángel Nogueras, han estado presentes en las navidades de muchos puertorriqueños. María Celeste (Bruny) Vázquez dice al respecto: "No hay casa en Puerto Rico que no haya tocado en sus parrandas una canción de la Tuna de Cayey"[348].

En sus inicios este grupo seguía las tradiciones de las tunas españolas. Con la idea de Lino Fragoso de que la tuna interpretara canciones de Navidad, esta se fue "criollizando". Comenzaron a incorporar instrumentos típicos de la Isla. El primero de ellos fue el cuatro puertorriqueño, luego el güiro, las maracas, los timbales y las congas. Se incluyó también la batería, el bajo eléctrico y el acordeón. Estos instrumentos eran muy necesarios para la variedad de ritmos que el director estaba incluyendo en el repertorio del grupo. De esa manera, la tuna se fue alejando del modelo tradicional de estas agrupaciones y fue adquiriendo características de la cultura puertorriqueña. El periodista Castro Camacho señaló que "Se distingue por ser una "criollizada", que incorpora – más que alguna otra tuna – los elementos culturales que nos distinguen como

---

[347] Collazo Rosario, *op. cit.*
[348] Vázquez Rosario, *op. cit.*

pueblo"[349]. En entrevista con Castro, Aurea Alicea le informó que "Nuestro enfoque es una tuna con sabor a Puerto Rico. Otras tunas no tienen bajo, no usan batería. Pero nosotros nos hemos adaptado a nuestra cultura"[350].

Debido a todos estos cambios y adaptaciones, la Tuna Estudiantina de Cayey fue fuertemente criticada. Tunas que surgieron después no las consideraban como parte de ellas. Ese pensar se hacía sentir en las competencias o encuentro de tunas en los que participaban. Sobre este tema Gertrudis Maldonado expresa:

> Se sentía algo raro en el ambiente, porque no todas las tunas se sentían cómodas de que fuera la Tuna de Cayey, porque tenían la visión de que no éramos tan tuna como ellos, que no estábamos tan adscritos a la tradición, que ya teníamos otra música, que éramos más combo que tuna. Nosotros íbamos como quiera y la gente iba a ver a la Tuna de Cayey, éramos un atractivo[351].

Esta agrupación se convirtió en una de las principales durante la época navideña. Cada año el público estaba a la expectativa de qué iba a sacar la Tuna de Cayey, debido a que anualmente, grababan un disco para esa temporada. Herminio de Jesús sostiene:

> Tengo la convicción de que una de las grandes aportaciones que hizo "La Tuna de Cayey" al ambiente musical navideño es que fue uno de los primeros grupos en lanzar nuevas canciones para la temporada de Navidad. En su mayoría presentaban temas inéditos, práctica muy diferente a la de las demás agrupaciones de la época, quienes interpretaban "clásicos" de la temporada la mayoría grabados para la década de 1950[352].

De Jesús menciona que las canciones que se escuchaban en radio durante esa época festiva eran las mismas año tras año. La Tuna de Cayey cambió el panorama musical. Ismael González expresa que la Tuna de Cayey se convirtió en el grupo que anunciaba la Navidad en Puerto Rico. Surgieron otros grupos en el país los cuales siguieron lo que la Tuna de Cayey hacía, y esto ocasionó que se creara una competencia de quién sacaba el éxito navideño del año.

En entrevista para *Diálogo UPR* en el año 2014, el presidente de la Tuna Estudiantina de Cayey en ese momento, Emmanuel Rodrí-

---

[349] Castro Camacho, *op. cit.*
[350] *Ibíd.*
[351] Maldonado Ríos, *op. cit.*
[352] De Jesús Figueroa, "Escrito…", *op. cit.*

49. Tuna Estudiantina de Cayey, 2019

guez, recalcó: "Nosotros tenemos un dicho que dice: 'No hay Navidad en Puerto Rico sin la Tuna de Cayey'. Porque la gente en Puerto Rico escucha los acordes de la Tuna de Cayey y dicen: empezó la Navidad"[353].

---

[353] Diálogo UPR, *op. cit.*

CAPÍTULO V

Tunas que surgieron en la Isla parecidas a la Tuna Estudiantina de Cayey

La Tuna Estudiantina de Cayey fue ejemplo y motivación para el surgimiento de otras estudiantinas, con un estilo parecido, en distintos pueblos de la Isla. La mayoría de los grupos musicales que siguieron los pasos de la Tuna de Cayey, se organizaron en las escuelas superiores. Otras agrupaciones tuvieron su origen en escuelas elementales e intermedias y, algunas fueron integradas por músicos profesionales. El fenómeno de las tunas en Puerto Rico fue tan grande que, a finales de los años sesenta, hubo alrededor de una veintena de estos grupos.

1. Otras tunas en Cayey

a. Tuna Taurina Cayeyana

En enero de 1967 se fundó otra tuna en Cayey, la Tuna Taurina Cayeyana. Esta idea surgió de dos jóvenes de ese pueblo, Víctor Manuel Cotto, quien había sido integrante fundador de la Tuna de la Universidad de Puerto Rico y José Julio Ramos. Cotto, quien se convirtió en el primer director, explica que un día estaba conversando con su amigo Julio y se les ocurrió organizar la agrupación. El nombre de la tuna lo propuso Pedro Santiago, uno de los miembros del grupo. La palabra taurina se deriva de tauro, que quiere decir toro. Uno de los cognomentos de Cayey es "La ciudad del torito".

Para la búsqueda de los integrantes no se realizaron audiciones. Víctor Cotto les comunicó la idea a varios amigos suyos que eran músicos y casi todos aceptaron. Señala Cotto que al principio fue fácil porque eran personas que tenían experiencia y por tal razón se les podía delegar responsabilidades. Luego se realizaron audiciones con los que estuvieron interesados en ser miembros del grupo. Ese fue el caso de Vicente Carattini que tocaba la mandolina. El director indica que Carattini fue un integrante que aportaba muchas ideas a la tuna.

El grupo quedó compuesto por veintiún integrantes de los que se destacaba su solista, Inés Aixa Gómez. Sobre este momento, Víctor Cotto, informó lo siguiente: "En 1967 fundé la Tuna Taurina con la suerte de que, de las seis muchachas, cuatro no estaban ya en la Tuna de Cayey, las hermanas Gómez (Inés y María), Bruny y Sonia Vélez"[354]. Los otros miembros del grupo eran quince varones, la mayoría de ellos músicos profesionales. Todos tenían experiencia con grupos musicales, incluyendo tunas. Gracias a esa experiencia, la Tuna Taurina Cayeyana tuvo un gran comienzo. María Celeste (Bruny) Vázquez recalca que la Tuna Taurina se escuchaba muy bien y que su tío, Víctor Rafael Vázquez, uno de los maestros fundadores de la Tuna Estudiantina de Cayey, estaba celoso y le decía que "se estaban copiando".

Los miembros del grupo eran: María Celeste (Bruny) Vázquez (conocida por todos como Brunilda Vázquez), María del Carmen Gómez y Nilda Ramos (panderetas); Inés Aixa Gómez y Awilda Martínez (castañuelas); Ernesto Vicente Carattini, Miguel López y José Ramón Vega (mandolinas); Miguel Ortiz y Jorge Luis Rodríguez (cuatros); Jesús Torres (bandurria); Roberto Santiago (requinto); Enrique Vargas (acordeón); Sonia Vélez y José Julio Ramos (cascabeles) y Ángel Luis Ortiz, Carlos Arroyo, Luis Rodríguez, Pedro Santiago, Víctor M. Liguillow y Víctor Manuel Cotto (guitarras). Todos los integrantes eran de Cayey, excepto Carattini, que era de Cidra[355].

La Tuna Taurina Cayeyana ensayaba los viernes en una de las fraternidades del pueblo de Cayey, de la que Cotto era miembro. Los ensayos eran de dos horas, aproximadamente, hasta que Casa Fragoso les propuso hacer un disco y, a partir de ese momento, tuvieron que ensayar más. La tuna, nos aclara Cotto, comenzó con las canciones españolas, que él había aprendido en la Tuna de la UPR y con temas de Puerto Rico. Los músicos más experimentados preparaban los arreglos musicales. Su vestimenta consistía de un pantalón negro largo de vestir, camisa negra de manga larga, zapatos negros, la beca roja y la capa roja por el interior y negra por la parte exterior. Las muchachas usaban faldas.

Su primera presentación fue en el Club de los Vendedores en

---

[354] Cotto Colón, *op. cit.*
[355] Información obtenida de la parte posterior de la carátula del primer disco de la Tuna Taurina de Cayey.

Cayey. Luego se les contrató para más eventos. Cotto recordó que "Con la Tuna Taurina fuimos a la universidad, el grupo tenía como tres meses, fuimos los más aplaudidos. Tocamos una danza, 'Recuerdos de Boriquen' y empezaron a aplaudir"[356]. El suceso evocado por él, fue el encuentro de tunas que la Universidad de Puerto Rico organizó ese año. Los integrantes de la Taurina iban a todos los lugares a donde los invitaban: graduaciones, actividades de la comunidad, familiares y a escuelas en otros pueblos de la Isla. Bruny Vázquez enfatiza que se presentaban en los mismos lugares que la Tuna de Cayey, por ejemplo, en *Noche de Gala*, otros programas de Telemundo y el Canal Seis. Recuerda que la compañía Ron Granado les dio un contrato y los llevó por muchos municipios de Puerto Rico. Cotto recordó que, al surgir esa marca de ron, quien estaba a cargo de la promoción era un cayeyano, que le encantó la tuna y los contrató para ir a todos los pueblos a promocionar el Ron Granado. Maximino Pedraza era la persona que contrataba a los artistas principales en esas presentaciones y siempre ubicaba a la tuna para que fuera la última en cantar. En esas actividades tuvieron la oportunidad de compartir tarima con el cantante Felito Rodríguez. Vázquez destaca que la Tuna Taurina se da a conocer por toda la Isla y en ese momento Nogueras se da cuenta que está perdiendo talento, el cual era aprovechado por otros grupos y decidió eliminar la regla de salida que tenía en la Tuna Estudiantina de Cayey.

En 1968 grabaron su primer disco titulado *Tuna Taurina Cayeyana* que incluyó diez canciones. Lado A: "La Taurina", "Recuerdos de Boriquen", "Gallo pelao", "Marinero y Silverio". En el lado B: "Los tunos", "Canción canaria", "Desiderio", "Claveles míos", "El payador" y "Amor del alma"[357]. Para este disco, Víctor Cotto todavía era el director del grupo. En 1969 grabaron el segundo disco titulado *La fabulosa Tuna Taurina Cayeyana*, en el que todos sus temas eran navideños. Por el lado A las canciones grabadas fueron: "De lejanas tierras", "Aguinaldo a la Virgen", "La trulla", "Arbolito" y "Campanitas". El lado B incluyó: "Aguinaldo y bomba", "Para ver", "Una vez más", "Potpourri navideño" y "Seis chorreao"[358]. Aclara

---

[356] Cotto Colón, *op. cit.*
[357] Información obtenida de la parte posterior de la carátula del primer disco de la Tuna Taurina Cayeyana.
[358] Información obtenida de la parte posterior de la carátula del segundo disco de

Cotto que cuando sale este disco ya él no era el director y en su lugar se había quedado Vicente Carattini. Cotto expresó al respecto:

> Ahí tuvimos una diferencia porque a mi entender al disco le faltaba más ensayo, pero Ernesto Vicente siempre fue comerciante y él lo que quería era sacar dinero. Yo siempre dije que cuando la tuna comenzara a cobrar hasta ahí llegaba. Cuando hay dinero, hay problemas[359].

Por su parte, Bruny Vázquez, relata que cuando Víctor Cotto le indicó que no iba a continuar en el grupo porque se iba a casar y en su lugar se quedaría Carattini, decidió dejar la Taurina. Aprovechó que la Tuna de Cayey había abolido la regla de salida y ella, junto a las hermanas Gómez, regresaron a su primera agrupación. Expresa, además, que al no estar Víctor Cotto ya no tenían que tener deferencia con el grupo y decidieron retirarse.

Durante el tiempo que Cotto fue el director, la tuna trabajaba con donativos, no se estipulaba una cantidad fija. Enrique Vargas, acordeonista del grupo, indica que luego de la salida del segundo disco, bajo la dirección de Carattini, la tuna continuó alrededor de tres meses más y terminó el grupo.

b. Mini Sextuna

En el año escolar 1972-73 se organizó una tuna en el grupo de sexto grado de la escuela Miguel Meléndez Muñoz. Gertrudis Maldonado fue una de sus integrantes quien, en ese tiempo, estaba aprendiendo a tocar la guitarra. Maldonado explica que la maestra de Bellas Artes, Susana Rodríguez hermana de Manuel Rodríguez, uno de los maestros fundadores de la Tuna Estudiantina de Cayey, fue la persona a la que se le ocurrió la idea. Comenta que esta profesora los motivó y les llevó fotos de la "Tuna Grande" como ellos le decían a esa agrupación. Recuerda que copiaron la vestimenta, se organizaron y comenzaron a dar parrandas por toda la urbanización. El dinero que recaudaron de sus presentaciones se utilizó para los gastos de la graduación. Se escogió el nombre de Mini Sextuna, porque era una tuna pequeña y sus integrantes cursaban el sexto grado.

---

la Tuna Taurina Cayeyana.
[359] Cotto Colón, *op. cit.*

Tunas que surgieron en la Isla parecidas a la Tuna Estudiantina de Cayey

c. La Tunita

Graduada de sexto grado, Maldonado pasa a estudiar a la escuela Agustín Fernández Colón, en el mismo municipio. Relata esta que como había sido una sensación lo de la tuna en la escuela elemental, los compañeros que habían tenido esa experiencia quisieron hacerlo nuevamente. Un día ella le pidió permiso a su maestro del Salón Hogar, Ismael (Maelo) González, para hablar frente al grupo sobre la idea de una tuna y así lo hizo. No pudieron organizarse y el profesor le pregunta por qué no se había formado el grupo. Maldonado le indica que era difícil porque algunos compañeros no se podían quedar, salían a las cinco y media de la tarde y no tenían transportación. El maestro, quien en ese tiempo era integrante de la Tuna Estudiantina de Cayey, les ofreció su ayuda para organizar el grupo y transportar a los estudiantes. Además, prestó su salón para los ensayos y se encargó de los mismos. González señala que llamaron al grupo La Tunita. Esta se organizó en el año escolar 1973-74.

Su repertorio incluía: "Barlovento", "La bamba", "Guantanamera" y "Plena Cayey". González dice que su uniforme tenía capa y los invitaban a las graduaciones. Como no contaban con muchas canciones, si les pedían otra, repetían las que ya habían interpretado, sobre todo, "Barlovento". Sobre ese asunto Maldonado expresa: "Nosotros montamos como tres o cuatro canciones y teníamos a veces que repetirlas, porque la tuna se convirtió en una sensación en la escuela"[360]. Según ella, en algunas cosas fueron hasta "pioneritos", porque González llegaba con canciones que él escribía para la Tuna de Cayey y La Tunita las tocaba primero. En esta agrupación Maldonado comenzó a tocar la mandolina. En el verano, antes de comenzar el noveno grado, González llevó a Gertrudis Maldonado y a tres chicas más, para integrarlas a la Tuna de Cayey. La Tunita tuvo una duración de tres años escolares. La disolvieron cuando los estudiantes se graduaron de escuela intermedia. González enfatiza que la aportación más significativa que él le hizo a la Tuna Estudiantina fue llevar a Gertrudis Maldonado para ser integrante de la misma.

---

[360] Maldonado Ríos, *op. cit.*

d. Tuna Cayeyana del Recuerdo

Al terminar sus estudios doctorales, Juan Ángel Nogueras regresó a Puerto Rico. Cuando contactó, nuevamente, la Tuna Estudiantina de Cayey se percató de los cambios ocurridos en el grupo durante los años en los que estuvo fuera de la Isla. Maldonado sostiene al respecto: "Hicimos muchos cambios, quisimos transformar un poco, pero en esencia es el mismo grupo. Nogueras viene, trabaja, pero está en todos esos cambios de su vida y nunca regresa como tal al grupo, él sigue su proceso"[361]. Los cambios a los que se refiere Maldonado eran: más preparación académica, nuevo trabajo y un segundo matrimonio, los cuales requerían la mayor parte de su tiempo. Aún así, Nogueras se mantenía siempre en contacto con la tuna porque cuando había actividades, el grupo siempre lo invitaba, al igual que a Manuel Rodríguez y a Víctor Vázquez.

Su amor por la agrupación era enorme y siempre pensaba en la tuna. Sobre ese aspecto González indica que "Nogueras vivía con esa pasión por la tuna, eso fue tan impactante en su vida que me cuenta la esposa[362] que Nogueras escuchaba los discos de la tuna todos los días cuando llegaba del trabajo"[363]. Según González la idea de fundar otro grupo siempre estuvo en su mente.

En el 2007 Nogueras fundó la Tuna Cayeyana del Recuerdo. Bruny Vázquez recuerda que la idea surgió en los actos fúnebres de su tío, Víctor Rafael Vázquez. Llegaron a la funeraria una gran cantidad de personas que habían pertenecido a la Tuna Estudiantina de Cayey y a Nogueras se le ocurrió la idea de que cantaran y formaron una gran tuna. Relata Vázquez que: "Se hizo un *show* en la funeraria y Nogueras dijo: "esto hay que revivirlo", la emoción lo embargaba"[364].

Al parecer la muerte de Víctor Vázquez, el primero de los maestros fundadores que perdían, fue el suceso que hizo que Nogueras tomara la decisión de hacer realidad su sueño de formar otra agrupación. Wanda Collazo comenta que Nogueras siempre le decía que iba a hacer una tuna y ella le contestaba, "sabe que

---

[361] Ibíd.
[362] Hace referencia a la segunda esposa de Nogueras, Emily Stella Sheihamer.
[363] González López, *op. cit.*
[364] Vázquez Rosario, *op. cit.*

voy a estar ahí". Además, cuenta que "Él llega un día a mi trabajo y me dijo: "voy a hacer una tuna de los originales. ¿Te interesa? y yo le dije pues claro"[365]. Nogueras consultó con ella el detalle de las personas a las cuales él quería invitar para formar parte de ese nuevo proyecto. Estaba interesado en los exintegrantes que se habían mantenido activos en la música.

La Tuna Cayeyana del Recuerdo se fundó el 20 de enero de 2007. La mayoría de sus integrantes fueron tunos de la Tuna Estudiantina de Cayey durante sus primeras dos décadas. Se le brindó la oportunidad de participar a otras personas que no fueron parte de esa agrupación, como fue el caso de Millie Aponte, cantante que había participado de la agrupación Yagrumo y el Trío Alondras del Génesis donde hacía la primera voz, junto a Tessie López, segunda voz y Wanda Collazo tercera voz, quienes sí habían pertenecido. Fueron también integrantes de la Tuna del Recuerdo, dos hijos de Nogueras, Ariel de su primer matrimonio, y Jennifer del segundo y la menor de sus hijas. Juan Ángel Noguera se convirtió en el director, Humberto González era el director musical e Ismael (Maelo) González el presentador.

En el primer año grabaron su primera producción discográfica titulada *Esperanza de Navidad*, en la que la mayoría de las canciones eran de la autoría de Nogueras. Wanda Collazo señala al respecto:

> El primer disco es extraordinario, es el más que me gusta, la mayoría de las composiciones son de Nogueras, composiciones nuevas, extraordinarias, algunas bien jocosas, culturales. Unas que hablan de nuestras costumbres cayeyanas. Canciones inéditas de él. Ya las tenía y dijo: "vamos a grabar" y nos metimos al estudio[366].

El tener las canciones escritas cuando se organizó la Tuna Cayeyana del Recuerdo, demuestra que Nogueras había trabajado la idea por mucho tiempo. En el primer disco los integrantes eran, en las voces: Leida López, Adelina Sánchez, Carmín Colón, Nancy Aponte, Lety Reyes, Wandy Reyes, Lucky López, Millie Aponte, Grisell Aponte, Gilda González, Jennifer Nogueras, Enid Marrero, Ángel (Junito) Ortiz, Andrés (Andy), Collazo, Ismael (Maelo) González y Gilberto (Piro) León; músicos: Constantino

---
[365] Collazo Rosario, *op. cit.*
[366] Ibíd.

50. Carátula del primer CD, 2007

(Costa) Petrú, congas y timbal; Jorge Vázquez, bongó y campana; Ariel Nogueras, güiro y maracas; Nelson Trías, bajo; Orlando Lamboy, guitarra; Juan Ángel Nogueras, guitarra; Humberto González, guitarra y vihuela; Ramón L. Figueroa, cuatro y bandurria, Carmen T. (Tessie) López, cuatro, requinto, bandurria y mandolina; Wanda Collazo, mandolina y Héctor M. (Juni) Rosario, bandurria[367].

En el 2015 Andrés Collazo indicó que tenían cinco producciones discográficas. La primera de Navidad y la segunda, que se grabó en el 2008 y se titula *Entre Cayeyanos, Homenaje a César Concepción*, quien fue un músico muy destacado de Cayey y tuvo una orquesta famosa en los años sesenta. Añade que ese disco no se creó para la venta, sino que lo distribuyó el municipio en una actividad cultural. El tercer disco lleva por título *Un Chorro de Parranderos*, incluye canciones de Navidad y fue grabado en el 2009.

51. Carátula del segundo CD, 2008

52. Carátula del tercer CD, 2009

Juan Ángel Nogueras estaba logrando lo mismo que había alcanzado con la Tuna Estudiantina de Cayey: preparar una producción discográfica por año. La cuarta grabación fue en el 2012 y se titula *Canto al amor: Homenaje póstumo a Juan Ángel Nogueras*, quien murió en octubre de 2011. González explica que el mismo se grabó en vivo durante un concierto de dos horas en la Universidad de Puerto Rico recinto de Cayey. La agrupación

---

[367] Información obtenida de la carátula del disco compacto.

grabó su quinta producción, *Parrandeando por celular*, en el 2014. Andrés Collazo lo describe así: "Todas las canciones son nuevas de Navidad. Tiene una canción que el ritmo es de Navidad, pero la letra es alusiva a Puerto Rico, algo patriótico"[368]. Estos temas son una continuación del legado que les dejó su fundador. La sexta producción es navideña y se titula *Gozando con mi tuna*. Su última producción, *Diez años, diez canciones con la Tuna Cayeyana del Recuerdo*, la grabaron en el 2017 en celebración de su décimo aniversario.

Las canciones de sus producciones son, mayormente, de autores puertorriqueños. Algunos de ellos son o fueron integrantes del grupo. Andrés Collazo menciona al respecto: "El repertorio incluye también canciones de autores latinoamericanos y españoles. Su contenido alude mayormente a la patria, la cultura puertorriqueña, el amor, la vida cotidiana y la tradición navideña"[369].

Los ensayos se llevaban a cabo casi siempre, los viernes en la noche, en la casa de alguno de los integrantes. Participan de distintas actividades como programas de radio y televisión, presentaciones en instituciones públicas o privadas y fiestas.

2. El *boom* de las tunas (años sesenta)

Como se mencionó anteriormente, la Tuna Estudiantina de Cayey fue ejemplo a seguir por otras agrupaciones en la Isla. Muchos de esos grupos se originaron en las escuelas superiores del país. Adoptaron características muy similares a las de la Tuna de Cayey. Como, por ejemplo, la vestimenta, el tipo de música y de instrumentos que utilizaban y el tipo de actividades en la que se presentaban. Copiaron hasta el nombre de Estudiantina para enfatizar que estaban integradas por estudiantes, al igual que lo hizo la Tuna de Cayey. Otra semejanza con la Tuna Estudiantina de Cayey es que sus fundadores eran maestros(as) y no tenían experiencia como tunos. También surgieron agrupaciones entre músicos y cantantes profesionales. Estas agrupaciones tuvieron la oportunidad de conocerse y compartir en los encuentros de tunas organizados por la Tuna de la Universidad de Puerto Rico.

El Primer Festival de Tunas de Puerto Rico, auspiciado por el

---

[368] Collazo Rodríguez, *op. cit.*
[369] *Ibíd.*

Decanato de Estudiantes de la Universidad de Puerto Rico, fue el 2 de mayo de 1967. En un artículo publicado en la prensa del país, Juan E. Castellanos mencionó que las agrupaciones que participarían de la actividad, además de la Tuna de la Universidad de Puerto Rico eran: Tuna Panamericana, Tuna Estudiantina de Cayey, Tuna Escuela Superior de Aguas Buenas, Tuna de Comerío, Tuna Escuela Superior Gabriela Mistral, Tuna Taurina, Tuna Escuela Superior de la Universidad y Tuna Palesiana.

En 1969 la Universidad de Puerto Rico celebró su Segundo Festival de Tunas de Puerto Rico. El señor Jesús E. Almodóvar director del centro notificó al periódico *El Mundo* sobre esa actividad. Según ese diario: "La primera parte del festival, que se llevará a cabo del 14 al 18 de abril se seleccionarán las mejores cinco tunas de Puerto Rico"[370]. El escrito explicaba:

> Aclara el señor Almodóvar que las cuatro tunas más conocidas (Tuna Panamericana, Estudiantina de Cayey, Tuna Taurina de Cayey y la Tuna de la Universidad de Puerto Rico), no participaran de esta primera parte, debido a que las demás tunas competidoras tienen menos experiencia, lo que colocaría en ventaja a aquéllas respecto a éstas[371].

El 30 de abril de 1969, *El Mundo* mencionó las cinco tunas finalistas: en primer lugar, la Tuna Abonesa (Tuna de la Escuela Superior de Aguas Buenas); segundo lugar, la Tuna Borincana de Moca; tercer lugar, Tuna Escuela Superior de Aibonito; cuarto lugar, Tuna SU Barrio Guanábanas de Aguada y el quinto lugar, la Escuela Superior de Comerío. Estos son ejemplos de algunas de las tunas que surgieron en las escuelas del país.

a. Tuna Panamericana

De acuerdo con el periódico *El Mundo*, la Tuna Panamericana era una de las cuatro más reconocidas en el país. Era llamada "La Tunita Criolla" y fue fundada a mediados de los años sesenta. Se presentaba en actividades caritativas, religiosas y políticas, entre otras. Sobre esta agrupación Castellanos escribió: "Nació por equivocación ya que un grupo de estudiantes disfrazados de tunos fueron a cantar a un baile de Carnaval y gustó tanto la parranda que

---

[370] "Festival de Tunas", *El Mundo*, 19 de marzo de 1969, p. 5- D.
[371] *Ibíd.*

todavía continúan todos los viernes y días de fiesta ensayando para futuros carnavales"[372]. Informó este reportero que la tuna estaba integrada por doce personas: guitarras: Provi Monserrate, Edgardo Ramos, Edgardo Ortiz, Berto Barreiro y Julio Fernández; cuatros: Nancy Hilda García, pandereta: Lydia Carreras; instrumentos de percusión: Manuel Díaz; mandolinas: Ivette Zaragoza, Aida Ortiz y Petra Ortiz, quien también era la directora del grupo. Algunos de ellos eran de Río Piedras, Puerto Nuevo, San Francisco y otras áreas. Habían participado en programas de televisión en WIPR. En 1967 se encontraban con planes de grabar su primer disco y de ir de gira a Venezuela en el verano de ese año.

b. Tuna Escuela Superior de Aguas Buenas

La Tuna de la Escuela Superior de Aguas Buenas se organizó en 1966, por iniciativa del maestro de historia, Ceferino (Chepo) Flores. El nombre oficial de la agrupación era Tuna Estudiantina de la Escuela Superior Dr. Gustavo Muñoz. En sus primeros dos años perteneció a la escuela y en el 1969 a la comunidad. Además de estudiantes, ingresaron otras personas residentes del pueblo.

En los inicios estaba integrada por alumnos del nivel superior. Ceferino Flores también ofrecía clases de música por las tardes en una escuela intermedia y así conoció a jóvenes de ese nivel, muy talentosos, a quienes invitaba a formar parte de la agrupación. Ese fue el caso de María Evelyn Camacho que comenzó como cantante cuando estaba en octavo grado. Su hermana, Carmen Socorro Camacho, había entrado en la tuna antes que ella. Ensayaban en el salón del Sr. Flores y su primer uniforme fue una falda verde y una camisa blanca.

Dennis Núñez, quien ingresó en la tuna cuando estaba en décimo grado, explica que en el año 1969 el grupo se abrió a la comunidad y realizó varios cambios. Uno de ellos fue el nombre. La agrupación comenzó a llamarse La Tuna de Aguas Buenas, con el apodo de Abonesa. La maestra, Gloria Jordán, una de las ingresadas, ayudó a confeccionar los nuevos uniformes. María Luisa (Ñeca) Guzmán, una de las fundadoras, indica que la segunda vestimenta para las muchachas era: camisa rosa oscuro de manga larga, falda negra, faja

---

[372] Castellanos, *op. cit.*

violeta y la capa era color oro en la parte interior y en la exterior violeta. Los varones utilizaban pantalón negro y las demás piezas de ropa eran iguales a las de las chicas. Ambos utilizaban zapatos negros cerrados.

En ese año grabaron su primer disco titulado *Tuna de Aguas Buenas "Abonesa"*, el cual incluyó canciones variadas como pasodobles y plenas. Los temas de esta grabación fueron: "Viva Aguas Buenas", "Vírgenes del Sol", "Sebastopol", "Mis flores negras", "Paso doble te quiero", "Dos puntos", "Desiderio", "Sandunga", "Ay morena" y "Borinquen jardín de flores"[373]. Sobre este último tema, Camacho explica que fue la plena con la que ganaron el primer premio en el Festival de Tunas de la Universidad de Puerto Rico. Ese mismo año, según ella, participaron más de veinte agrupaciones de toda la Isla.

53. Carátula del primer disco, 1969

Núñez menciona que el grupo contaba con los siguientes instrumentos: guitarra, bandurria, mandolina, bajo eléctrico, acordeón, pandereta, castañuelas, güiro, timbal y, en una ocasión, tuvieron violín. Para la grabación del primer disco utilizaron la batería. Enfatiza que fueron de las primeras tunas en la Isla en incluir el acordeón y el violín.

Aunque al grupo llegaron personas de la comunidad, el profesor Flores continuó como su director y la mayoría de sus miembros eran estudiantes. En 1969 los integrantes de la tuna eran: en las voces: Teresa Morales, Carmen Gloria Morales, María Evelyn Camacho, Carmen Socorro Camacho, Ángel Luis Fontánez, Víctor Colorado, Rey Francisco Díaz, Gloria L. Jordán (maestra), Sonia Luque, José Francisco Otaño (maestro), Marcos Ramos, Luz Nereida Rosa,

---

[373] Información obtenida de la parte posterior de la carátula del primer disco de la Tuna de Aguas Buenas.

Ceferino Flores (maestro), Carmen Gloria Esquela y Magdalena Fontánez; bandurrias: Iván Vázquez, Pedro José García y Oscar Ortiz; mandolina: Salvador Torres; cuatros: Luis F. Pérez, Rafael Cardona, Simón Rivera y Pedro J. Ramos; acordeón: Gregorio Camacho; guitarras: Paul Rivera, Roberto López, José A. Torres, Jesús Ramos, Heriberto del Valle, Pedro Luis Ramos y Padre David Terrence Pierson (sacerdote); batería: Ramón Hernández Camacho; panderetas: María Luisa Guzmán y Margarita Agosto; güiro: Víctor Manuel Meléndez; palillos: Laura Llavona; castañuelas: Ruth Noelia Trinta y el bajo: Dennis Núñez Solá[374].

María Evelyn Camacho expresa que luego que salió el primer disco los invitaron a muchas fiestas patronales en diversos pueblos de la Isla y, en ocasiones, hacía dos presentaciones en un fin de semana. Esta exintegrante enfatiza que "A través de la Tuna tuvimos la oportunidad de conocer a Puerto Rico, la tuna nos brindó esa oportunidad"[375]. Participaron en programas de televisión como el de *Don Cholito* y *Los Alegres Tres* con Silvia Degrasse, Damirón y Chapuseaux. Camacho cuenta que en este último participaron en el concurso "el Mamito del año". Gustó tanto el grupo que los invitaron para cantar en ese concurso cuando lo llevaban a distintos pueblos de la Isla, junto a *Los Alegres Tres*.

En una ocasión interpretaron canciones por las calles del Viejo San Juan y llegaron hasta la casa de doña Felisa Rincón de Gautier, quien en ese tiempo era la alcaldesa de esa ciudad. Dennis Núñez recuerda que cantaron para doña Fela que les sirvió el almuerzo. En esa actividad, el grupo compartió con Rafael Hernández Colón, quien en ese tiempo era presidente del Senado de Puerto Rico.

54. La Tuna visitando a doña Felisa Rincón de Gautier

---

[374] *Ibid.*
[375] Entrevista a María Evelyn Camacho, Cidra, Puerto Rico, 25 de marzo de 2015.

Una actividad muy significativa que recuerdan sus integrantes fue cuando cantaron para Marisol Malaret cuando esta regresó a la Isla después de haber ganado la corona de Miss Universo. Relata Camacho que le hicieron un homenaje en el barrio Jagüeyes en Aguas Buenas y llevaron a Chucho Avellanet, que era su artista preferido, y a la Tuna de Aguas Buenas para que le cantaran. También se presentaron en varios hoteles de la Isla. Llevaron su talento a hospitales, donde visitaban a los enfermos, y actividades benéficas. Sin embargo, no tuvieron la oportunidad de visitar otros países.

En 1973 grabaron un segundo disco, el cual fue de canciones navideñas, titulado: *La Tuna 'Abonesa' de Aguas Buenas / La Jumita*. El nombre de la canción que formó parte del título fue el éxito musical en las navidades de ese año. El tema, "Las cadenas" lo grabaron con Luis Miranda, trovador conocido como "Pico de oro". Las otras canciones del disco fueron: "Aguinaldo costanero", "Ya llegó la Navidad", "La salve plena", "Zambomba", "El rabito del lechón", "A los borincanos", "Los parranderos" y "Los pasteles". En esta grabación contaron con guitarras, cuatros, mandolinas, bandurrias, violines, pandereta, bajo, güiro, batería y conga[376]. La idea del disco surgió del repertorio de canciones de Navidad que interpretaban en sus actividades.

Comenta María Evelyn Camacho que las canciones que más le pedían al grupo eran la plena "Jardín de Boriquen", "Vírgenes del Sol", que es un lamento peruano, y "Aguinaldo costanero" que trata sobre los puertorriqueños que viven fuera de la Isla. Un atractivo de este grupo fue que uno de sus integrantes era sacerdote. Camacho dice que el *hit* de la tuna era cuando cantaba el padre Davis Pierson, un hombre alto con su voz de gringo. Esta indica que "Las plazas se querían caer y cuando se enteraban de que era sacerdote más. Moca tenía un sacerdote que dirigía la tuna"[377].

La agrupación les brindó a sus integrantes muchas experiencias de diversión y de aprendizaje. Núñez señala que el grupo sirvió para que la juventud tuviera esparcimiento y libertad. María Luisa Guzmán resalta el apoyo que los padres y familiares de los integrantes les brindaron, pues los acompañaban a las actividades. Para Ca-

---

[376] Información obtenida de la parte posterior de la carátula del segundo disco de la Tuna de Aguas Buenas.
[377] Camacho, *op. cit.*

macho sus familias fueron una extensión de la tuna. Si había que vender discos, los ayudaban y siempre estaban presentes en todas las actividades a las que podían asistir. Además, enfatiza que "La tuna fue una experiencia bonita de mucho aprendizaje y me atrevo a decir que mucho de lo que soy se lo debo a la tuna y a Ceferino Flores"[378]. La Tuna Abonesa de Aguas Buenas se mantuvo activa hasta 1978, aproximadamente.

c. Tuna de la Escuela Superior de Comerío

En 1967 se organizó la Tuna de la Escuela Superior de Comerío, en aquel tiempo Escuela Superior de Pasarell y hoy día la Escuela Superior Juana Colón. Una de sus integrantes fundadoras fue Julia Rivera Márquez, quien relata que a la hora del medio día se acostumbraba en la escuela hacer presentaciones y, en una ocasión, los visitó la Tuna de la Escuela Superior de Aguas Buenas. A los maestros les gustó el concepto, tomaron la idea y organizaron una agrupación. Los profesores que se dieron a esa tarea fueron: Fidencio Alicea, maestro de español a quien le gustaba cantar y Roberto Mercado, maestro de historia.

Otra de las integrantes de la agrupación, Lidia Ortiz, indicó sobre el uniforme, que los varones utilizaban camisa color morado (vino), pantalón negro, zapatos negros y la capa negra. Las chicas usaban camisa blanca, falda negra, una faja en la cintura color morado, zapatos negros cerrados y la capa negra, que era utilizada para colgar las cintas que les obsequiaban en las presentaciones. Las canciones que interpretaban eran españolas y seleccionaron algunas del repertorio que cantaba la Tuna de la Universidad de Puerto Rico. La agrupación contaba con guitarras, cuatros, mandolinas, castañuelas, acordeones, panderetas, güiros y maracas. A veces, cuando necesitaban instrumentos, La Logia Americana los ayudaba. Una vez visitaron el pueblo de Bayamón y cantaron por las calles. El dinero recaudado lo utilizaron para comprar instrumentos.

Ortiz señala que las primeras presentaciones fueron en la escuela y en el pueblo. La Logia Americana, que era una organización de veteranos, los invitaba siempre a sus actividades. Le cantaron en una ocasión al gobernador Roberto Sánchez Vilella. Se presentaron

---
[378] Ibíd.

en distintos hoteles de la Isla, fiestas patronales, actividades privadas y en los festivales de tunas organizados en la Universidad de Puerto Rico. Grabaron una presentación de Navidad para el Canal Seis. Era un mensaje de felicitación de la División de Educación de la Comunidad del Departamento de Instrucción Pública a todo el pueblo de Puerto Rico. Ortiz menciona que ella participó de esa grabación que se realizó entre los años 1969 y 1970. Recuerda Rivera que, al poco tiempo de fundado el grupo, participaron de un encuentro de tunas, en el que interpretaron, "Doce cascabeles". Esa actividad a la que Rivera se refiere, debe ser el Primer Festival de Tunas en la Universidad de Puerto Rico que se celebró el 2 de mayo de 1967. Esta exintegrante dice: "Al compartir con otras tunas nos dimos cuenta de la calidad de tuna que éramos"[379].

Rivera explica que cuando se graduaban tenían que abandonar la agrupación. Cada año entraban integrantes nuevos al grupo, los cuales tenían que pasar por una audición. No cobraban por las presentaciones, pero se les obsequiaba una cinta como recuerdo. Informa Ortiz que llegaron a grabar un disco junto a la iglesia católica del pueblo. La tuna de la Escuela Superior de Comerío se mantuvo activa hasta 1972.

d. Tuna de la Escuela Superior de Ponce

La Tuna de la Escuela Superior de Ponce o La Ponce *High* fue fundada en agosto de 1967 bajo la inspiración de la directora de la escuela,, Sra. Ruth Fortuño de Calzada, y dirigida por Luis Osvaldo Pino Valdivieso, maestro de química y quien se encargaba de los arreglos musicales y corales del grupo. La señora Tommie Arroyo expresó en aquel tiempo: "Todos los años se gradúan la mayoría de los miembros del grupo. Cada año hay que luchar y empezar de nuevo, cada año una nueva tuna"[380]. Contaban con el apoyo de la escuela y del pueblo de Ponce.

La primera grabación incluyó canciones típicas de tunas y de música popular. Los temas grabados fueron: "Adiós Pampa mía', "Celoso", "Manolo", "Guantanamera", "Amor del jibarito", "Fu-

---

[379] Entrevista telefónica a Julia Rivera Márquez, 6 de marzo de 2015.
[380] Información obtenida de la parte posterior de la carátula del primer disco de la Tuna de la Escuela Superior de Ponce.

neral del labrador", "Despierta niño despierta", "La Torre de Alicante", "Añoranza" y "Tuna compostelana". Cuando grabaron el primer disco contaban con treinta integrantes: catorce guitarras: Freddy Almodóvar, Rafael F. Arroyo, Ruth E. Collado, Johnny Custodio, William Delgado, Juan B. García, Alejandro López, Teddy Morales, Pedro J. Rodríguez, Martha Sampoll, Héctor Vargas, Elsuie Vázquez y José M. Vélez; tres mandolinas: Freddy Figueroa, José A. Muñiz y Luis O. Pino, el director; una bandurria: Luis Colberg; castañuelas: Aida I. Rivera y Vilma Y. Rodríguez; panderetas: Milagros Quiles y Ana M. Vélez; güiro: Zaida Ferrer; maracas: Harry Alier; voces: Paquita Fortuño, Noelia León, Miriam Maiz, María M. Miranda, Sonia Morales y Sonia I. Pacheco. Para la grabación del disco hubo dos solistas invitados: Gonzalo Damiani y Luz E. Colón[381]. Grabaron dos discos adicionales, uno de ellos de canciones de Navidad, titulado *Navidad contigo*. Siguieron el patrón de la Tuna Estudiantina de Cayey que grabó primero un disco de música española y popular y luego canciones de Navidad. Esta agrupación estuvo activa hasta 1974.

e. Tuna Borincana de Moca

En el mes de junio de 1967 se organizó la Tuna Borincana de Moca, bajo la dirección del reverendo padre Baltazar Rivera. Era una tuna mixta que quería mantener viva la tradición de las tunas y rendir tributo a la música de Puerto Rico. En sus presentaciones interpretaban música puertorriqueña e internacional. Participaron en programas de radio y televisión y en actividades en hoteles, instituciones cívicas, culturales, educativas y religiosas en toda la Isla. Participaron del Festival de Tunas organizado por la Tuna de la Universidad de Puerto Rico en mayo de 1969, donde realizaron una sobresaliente presentación[382].

f. Tuna de la Escuela Superior de San Lorenzo

Fe Leonor Borges Asencio fundó en 1968 la Tuna José Campeche de la escuela superior del mismo nombre, en San Lorenzo. Fue la

---

[381] *Ibid.*
[382] Información obtenida de la parte posterior de la carátula del disco La Tuna Borincana y la Navidad en Puerto Rico.

primera maestra de música en ese pueblo y dirigió la tuna por más de veinte años. La agrupación obtuvo grandes triunfos tanto a nivel regional como estatal. En el año 1975 grabaron un disco titulado: *Tuna José Campeche*. El grupo logró varios intercambios culturales con la República Dominicana y España[383].

Reinaldo Alverio Hernández fue integrante de la tuna desde 1979 a 1981. Recuerda que el uniforme que se utilizaba era camisa blanca, pantalón negro de vestir y una capa que, en la parte interior era color vino y en el exterior, negra. Las muchachas utilizaban falda negra. Los instrumentos utilizados en el grupo durante esos años eran: acordeón, güiro, guitarras, cuatros, mandolinas y bongós. Las canciones que interpretaban eran españolas y puertorriqueñas, entre ellas salsa, valses y boleros. Alverio recordó que como Fe Leonor Borges era maestra de música, "montaba" las canciones con arreglos especiales que ella preparaba. La tuna contaba con coreografía para las canciones en la cual los músicos también bailaban.

Sobre la composición del grupo, señala Alverio, que tenía de veinticinco a treinta integrantes. Se presentaban en hoteles y en actividades de escuelas. En una ocasión el grupo se presentó en el Ateneo Puertorriqueño, donde tuvieron la oportunidad de compartir con Jacobo Morales. Grabaron un especial de Navidad para el Canal Seis que fue transmitido durante varios años. Nunca cobraron por las presentaciones, pero en cada una de ellas le obsequiaban una cinta a cada integrante, la cual colocaban en su capa. Alverio indica que la tuna terminó en 1981 cuando la maestra cambió el concepto del grupo a rondalla.

Cuando Fe Leonor Borges enfermó, un grupo de ellos realizó un reencuentro en el cual participaron muchos tunos. Se presentaron

55. Carátula del CD, 2007

---

[383] Información recopilada en el museo Fe Leonor Borges en San Lorenzo.

dos veces, pero no continuaron. En el 2007 el alcalde de San Lorenzo, Hon. Joe Román Abreu, decidió dar al museo del pueblo el nombre de Fe Leonor Borges. Para esa actividad, Alverio se da a la tarea de reunir a exintegrantes de diferentes generaciones y organizarse nuevamente. El Municipio de San Lorenzo se encargó de los gastos de la producción discográfica de ese año con el nombre de *Tuna Leonora* en honor a su fundadora. La Tuna Leonora se presentó en encendidos navideños, actividades en la plaza y en varias escuelas.

3. Años setenta, continuó la "fiebre" de las tunas

La tradición de las tunas que había comenzado en la década de los sesenta (que se hizo muy fuerte en las escuelas públicas de la Isla, sobre todo, en el nivel superior) continuó en la década de los setenta. La "fiebre" de los grupos en planteles escolares públicos y privados, además de los profesionales, también llegó a las iglesias y a las agencias de gobierno, en las cuales sus empleados organizaron grupos como esos.

En la década de los setenta surgió otra tuna en Ponce, en la escuela Dr. Pila. Se llamó la Tuna Aguilar y se distinguía porque sus integrantes eran todos varones. Esa agrupación estuvo dirigida por Olga Bernal Medina, maestra de música y fundadora de coros, grupos vocales y la Compañía Musical Perla del Sur. La "fiebre" de estos grupos fue tan grande que hasta en las escuelas rurales del interior de la Isla se crearon tunas. Un buen ejemplo es la tuna organizada por José Miguel Rosa, maestro de español y estudios sociales, de la Segunda Unidad del barrio Mameyes de Utuado. Este profesor, en el año académico 1970-71, con un grupo de alrededor de diez estudiantes y músicos de la comunidad formó la agrupación para participar en las actividades escolares y dar parrandas a la comunidad[384].

a. Tuna parroquial de Corozal

En la parroquia del pueblo de Corozal se organizó uno de estos grupos. En julio de 1970, el periódico *El Mundo* reseñó, una presentación que hizo la agrupación. La noticia informaba que "La Misa

---

[384] Información ofrecida por Lucy Resto, quien formó parte de la tuna mencionada, recuerda que entre los músicos de la comunidad se encontraba Sol Luis Torres, cuatrista famoso en Utuado que participó en programas de televisión.

Televisada del pasado domingo por Telemundo brindó la actuación de la Tuna Parroquial de Corozal, quien vino desde ese pueblo hasta la iglesia Sagrado Corazón de University Gardens para presentarse en televisión"[385].

b. Tuna Allegro

En el Colegio Nuestra Señora de la Providencia en Guayabo se organizó una agrupación con quince jóvenes la cual se llamó Tuna Allegro. Estaba dirigida por Sor Paulina Simón y a los dos años de su fundación contaban con cuarenta integrantes. Se destacaban en sus presentaciones cívicas y culturales. Su propósito era llevar un mensaje de paz y alegría por medio de este género musical[386].

La Tuna Allegro participó del Primer Festival de Tunas Puertorriqueñas en el programa de televisión el *Show de las seis* de Telemundo, auspiciado por la firma Thom McAn de Puerto Rico. En el mismo resultó ganadora. Como premio, se le grabó un disco, con Hit Parade Records, titulado: *1er Festival de Tunas Puertorriqueñas Tuna Allegro*, el cual incluía canciones de tunas españolas, puertorriqueñas y de Navidad. Los temas grabados fueron: "Alegría", "La jota vasca", "Alegre vengo", "Preciosa", "Tuna compostelana", "Potpourri navideño", "Los caminos", "Dime niño", "Cintas de mi capa" y "Tamborilero"[387].

En la carátula de ese disco se puede observar la vestimenta utilizada por los miembros del grupo: camisa negra de manga larga, beca color de rosa y capa negra por la parte exterior y rosa en el interior, zapatos negros cerrados. Las féminas utilizaban falda negra y los varones pantalón largo negro.

c. Tuna de San Juan

La Tuna de San Juan fue fundada en 1970 por Deogracia Santos Jr., quien era maestro en ese tiempo. La agrupación estaba integrada por su director y veintitrés jóvenes menores de dieciocho años. En la grabación de su primer disco, contaban con guitarras: Minerva

---

[385] "Actúa Tuna de Corozal", en *El Mundo*, 30 de julio de 1970, p. 2-C.
[386] Información obtenida de la parte posterior de la carátula del disco la Tuna Allegro, el cual grabaron como premio del certamen.
[387] *Ibíd.*

Cotto, Sofía Rivera y Javier Normandía; cuatros: Andy Normandía, Jr., Edgardo Otero y José Rivera; bajo: Lilliam Colón; timbales: Pedro Cotto Jr.; conga: Willie Rodríguez; güiro y pandereta: Roberto Robles; voces: Anita Cruz, Damaris Martínez, Nitza Ramírez, Blanquita Figueroa, Josefina Berríos, Carmen Berríos, María Medina, Antonia Medina, Elisa Martínez, Susan Rodríguez, Maribel Santiago, Migdalia del Carmen Ortiz, José R. Cotto y Germán Zayas[388].

Los arreglos musicales fueron preparados por su director. Su primera producción discográfica fue de temas navideños, todos ellos, aguinaldos. Entre los temas están: "El asalto", "Aguinaldo a la Virgen", 'De lejanas tierras", "Brisas de Navidad", "El nacimiento", "De las montañas venimos", entre otros[389]. El segundo disco, también de canciones de Navidad, incluyó canciones como: "El cuerito del lechón", "Compay", "Llegó la Navidad", "A Belén, a Belén pastores" y "Santo nombre de Jesús"[390].

En su vestimenta resaltaba el color rojo, como se puede apreciar en las carátulas de sus primeros discos. Las chicas utilizaban falda roja, camisa negra de manga larga, zapatos rojos y una capa negra. Los varones utilizaban pantalón negro, camisa roja de manga larga, zapatos negros y la capa. El director se vestía completamente de negro y no utilizaba capa. Para el segundo disco hubo una variación en el uniforme ya que todos utilizaron la camisa igual, roja, de mangas largas y el cuello y los puños de color negro. El resto de la vestimenta no tuvo cambios.

Años después, la agrupación deja de estar integrada por estudiantes y comienza a interpretar otro tipo de canciones. Esta tuna tuvo una gran trayectoria y una larga lista de éxitos en su mayoría de 'doble sentido'. Sobre este tema el reportero, Francisco Tirado, en el 2013 resaltó: De su repertorio navideño, el tema que se ha convertido en un clásico es "Con la pulla doblá", que pegó en 1978 y le mereció el premio Agüeybaná de Oro. Otras canciones que han gustado por su pique son "El túnel" y "El violonchelo"[391].

---

[388] Información obtenida de la parte posterior de la carátula del primer disco de la Tuna de San Juan.
[389] *Ibíd.*
[390] Información obtenida de la parte posterior de la carátula del segundo disco de la Tuna de San Juan.
[391] Francisco Tirado, "Santos y su Tuna de San Juan traen una parranda "light",

d. Tuna de Las Piedras

En marzo de 1970, el periódico *El Mundo* publicó un artículo sobre una tuna que se había fundado en la escuela Ramón Power y Giralt en el pueblo Las Piedras. Para esa fecha ya habían realizado varias presentaciones y habían participado de programas de televisión. En el artículo se le llamaba a la agrupación Tuna Pedrentina e indicaba que ya tenían un disco. El grupo estaba dirigido por el profesor Eliud Lassen, que también dirigía la Banda Escolar[392].

e. Tuna de Bayamón

El periódico *El Mundo* del jueves 31 de diciembre de 1970, publicó una foto de la Tuna de Bayamón con una pequeña nota. El escrito indicaba que la agrupación visitó al presidente del Senado, licenciado Rafael Hernández Colón, en su oficina en el Capitolio para llevarle una trulla. La agrupación estaba compuesta en su totalidad por chicas[393].

f. Cantores de San Juan

Ernesto Vicente Carattini fue el segundo director de la Tuna Taurina de Cayey. En 1971 utilizó la experiencia adquirida con esa agrupación y fundó los Cantores de San Juan. En diciembre de 1972, María A. Olán escribió: "Hace apenas quince meses que nació este grupo musical. Su primer *hit* fue "Si no me dan de beber lloro" que tanto se oyó en las navidades pasadas." Indica, además, que el segundo disco de la agrupación incluyó diez canciones de música del ayer. Para la fecha de ese reportaje hacía unas semanas que había salido su tercer LP de música navideña, el cual incluía las canciones, "La puerca voladora" y "El rabito del lechón".

El concepto del grupo es muy parecido al de las tunas de la Isla, pero no se consideraban como una de ellas. Sobre ese tema Olán publicó: "Aunque los integrantes de los "Cantores de San Juan" han pertenecido a diversas tunas ellos no se identifican como tal. Somos una agrupación que interpreta todo género de música. No usamos uniforme, o sea las cintas sino más bien vestimos como cualquier

---

Primera Hora. 26 de noviembre de 2013. http://www.primerahora.com/entretenimiento/música/nota/santoysutunadesanjuantraenunaparrandalight-972626.
[392] *El Mundo*, viernes 27 de marzo 1970, p. 15-B.
[393] *Ibid.*, jueves 31 de diciembre de 1970, p. 13-B.

otro grupo"[394]. Ese año la agrupación contaba con veinticinco miembros entre los que había estudiantes universitarios, amas de casa, vendedores, secretarias, maestras y contables, entre otras profesiones. Se reunían todos los viernes para ensayar en la residencia de uno de los integrantes del grupo.

Herminio de Jesús fue uno de los miembros fundadores de la Tuna Estudiantina de Cayey. En 1971 ingresó a los Cantores de San Juan y se convirtió en uno de sus compositores principales. Sobre su participación de Jesús nos informó: "Comencé con Vicente Carattini en 1971, estuve treinta cinco años con él. Él me grababa la mayor parte de mis canciones, más de cien. Entre ellas: "Traigo esta trulla", "Asómate al balcón", "El coquí"[395].

Luego de la muerte de su fundador en 2005, la agrupación se ha mantenido activa. En el año 2011 celebraron el cuadragésimo aniversario y para esa ocasión grabaron el disco, *El cantar de los Cantores*.

g. Tuna de la Escuela Intermedia Jesús T. Piñero

La Tuna Estudiantil de Cidra se fundó en 1972 en la escuela Jesús T. Piñero de ese pueblo. Aunque este plantel escolar no pertenece al municipio de Cayey, la organización de su tuna está relacionada con la Tuna de Cayey. La maestra que tuvo la iniciativa de organizar esta agrupación fue María Celeste (Bruny) Vázquez, quien laboraba como profesora de teatro en ese plantel escolar de nivel intermedio. Como mencioné anteriormente, Vázquez fue integrante fundadora de la Tuna Estudiantina de Cayey y de la Tuna Taurina. Al momento de fundar la Tuna Estudiantil de Cidra, era miembro de la Tuna Estudiantina de Cayey.

56. Carátula del CD del 1997

---

[394] María A. Olán, "Cantores de San Juan", *El Mundo*, diciembre de 1972.
[395] De Jesús Figueroa, "Entrevista..", *op. cit.*

Vázquez contó con el apoyo del director escolar, el señor Teodoro Burgos, y con la ayuda de su esposo Pedro (Peter) Aguayo y con Vicente Carattini, quienes eran maestros compañeros. También con Eduardo Gil, profesor de música, quien hacía los arreglos musicales para el grupo. El color del uniforme de las niñas era azul turquesa con zapatos cremas, y el de los niños pantalón negro, camisa blanca con zapatos negros. Ella estuvo a cargo de la tuna hasta 1974, año en que se traslada a trabajar como maestra a Cayey[396].

Esta tuna ha pasado por la mano de varios directores los cuales han logrado la grabación de dos producciones discográficas. Una de ellas en 1997 con el título de *Obstinación*. La misma incluye temas relacionados con la Navidad y las tradiciones puertorriqueñas. El logro más importante, de todas estas personas que han trabajado con la agrupación, es haber mantenido a la Tuna Estudiantil de Cidra activa hasta el presente.

4. Tunas en agencias de gobierno

Este tipo de agrupaciones se hizo tan famoso en la Isla que, además de las instituciones educativas del país, algunas agencias de gobierno organizaron tunas musicales con sus empleados. Algunas de esas dependencias del gobierno fueron el Departamento del Trabajo, el Departamento de Salud y el Departamento de la Vivienda.

a. Tuna Departamento del Trabajo

En 1969 se organizó una tuna en el Departamento del Trabajo. El periódico *El Mundo* escribió un artículo sobre la agrupación cuando cumplió su primer aniversario en noviembre de 1970. Este escrito indicaba: "La tuna se creó para restaurar el ambiente artístico en el Departamento del Trabajo, donde hace algunos años existía un grupo de empleados – "Los Trabatistas" – que hacían de todo, desde el drama hasta la comedia, pasando por el canto"[397]. La noticia señalaba: "El nuevo grupo recibió buenos auspicios de un ilustre padrino Don Arturo Somohano, el director de la Orquesta Filarmónica de Puerto

---

[396] Vázquez Rosario, *op. cit.*
[397] "No Todo es trabajo también se canta", *El Mundo*, 29 de noviembre de 1970, p. 11- A.

Rico, es el autor de la música de la canción tema de la tuna"[398]. Esta estaba integrada por cuarenta miembros de los cuales veintiocho eran féminas y doce eran varones. Se presentaban en las misas de la Catedral de San Juan y hacían visitas al Hogar Crea de Río Piedras.

b. Tuna Departamento de Salud

Este grupo se organizó a finales de 1970. En diciembre de ese año el periódico *El Mundo* publicó una pequeña nota al pie de una foto de esta tuna la cual indicaba que la agrupación se había organizado recientemente y que su director era Edgardo Díaz, quien aparecía en la foto con el acordeón. El escrito también indicaba: "El grupo ha recibido invitaciones de algunas instituciones para llevarles alegría durante ese periodo navideño[399].

c. Tuna Departamento de Vivienda

Otra agrupación que se organizó en esos años fue la Tuna BACRUV. La misma estaba integrada por funcionarios y empleados de la Corporación y la Administración de Renovación Urbana y de Vivienda y del Banco de la Vivienda. Tenía cuarenta y cinco miembros, de los cuales treinta y cinco eran voces, un solista, cuatro guitarras, dos mandolinas, un acordeón una conga y un vibráfono, instrumento musical parecido al xilófono. La tuna grabó una producción discográfica titulada: *Trulla tunera en tu casa*. La información en la parte posterior de la carátula señala:

> Contagiados por la alegría que genera la celebración del advenimiento del Niño Rey han escogido un repertorio de canciones navideñas en las cuales su Director, Jorge Edgardo Díaz se ha esmerado en producir los magníficos arreglos que se incluyen en este álbum[400].

Algunas de los temas incluidos en el disco fueron: "Blanca Navidad", "Felices Pascuas", "La alborada", "Los carreteros", "Hosanna", "Hacia Belén va una burra" y "La trulla". El 6 de enero de 1972, el rotativo *El Mundo* publicó que la agrupación había grabado su segundo disco.

---

[398] *Ibíd*.
[399] "Organizan Tuna en Salud", *El Mundo*, 21 de diciembre de 1970, p. 5- C.
[400] Información obtenida de la parte posterior de la carátula del disco *Trulla Tunera en tu Casa*.

5. Las tunas en las universidades

El fenómeno de las tunas en las universidades tardó más tiempo en llegar, aunque la Universidad de Puerto Rico había organizado la suya en 1961. Esta era la única agrupación universitaria entre tantas tunas estudiantiles y profesionales en los años sesenta. Por eso, en los primeros encuentros celebrados en la Universidad de Puerto Rico la mayoría de las agrupaciones eran de las escuelas superiores de la Isla. Las universidades tomaron más tiempo en adoptar esa modalidad en sus instituciones. A finales de la década de los sesenta se organiza otra tuna universitaria en la Isla: la Tuna de la Universidad Interamericana. Luego se fundará otra en los años setenta: la Tuna Pionera de la Pontificia Universidad Católica de Puerto Rico y, en los años ochenta, la Tuna de la Universidad Sagrado Corazón. En 1991 estos grupos tuvieron la oportunidad de compartir en el Primer Festival Iberoamericano de Tunas celebrado en la Universidad de Puerto Rico, recinto de Río Piedras, actividad a la que también fueron invitadas tunas de España y Perú.

a. Tuna de la Universidad Interamericana de Puerto Rico

El programa que se preparó para el Festival Iberoamericano indica que esta agrupación fue fundada en 1968 por iniciativa de un grupo de estudiantes, con el respaldo del señor Eduardo Rodríguez. Durante todos estos años, ha sido dirigida por las siguientes personas: Eduardo Rodríguez, desde 1968 hasta 1972; Gregorio (Goyo) Acevedo, desde 1972 hasta 1973; Carmen Miranda, desde 1974 hasta 1977; Rubén Bonano, desde 1978 hasta 1986 y a partir de esa fecha y hasta el presente, María Elena Rodríguez.

El escrito destaca que en 1987, la Tuna de la Universidad Interamericana fue anfitriona de un Encuentro de Tunas de Puerto Rico y de un segundo encuentro en 1990. Además, enfatiza que "Ambos eventos resultaron ser éxitos rotundos y muestra indiscutible de la calidad musical y artística de las tunas participantes"[401].

Entre los logros alcanzados por esta agrupación se menciona-

---

[401] Rivera Negrón, Moisés, Universidad de Puerto Rico, Recinto de Río Piedras, Decanato de Estudiantes. *Primer Festival Iberoamericano de Tunas: conmemorando el 30 aniversario de la Tuna de la Universidad de Puerto Rico.* Río Piedras, Puerto Rico: Universidad de Puerto Rico, 1991, p.15.

ron los siguientes: República Dominicana en 1983, presentaciones en la Universidad Católica Madre y Maestra de Santiago de los Caballeros y en el Canal 2 de Tele Antillas. En 1989 visitaron Venezuela y participaron en el Primer Festival Nacional de Estudiantinas en la Universidad Central de Venezuela. En esa ocasión, recibieron la medalla honorífica que concede la Facultad de Medicina de la Universidad Central de Venezuela a los estudiantes más destacados de dicha facultad. En 1995 viajaron a Miami y fueron la primera tuna invitada a participar del programa *Ocurrió así*, de la cadena Telemundo, donde presentaron su primer disco compacto titulado: *Canción de todos*. En 1997 se presentaron en la Feria de España en Miami y en el programa de televisión *Despierta América* de la Cadena Univisión. Viajaron a México en 1998 y participaron del Primer Festival de Estudiantinas Universitarias, donde obtuvieron varios premios. En el 2003 visitaron Iquique, Chile, para compartir en el Decimoséptimo Encuentro Iberoamericano de Tunas y Estudiantinas, que fue un festival de hermandad. Otra de sus participaciones importantes fue en el Festival Internacional de Tunas Mixtas en la ciudad de Leiria, Portugal en 2005, donde obtuvieron el primer premio como la Mejor Tuna y tres premios adicionales.

La agrupación utiliza los siguientes instrumentos musicales: mandolina, bandurria, guitarra, cuatro puertorriqueño, flauta, la zampoña, el charango, el contrabajo, acordeón, castañuela, güiro, palo de lluvia, bombo andino, bongó, claves y maracas. Interpretan pasodobles, serenatas, vals, guarachas, música latinoamericana, clásica y típica del folklore puertorriqueño[402].

b. Tuna Pionera de la Pontificia Universidad Católica de Puerto Rico

Según la información ofrecida en el programa preparado para el Primer Festival Iberoamericano de Tunas, celebrado en la UPR recinto de Río Piedras, la Tuna Pionera de la Pontificia Universidad Católica de Puerto Rico, se fundó en 1976 bajo la dirección de la profesora Amparo Isidro. Al principio la tuna solamente hacia presentaciones en el campus universitario. En 1977, pasó a ser dirigida por el señor John Milton Rivera, quien la dirigió por espacio de seis años. Bajo su

---

[402] Información obtenida en https://es-la.facebook.com/.../TUNA-INTERAMERICANA.../12905778380...

dirección la agrupación participó en muchas actividades en escuelas públicas y privadas, así como en actividades de la comunidad.

En 1984 esta tuna fue la anfitriona del Primer Festival de Tunas en Puerto Rico. Dos años después, el señor Ismael Sebastián, comenzó a dirigirla y en 1991 continuaba con esa tarea. Sobre su labor realizada se escribió: "se ha dedicado a enaltecer el estilo tradicional, vocal e instrumental de las tunas españolas llevando la música puertorriqueña en conjunto con la música española por todo Puerto Rico"[403]. En la actualidad no se encuentra activa.

c. Tuna de la Universidad del Sagrado Corazón

La Tuna de la Universidad del Sagrado Corazón fue invitada a participar en el Primer Festival Iberoamericano de Tunas celebrado en la Universidad de Puerto Rico, recinto de Río Piedras en 1991. El programa de la actividad resaltaba que esta agrupación surgió a raíz de la labor de cooperación de los estudiantes luego del paso del huracán Hugo.

Esta publicación informa que la idea fue presentada por el estudiante Arnaldo Barrionuevo con el propósito de llevar un mensaje de amor, esperanza y representar, dignamente, a su universidad. Contaron con el asesoramiento del profesor José Lázaro y la dirección de la estudiante Grisell Rolón Rivera. La tuna comenzó sus ensayos el 30 de octubre de 1989. El escrito informaba que esta agrupación se presentó por primera vez el 7 de diciembre, de ese mismo año, en su Alma Máter y que, además, participó en el Segundo Encuentro de Tunas celebrado en la Universidad Interamericana, recinto metropolitano, el 30 de marzo de 1990.

La agrupación contó, a principios del año académico 1990-91, con la dirección del joven Gabriel J. Sicardó. Luego regresó, nuevamente, a la dirección de Grisell Rolón Rivera. A través de las actividades en las que participaban, esperaban adquirir conocimientos para reafirmar su compromiso de alegría y amor a través de la música. Esta tuna no se encuentra activa en la actualidad.

---

[403] Rivera Negrón, *op. cit.*, p.16.

CAPÍTULO VI

Tunas en la actualidad

El fenómeno de las tunas fue desapareciendo de las escuelas y tomó auge en las universidades. La tradición tuneril, que comenzó en 1961, ha perdurado en la Isla. En los cincuenta y ocho años se han organizado en Puerto Rico un sin número de estas agrupaciones. Como se ha mencionado anteriormente además de las escuelas y las universidades, también se fundaron en colegios privados, iglesias, agencias de gobierno y de músicos profesionales.

Hoy día, contamos con tunas alrededor de todo el país, en su mayoría universitarias y profesionales. Algunas han perdurado a través del tiempo, como la Tuna de la Universidad de Puerto Rico, con cincuenta y ocho años de organizada, la Tuna Estudiantina de Cayey, cincuenta y cinco años, la Tuna de la Universidad Interamericana Recinto Metropolitano, cincuenta y un años, la Tuna Estudiantil de Cidra, cuarenta y siete años. Otras, surgieron por el reencuentro de los integrantes de las agrupaciones que existieron en años pasados. Ese es el caso de la Tuna Cayeyana del Recuerdo, fundada por Juan Ángel Nogueras con exintegrantes de la Tuna Estudiantina de Cayey y la Tuna Dorada la cual está integrada por exmiembros de la Tuna de la Universidad de Puerto Rico que pertenecieron a las primeras dos décadas.

De las tunas fundadas en la década de los ochenta, podemos mencionar la Tuna los Payadores (masculina, 1984), Tuna Juglares (masculina, 1988) y Tuna Las Romanceras (femenil, 1989). La mayoría de las tunas actuales se fundaron en los años noventa y los inicios del dos mil. Muchas se fundaron por exintegrantes de otras tunas que, en su deseo de continuar siendo tunos, organizaron estos grupos. Algunas de la década del noventa lo son: Tuna Cardenales (masculina, 1992), Tuna Segreles (masculina, 1993), Tuna de Chavalas (femenil, 1993), Tunamérica Universitaria de Puerto Rico (masculina, 1993), Tuna de Bardos de la Universidad de Puerto Rico (masculina, 1994), Tuna Femenil Alondras (1995), Tuna de la Universidad de Puerto Rico en Arecibo (mixta, 1998).

Del dos mil en adelante están activas: Tuna Gitanas (femenil, 2001), Tuna de la Universidad de Puerto Rico en Bayamón (mixta, 2006), Tuna de Derecho de la Pontificia Universidad Católica de Ponce (masculina, 2007), Tuna San Blas (mixta, 2007), Tuna PSMHS (Tuna Medicina Ciencias de la Salud Ponce) (masculina, 2012), Tuna Inter de San Germán (mixta, 2012). Entre las tunas más recientes se encuentran Tuna Antillana (masculina, 2015) y Tuna Taínos de la Universidad Ana G. Méndez recinto de Gurabo (mixta, 2015).

1. Década de los ochenta

a. Tuna los Payadores

La Tuna de payadores se fundó en septiembre de 1984 por William E. Beltrán y varios extunos de la Universidad de Puerto Rico. Participan en actividades a través de toda la Isla, presentándose en escenarios de gran prestigio en nuestro país como el Teatro Tapia en San Juan, Casa de España, La Sala de Festivales del Centro de Bellas Artes y varios hoteles[404].

b. Tuna Juglares

En el año 1988 varios estudiantes de la Universidad de Puerto Rico y la Universidad Interamericana fundaron la Tuna Juglares. Es una tuna masculina y su director es Héctor Badillo Cordero. Esta tuna apadrinó a la Tuna Cardenales.

c. Tuna Las Romanceras

La Tuna Las Romanceras es la primera tuna femenina de Puerto Rico. Fue fundada en 1989 por exalumnas que fueron integrantes de la Tuna de la Universidad de Puerto Rico, quienes una vez se graduaron decidieron continuar en el ambiente tuneril y le dieron origen a este grupo. Esta agrupación es una de las que se mantiene participando en los encuentros de tuna en la Isla[405].

---

[404] Información obtenida en https://www.facebook.com/pg/tunalospayadores/about/?ref=page_internal
[405] Información obtenida en https://jornadapr.com/noticias/actualidad/367/fies-

2. Década de los noventa

a. Tuna Cardenales

Esta agrupación se fundó en 1992. Está compuesta por exalumnos de distintos centros universitarios del país. Tienen como padrinos a la Tuna Juglares de Puerto Rico. Su director es Juan Rosario Márquez. Uno de sus objetivos es mantener la antigua tradición tuneril. Su uniforme está inspirado en el siglo XIII. En sus presentaciones interpretan música popular española e hispanoamericana. Han tenido la oportunidad de visitar otros países como Chile, Costa Rica, Barbados, Panamá, Trinidad y Tobago. Se presentan en todo tipo de actividades y están disponible para serenatas[406].

b. Tuna Segreles

La Tuna Segreles es una agrupación masculina que se fundó en 1993 por exalumnos de la Universidad del Sagrado Corazón en San Juan. En su repertorio cuentan con música española, latinoamericana y puertorriqueña. Tienen alrededor de veinte integrantes. Utilizan una variedad de instrumentos de cuerda, percusión y viento. Es una agrupación que ha obtenido premios y reconocimientos en los distintos lugares donde se han presentado. Han visitado España, Portugal, Holanda, México, Canadá y Estados Unidos[407].

c. Tuna de Chavalas

Es una agrupación que se fundó en noviembre de 1993 por iniciativa de tres exintegrantes de tunas universitarias: Grisell Rolón, Marilia Rivera, exintegrante de la Tuna de la Universidad del Sagrado Corazón y María Elena Rodríguez, actualmente directora de la Tuna de la Universidad Interamericana. La tuna está inscrita en el Departamento de Estado como una organización sin fines de lucro. Se convirtió en la tercera tuna femenina en la Isla. La Tuna de Chavalas ha participado en numerosos eventos y escenarios a nivel local y en el extranjero. Ha tenido la oportunidad de presentar su música en varios países como

---

ta-de-tunas-en-morovis/
[406] Información obtenida en http://tunacardenalesdepuertorico.blogspot.com/
[407] Información obtenida en https://segreles.com/

Portugal, México, Perú, República Dominicana y los Estados Unidos. Ha participado en certámenes internacionales de tunas femeninas en los cuales ha obtenido varios premios, entre ellos, el premio de Mejor Tuna, en tres ocasiones. También ha sido reconocida en Puerto Rico donde ha recibido varias distinciones de distintas entidades públicas y privadas como la Feria Internacional del Libro de Puerto Rico y el Departamento de Cultura del Municipio de San Juan[408].

d. TunAmérica Universitaria de Puerto Rico

TunAmérica Universitaria de Puerto Rico es una agrupación sin fines de lucro, que se fundó el 2 de febrero de 1993 por estudiantes de la Universidad de Puerto Rico, y se convirtió en la primera tuna universitaria integrada por varones. Tenían el objetivo de mantener la verdadera tradición tuneril española. Sus fundadores fueron Alexey Badillo, Francisco Chiroque, Rafael Vilá y José David Colón. Esta tuna se ha dado a conocer en distintas partes del mundo, ya que ha realizado muchos viajes; en los que se destacan en el continente americano: Chile, Bolivia, Venezuela, Perú, Ecuador, Colombia, México y Estados Unidos. En Europa ha visitado a España, Portugal, Francia e Inglaterra. En el continente asiático, Japón y en África, el país de Kenia[409].

e. Tuna de Bardos de la Universidad de Puerto Rico

Esta es una organización estudiantil, en la categoría de Estudiantinas, que se fundó el 18 de abril de 1994 por iniciativa de Miguel E. Marrero y Héctor López. Está compuesta por estudiantes de bachillerato, maestría y doctorado de la Universidad de Puerto Rico, Recinto de Río Piedras. Fue reconocida como parte del Programa de Organizaciones Estudiantiles del Recinto de Río Piedras, en marzo del 1997. En esa fecha adoptan el título de tuna y se convierten oficialmente en la Tuna de Bardos de la Universidad de Puerto Rico. Su repertorio incluye música tuneril española, música suramericana y puertorriqueña[410].

---

[408] Información obtenida en http://www.filpuertorico.org/2014/10/17/ix-tunas/
[409] Ibíd.
[410] Ibíd.

Tunas en la actualidad

f. Tuna Femenil Alondras

Fundada el 14 de septiembre de 1995 por diez mujeres, talentosas y emprendedoras, que decidieron unirse en favor del progreso de las tunas femeninas. Está integrada por exalumnas de distintas universidades de la Isla, en su mayoría de la Universidad de Puerto Rico en Río Piedras. Es la cuarta tuna femenina organizada en el País. La beca de su uniforme tiene el color gris que, para ellas, es representativo del color del ave alondra. Han participado de encuentros de tunas en Puerto Rico y en Portugal donde han demostrado su talento en los bailes de fantasía por los que han sido galardonadas con los premios de Mejor Fantasía de Bandera y Mejor Fantasía de Pandereta[411].

g. Tuna de la Universidad de Puerto Rico en Arecibo (UPRA)

La Tuna de la Universidad de Puerto Rico en Arecibo fue fundada en 1998 bajo el programa de la Oficina de Asuntos de la Juventud (OAJ). La iniciativa de crear esta agrupación fue de Pedro (Peter) Rivera Jordán. Después de su preparación inicial comenzaron sus presentaciones dentro y fuera del recinto. En el 2000 la tuna pasó a formar parte del Decanato de Estudiantes de la Universidad.

La Tuna de la UPRA está considerada una de las mejores de nuestro país. En mayo de 2008 bajo la dirección del profesor Áxel Delgado, participó en el Festival Internacional de Tunas Mixtas (FITUMIS), celebrado en Leiria, Portugal. En dicho festival obtuvo seis de los doce premios, convirtiéndola en una de las mejores participaciones de Puerto Rico. Los seis premios recibidos fueron: Segunda Mejor Tuna, Tuna más Tuna, Tuna del Público, Mejor Canción Instrumental, Mejor Baile de Pandereta y Competencia de

57. Tuna UPRA en Leiria, Portugal, 2018

---

[411] Información obtenida en https://www.tunalondraspr.com/

Juegos Tradicionales. En esta extraordinaria experiencia, de acuerdo con la reseña histórica de su página cibernética, se crearon "excelentes relaciones tuneriles con la tuna mixta del Instituto Politécnico de Leiria y organizadora del FITUMIS, Instituna".

En noviembre de 2009 la Tuna UPRA participó en el Encuentro de Tunas de la Tuna de la Universidad de Puerto Rico. Este encuentro se destaca por dos importantes contribuciones a la cultura tunantesca: el debut de "La Canción del pardillo" (escrita y compuesta por los pardillos del segundo semestre del año académico 2008), y la introducción del baile de la caña portuguesa, grandemente influenciado por el ya tradicional baile de pandereta en la tuna.

En el 2012 la Tuna UPRA participó nuevamente en el FITUMIS, de Portugal, esta vez bajo la dirección del profesor Ángel Bonet logrando obtener cinco de los diez premios: Mejor Tuna, Tuna más Tuna, Mejor Canción Original, Mejor Canción Solista y Juegos Tradicionales. Aunque obtuvieron cinco premios y no seis como en el 2008, lograron la misma proporción de premios ya que las competencias eran en diez categorías. Su actuación superó la anterior porque en esta ocasión lograron el primer premio de la Mejor Tuna. Nos informa el profesor Bonet que el premio de la Mejor Tuna es el más significativo porque evalúan elementos tales como la tuna que demuestra más interés, la que lleva a cabo más practicas, la que todo el tiempo está activa, y la que se activa en lugares públicos. Bonet recordó que hasta cantaron frente al balcón de una señora.

En el 2012 también participaron en el Primer Certamen de Tunas Universitarias en Puerto Rico, celebrado en la UPR, Recinto de Rio Piedras, donde obtuvieron el primer premio en el "Baile de Bandera". En noviembre de 2013 la Tuna UPRA celebró su decimoquinto aniversario en la Plaza Pública de Arecibo al participar en el Noveno Encuentro de Tunas. En esta ocasión, contaron con la participación de su "tuna madrina", (la Tuna de la Universidad de Puerto Rico en Río Piedras), su "tuna ahijada", (La Tuna de la Universidad Interamericana en San Germán) y su "tuna hermana", la Tuna Abacoa[412].

---

[412] Información obtenida de la página oficial de la Tuna UPRA, http://www.facebook.como/tunaupra/?fref=ts , y de la información suministrada al Dr. Juan Manuel Delgado Colón, por los profesores Axel Delgado Portalatín y Ángel R, Bonet, los días 19 de febrero y 23 de febrero de 2015, respectivamente.

3. Desde el año 2000

a. Tuna Gitanas

Esta agrupación se comenzó el 2 de junio de 2001. Sus fundadoras fueron cuatro egresadas de la Tuna de la Universidad de Puerto Rico. Es una entidad que se dedica a la labor social, cívica y cultural. Participan de distintos tipos de actividades en la Isla y en otros países. Han obtenido una diversidad de premios entre ellos: Premio Mejor Solista Femenino, Primer Encuentro Internacional de Tunas La Palma Isla Bonita, Tuna Femenina de Distrito de la Universidad de La Laguna, España. En Julio de 2008 encontramos amadrinamientos de otras tunas: Tuna Femenina Universitaria del Valle de Cuernavaca (julio 2007), Tuna Remembranza de Cuernavaca (octubre 2006), Tuna Femenina Universitaria del Estado de Toluca (octubre 2006), hermanamientos con otras tunas: Tuna ESIQIE México, (septiembre 2004), Tuna Medieval México, (septiembre 2004)[413].

b. Tuna de la Universidad de Puerto Rico en Bayamón (Tuna Vaquera)

Esta agrupación surgió gracias a la idea de Erick Román Morales, quien en ese tiempo se encontraba en su primer año de universidad. Sus primeras reuniones fueron en mayo de 2006, pero no fue hasta agosto de ese año que oficialmente comenzaron como la Tuna de la Universidad de Puerto Rico, Recinto de Bayamón. Celebraron su primer aniversario con un concierto. Pasado ese primer año ya tenían su uniforme oficial con tonalidades de azul, los colores de la universidad.

En el año 2009 llevaron a cabo el bautizo oficial de los primeros miembros de la tuna, por parte de la Tuna de la Universidad de Puerto Rico, su tuna madrina. Han participado en varios encuentros de tunas y han representado a la universidad en múltiples ocasiones alrededor de casi toda la isla.

Desde el 2012, la tuna está adscrita al Departamento de Humanidades y al Decanato de Asuntos Estudiantiles de la universidad. En sus presentaciones integran todo tipo de canciones y las fanta-

---

[413] Información obtenida en http://www.filpuertorico.org/wp-content/uploads/2012/09/Curriculum-Tuna-Gitanas.pdf

sías que tanto caracterizan a las tunas. Ha participado en certámenes dentro y fuera de la Isla[414]

c. Tuna de Derecho de la Pontificia Universidad Católica de Ponce

Es una agrupación masculina fundada en el año 2007 y tienen como madrina la Tuna de Bardos de la Universidad de Puerto Rico. Se convirtieron en la primera tuna de Derecho del país. Ha tenido la oportunidad de participar en distintas actividades en la ciudad de Ponce, así como de varios encuentros de tunas en la Isla[415].

d. Tuna San Blas

La Tuna San Blas se fundó en Coamo en el año 2007. Es una tuna mixta que tiene alrededor de veinte integrantes. La mayoría de ellos educadores y empleados públicos. Cuando se fundó tenían el objetivo de llevar música a las escuelas. Es una tuna que mayormente se dedica a la música autóctona puertorriqueña. Cuentan con el apoyo de la Cooperativa San Blas de Coamo. Es una agrupación que se mantiene activa durante todo el año y participan de los encuentros de tunas en la Isla[416].

e. Tuna PSMHS (Tuna Medicina Ciencias de la Salud Ponce)

El 18 de diciembre de 2012 bajo la iniciativa de Miguel Eduardo Marrero Medina, profesor del programa de Salud Pública y fundador de la Tuna Bardos de la Universidad de Puerto Rico, y con la ayuda de los estudiantes Héctor Meléndez, Gerardo Olivellas y Wilfredo Gutiérrez, nace la Tuna de Medicina y Ciencias de la Salud de Ponce. En sus presentaciones ofrecen un variado repertorio que incluye la tradicional música tuneril española, música latinoamericana y puertorriqueña. Los instrumentos que utilizan son: guitarras, bandurrias, flautas, charangos, panderetas, el cuatro puertorriqueño y el timplillo canario, entre otros. Apadrinada por la Tuna Bardos de la Universidad de Puerto Rico, la Tuna de Medicina de Ponce se ha dado a conocer, no solo en la institución,

---

[414] Información obtenida en http://www.filpuertorico.org/2014/10/17/ix-tunas/
[415] https://www.primerahora.com/suroeste/entretenimiento/eventos/nota/alsondelastunasenponce-1188561/
[416] Información obtenida en El Nuevo Día digital, Viernes, 22 de diciembre de 2017.

sino alrededor de toda la isla. La Tuna está integrada por estudiantes de los programas graduados de Medicina, Salud Pública y Ciencias Biomédicas[417].

f. Tuna Inter de San Germán (mixta, 2012)

En agosto del año 2011 la joven, Marianjelly Negrón Rivera, se dio a la tarea de buscar estudiantes de la Interamericana de San Germán para crear una tuna en esta institución. El 24 de octubre de 2012, con la ayuda de la estudiante, Clariam Negrón Ginorio, se inició oficialmente como una organización estudiantil. El 8 de marzo de 2014, se iniciaron como Tuna Veterana y su tuna madrina es la Tuna UPRA, de la Universidad de Puerto Rico en Arecibo[418].

g. Tuna Antillana

La tuna Antillana está compuesta por varones universitarios y egresados de distintas universidades de Puerto Rico. Fundada el 28 de mayo de 2015, trabajan una extensa variedad de temas musicales y en los instrumentos le dan énfasis al cuatro puertorriqueño y la bordonúa[419].

h. Tuna Taínos de la Universidad Ana G. Méndez recinto de Gurabo

Es una de las tunas más recientes en Puerto Rico. Es una agrupación mixta, fundada en abril de 2015 por Linoshka Flores García. Esta joven llegó a la Universidad del Turabo, como se llamaba en ese momento, en un intercambio estudiantil. Linoshka había pertenecido a la Tuna de la Universidad de Puerto Rico en Arecibo. Utilizó sus experiencias para comenzar una agrupación como esa en su nueva universidad. El nombre de Tunas Taínos surge porque a los estudiantes de este centro educativo se les conoce como taínos. Recientemente, fueron adoptados por la Escuela de Educación de su universidad.

La tuna interpreta música tradicional española y música típica

---

[417] Información obtenida en https://tunapsmhs.wordpress.com/historia/
[418] Información obtenida en http://www.filpuertorico.org/2015/09/24/tuna-inter-san-german/
[419] Información obtenida en https://jornadapr.com/noticias/actualidad/367/fiesta-de-tunas-en-morovis/

y folclórica de países hispanohablantes. Todos los integrantes participan de la tarea de buscar canciones que el grupo pueda interpretar. Su director musical da el visto bueno y prepara los arreglos para cada instrumento. Algunos de los integrantes ya componen canciones para la tuna. Entre ellos, Adan Gabriel Navarro, quien ha escrito varios temas. Dos de sus canciones ya son parte del repertorio de la tuna. Adam Daniel Vázquez Veguilla se encuentra en la preparación de una canción titulada "La ciudad amurallada".

En el mes de marzo de 2019, Eddie Joel Ramos Morales, director musical de la tuna, firmó un acuerdo colaborativo con la profesora Rebecca Tirado del Programa de Lenguaje de Señas de la Escuela de Educación, para la inclusión del lenguaje de señas en las presentaciones oficiales de la tuna convirtiéndolo así en la primera tuna señante del Caribe.

En abril de 2019 participaron en el Decimotercer Encuentro de Tunas celebrado en el Recinto de Arecibo de la Universidad de Puerto Rico (UPRA). La Tuna Taínos recibió el máximo galardón que se le puede otorgar a una Tuna: la Capa de Tuno. En esta actividad presentaron tres piezas de su repertorio: el pasodoble

58. Tuna Taínos, 2019

TUNAS EN LA ACTUALIDAD

"Compostelana" del compositor Mariano Méndez Vigo, con letra de Dolores Martínez. Una pieza instrumental que lleva por título "Noche de Tuna" y la canción "La Birrilla", ambas composiciones de Adan G. Navarro. Al finalizar el tercer número recibieron el máximo galardón de la Capa de Tuno por parte de la tuna madrina, UPRA. Esto significa que recibieron el respeto de la tuna madrina, así como de todas las tunas hermanas, gesto descrito como único en Puerto Rico[420].

Los miembros de la Tuna Taínos son: Eddie Joel Ramos Morales (cuatro), Adam D. Vázquez Veguilla (guitarra), Bryan O. Figueroa Vázquez (cuatro), Danyaris Martínez Rivera (cuatro y fantasía de capa), Hernán Y. Vélez Landrau (ukelele y fantasía de capa), Adan G. Navarro (pandereta, mandolina y fantasía de pandereta), Alexandra Martínez Bermúdez (pandereta y fantasía de pandereta), Ingrid Pérez Méndez (viola y fantasía de pandereta), Eliezer Agosto Torres (ukelele), Kevin L. Santiago Pedraza (guitarra y fantasía de pandereta), Jesús R. Méndez Cruz (bajo y cajón), Wilfredo Díaz Ortiz (flauta traversa), Michael A. Mejías Resto (bongó), Danaira Martínez Rivera (pandereta), Krystal Rosario Miranda (interprete de lenguaje de señas), Ramonita Padilla Sosa (intérprete del lenguaje de señas).

La Tuna Taínos ensaya todos los martes y viernes en la universidad. Participa en una diversidad de actividades dentro y fuera de su institución educativa y en toda actividad en la que pueda exponer su talento.

Las tunas mencionadas son las más conocidas ya que participan de los encuentros de tunas y otras actividades del ambiente tuneril, además de darse a conocer a través del Internet y de las redes sociales, fuentes de las cuales se obtuvo parte de la información presentada en este capítulo. Hay una gran cantidad de estos grupos en distintos pueblos de la Isla que no utilizan estos medios de comunicación y por eso son desconocidos por una gran cantidad de personas en el país.

Algunos de estos grupos han tratado de seguir lo más fiel posible la tradición española y otros han adoptado una gran cantidad de

---

[420] Información obtenida en https://ut.suagm.edu/es/ut/magistral-presentaci%C3%B3n-de-la-tuna-ta%C3%ADnos

características de las tunas tradicionales y a la vez han incorporado un estilo propio que las distingue de otras. Todas estas agrupaciones activas son la evidencia más contundente de que la actividad tuneril en Puerto Rico llegó para quedarse. Estoy convencida de que hubo muchas más agrupaciones de la presentadas en este trabajo, así que este es un tema para seguir investigando.

Hallazgos

Las tunas en Puerto Rico se asocian con la temporada navideña debido a que la primera de estas agrupaciones, la Tuna de la Universidad de Puerto Rico, tuvo su primera actividad en diciembre de 1961, y su primer disco se presentó en diciembre de 1963. Además de estos hechos, la letra de la canción que se convirtió en el éxito de esa producción fue asociada a la Navidad. En 1967 la segunda tuna de la Isla, la Tuna Estudiantina de Cayey, grabó su primera producción de temas navideños y cada año tenían una producción discográfica dedicada a la Navidad, las cuales incluían temas inéditos. Debido a estas circunstancias, el pueblo relacionó a estos grupos con esa época del año.

La Tuna de la Universidad de Puerto Rico, bajo la dirección de don Francisco (Paquito) López Cruz, introdujo al concepto de las tunas instrumentos de la Isla como el cuatro, el güiro y las maracas. En ocasiones ha contado con tiple y bordonúa. Desde sus inicios incluyeron canciones puertorriqueñas y de Navidad en su repertorio. Aunque añadieron estos elementos a la tuna, es una agrupación que se mantiene fiel a la tradición tuneril. Llevan a cabo serenatas y panderetazos. Ejecutan las fantasías de capa, bandera y pandereta, con las que han logrado desarrollar estilos genuinos y superiores por los que han sido premiados en varios países. Apadrinan a otras tunas, participan de festivales y competencias en otros países y comparten sus conocimientos. Siempre utilizan la vestimenta de tuna, la cual ha variado a través del tiempo, pero es muy parecida a la de las tunas españolas. Son una agrupación que se ha mantenido en actividad ininterrumpida desde su fundación hasta el presente, por lo que es considerada la tuna universitaria más antigua del continente americano.

La Tuna Estudiantina de Cayey, aunque comenzó utilizando como ejemplo a la Tuna de la Universidad de Puerto Rico, se alejó marcadamente de la tradición tuneril. En sus inicios contaron con la instrumentación típica de las tunas y luego añadieron instrumentos que no eran utilizados por estas. Para diferenciarse incluyeron en sus instrumentos, además del cuatro puertorriqueño, güiro, maracas, congas, timbales, bongós, acordeón, flauta, bajo eléctrico y hasta la batería. Estos instrumentos hicieron crecer a la tuna en términos de sonido y le permitió la interpretación de otros tipos de ritmos. Su primer director, Juan Ángel Nogueras Rodríguez, introdujo en el grupo la música que se estuviera tocando en Puerto Rico en ese momento, como los ritmos de salsa. Estos cambios causaron un sin número de críticas, pero no los detuvieron. Otro de los cambios que la Tuna de Cayey introdujo al concepto de las tunas fue hacer arreglos vocales en sus melodías. Desde sus primeros arreglos musicales trabajaron con este elemento, algo que las tunas tradicionales no hacían en ese momento.

    La Tuna de Cayey logró cambiar el panorama musical del país y sus tunos hicieron una gran aportación al repertorio musical navideño. La tuna comenzó a grabar sus propios temas de Navidad y cada año aumentaban el repertorio con canciones nuevas. Además de la música navideña, añadieron canciones con temas sobre las costumbres, tradiciones, personajes de pueblo y los paisajes de la Isla, sobre todo de Cayey. La mayoría de ellas son de la autoría de su primer director, Juan Ángel Nogueras. Muchos de esos temas se convirtieron en éxitos que fueron escuchados y se siguen escuchando en la mayoría de los hogares puertorriqueños. Esto los convirtió en representantes y portavoces de la cultura puertorriqueña. Siempre han mantenido el buen gusto en sus composiciones y nunca han utilizado el "doble sentido" para alcanzar la aceptación del público.

    La Tuna Estudiantina de Cayey introdujo cambios en la forma de vestir. Tienen un uniforme de tuna, el cual incluye la beca y la capa, con la variante de que los pantalones no son los típicos de las tunas. Para darle variedad a sus presentaciones comenzaron a utilizar otro tipo de vestimenta. En muchas actividades utilizan el uniforme de tuna y, en ocasiones, otro tipo de ropa que puede ir desde lo informal, como mahones y camisetas, hasta lo elegante como trajes largos para las chicas y etiquetas para los varones. Con estos cambios la Tuna Estudiantina de Cayey fue alejándose del modelo tradicional y logró criollizar el concepto de las tunas.

    El fundador principal de la Tuna Estudiantina de Cayey fue Juan Ángel Nogueras Rodríguez. De los maestros fundadores, es él quien lleva la idea de organizar la agrupación, se convierte en su director y se encarga de todos los aspectos relacionados al grupo: los arreglos musicales, el repertorio, la vestimenta, las presentaciones, los contratos y, además, escribió alrededor de cuarenta canciones para la tuna. Todos los cambios antes mencionados comenzaron gracias a su astucia, habilidades, amor por la música y su deseo de trabajar con los jóvenes. El orgullo que sentía por las tradiciones de su país y de ser cayeyano le brindaron la creatividad para componer grandes éxitos que enaltecen la cultura puertorriqueña. Sus grandes ideas contribuyeron en gran medida en el proceso de criollización de estos grupos en la Isla. Para este trabajo contó con la ayuda incondicional de sus dos grandes amigos, Manuel Rodríguez y Víctor Rafael Vázquez, además de Andrés (Andy) Collazo y José Luis Aponte, quienes fueron los cuatro maestros cofundadores del grupo.

Estas agrupaciones han hecho una gran contribución a la música navideña del País. La Tuna Estudiantina de Cayey se convirtió en parte de la Navidad en Puerto Rico, y para muchas personas es símbolo de ella. Esto lo lograron gracias al gran aporte cultural que han realizado a la música de Puerto Rico a través de su repertorio escrito para esa época del año y sus arreglos musicales. Son una agrupación que ha tenido una gran participación en el acervo cultural puertorriqueño, promoviendo la música navideña y llevándola a cada pueblo de la Isla, a distintas comunidades hispanas en Estados Unidos y a otros países. Su música ha pasado de generación en generación y se continúa cantando en cada parranda puertorriqueña.

La Tuna Estudiantina de Cayey ha permanecido en actividad ininterrumpida, desde su fundación hasta el presente, gracias al compromiso y dedicación de cada uno de sus integrantes, que brindan su talento sin recibir ninguna remuneración económica. De todas las tunas del País, la Tuna Estudiantina de Cayey es la que más producciones discográficas tiene. A través de ellas se han mantenido vivas por cincuenta y cinco años las tradiciones y la música navideña.

Puerto Rico tuvo una gran cantidad de tunas para los años sesenta y setenta. La mayoría de estas agrupaciones se fundaron en las escuelas públicas del país, sobre todo, en el nivel superior. Las mismas fueron muy parecidas a la Tuna Estudiantina de Cayey, ya que, aunque fue la segunda tuna en la Isla, fue la primera en organizarse en una escuela superior. En algunos casos, hasta el nombre se parecía porque adoptaron lo de estudiantina, que para estos grupos significaba que sus integrantes eran estudiantes. Algunos llegaron a utilizar la redundancia de "tuna estudiantina" al igual que lo hizo la de Cayey. El repertorio, los arreglos musicales, la coreografía, la vestimenta, las actividades, las presentaciones en televisión y la grabación de temas navideños fueron elementos en estas agrupaciones muy similares a los de la Tuna Estudiantina de Cayey.

De estos grupos, los más conocidos tuvieron la oportunidad de participar en varios programas de televisión, compartir con muchos de los artistas del país y presentarse en actividades dentro y fuera de Puerto Rico. Algunas de las agrupaciones que se organizaron en las escuelas del Puerto Rico contaron con el apoyo del Canal Seis, emisora del gobierno, para la cual grabaron mensajes y programas navideños. Muchas de ellas dejaron de ser parte de las escuelas y pasaron a ser grupos profesionales. En cuanto a las tunas que surgieron en la Isla desde la década de los ochenta son agrupaciones universitarias o profesionales más parecidas a la Tuna de la Universidad de Puerto Rico que tratan de mantenerse fieles a la actividad tuneril española.

En las tunas se desarrolla un ambiente familiar donde sus integrantes se ayudan unos a otros de forma incondicional. Son instituciones que han ayudado al desarrollo de ciudadanos productivos para nuestra sociedad. Sus integrantes sienten gratitud hacia todo lo aprendido en el grupo, no solo a nivel musical sino también a nivel personal. Las tunas han sido el espacio para que una gran cantidad de niños, jóvenes y adultos pongan en práctica y perfeccionen su talento en la música y el canto. Son grupos que han ayudado al desarrollo tanto del 'músico de oído' como el de formación musical. Estas agrupaciones le han dado la oportunidad a muchos de sus integrantes para que se desarrollen como compositores. Estos han brindado una gran aportación al repertorio de la música tuneril y, sobre todo, a la música de nuestro país. En estas agrupaciones, además de compositores, han surgido maestros de música, bellas artes y teatro, arreglistas, músicos, cantantes y un sin número de profesionales que se destacan en otras ramas, personas con un gran sentido de responsabilidad y compromiso. Las tunas han sido embajadoras de la cultura puertorriqueña en cada uno de los países que visitan. Se han distinguido en las competencias en las que han participado fuera del país, en las cuales han dado muestras de su calidad artística trayendo a la Isla premios recibidos por sus presentaciones.

El deseo de los integrantes en continuar siendo tunos es una de las razones por la cual esta tradición ha permanecido en la Isla. Como hemos visto en el capítulo seis, han sido muchas las tunas que se han organizado en los años noventa y dos mil por exintegrantes de tunas. Otro hallazgo importante de la investigación demuestra que actualmente hay en la Isla un sin número de tunas que, a pesar de los cambios ocurridos, continúan la tradición tuneril que comenzó en Puerto Rico a principio de los años sesenta. Las tunas son una tradición, no solo porque han pasado costumbres de generación en generación, sino porque han mantenido características comunes a través del tiempo en los distintos países a los que han llegado.

Sin lugar a dudas el concepto de las tunas en Puerto Rico fue criollizado. El proceso de puertorriqueñización de estos grupos comenzó en los años sesenta con las primeras tunas, principal y mayormente por la Tuna Estudiantina de Cayey. El mismo continuó por las tunas que se fundaron después. Además de los instrumentos, el repertorio y la vestimenta, elementos muy criollizados por la Tuna de Cayey, se han criollizado otros como la fantasía de pandereta, el uso de la capa y la bandera. La Tuna de la Universidad de Puerto Rico fue la primera en desarrollar la fantasía de bandera en el ambiente tuneril y fue presentada en España en 1982. En 1994 la enseñaron a la Tuna Do Minho de Portugal. También fue la primera agrupación en desarrollar la fantasía de capa y presentarla en Perú en 1990. En 1992 se la enseñaron a la Tuna de la Universidad de Antofagasta en Chile. En cuanto a la fantasía de pandereta ha desarrollado un estilo propio. De esa manera a través de los encuentros de tunas en distintos países, las agrupaciones de Puerto Rico han tenido la oportunidad de llevar y compartir la criollización del concepto tuneril.

Uno de los mayores logros de la criollización es la utilización del cuatro puertorriqueño en tunas de distintas partes del mundo. La música popular y folclórica puertorriqueña ha enriquecido el repertorio musical de las tunas en distintos países. El investigador, Félix O. Martín Sárraga, encontró que en 1881 la Estudiantina Fígaro contaba en su repertorio con la danza puertorriqueña "Borinquen". Del repertorio puertorriqueño, la canción más interpretada por tunas extranjeras es "En mi Viejo San Juan". En la década de los setenta, la Tuna de Farmacia de la Universidad Central de Madrid la interpretaba. "Preciosa" fue otra de las canciones puertorriqueñas incluidas en el repertorio de esa agrupación. Las tunas puertorriqueñas han creado estilos propios en distintas actividades tuneriles las cuales han sido aprendidas y adoptadas por tunas de varios países.

Soy consciente de que en Puerto Rico hubo muchas más agrupaciones de las presentadas en esta investigación, y que este tema amerita seguir investigando. Espero que este trabajo sirva de motivación a otros estudiosos a continuar estudiando y publicando sobre este importante tema.

ÍNDICE DE ILUSTRACIONES

                                                                Página

Ilustración 1 18
Estudiantina Española por las calles de París.
    Estudiantina Española. *Le Monde Illustré*, 16 de marzo de 1878.
    https://commons.wikimedia.org/wiki/File:Estudiantina_Espagnola_-_Le_Monde_Illustr%C3%A9_-_16_mars_1878.jpg

Ilustración 2 19
Estudiantina Española en París.
    J. M. López, Phot. 40, Rue Condorcet, París. Fotografía francesa, año 1878. Fondo: España http://www.museodelestudiante.com/Fotografias/EstudiantinaEspanola(I).htm

Ilustración 3 20
Cartel anunciador de la Fígaro en Nueva York "The Celebrated Spanish Students".
    Matthew Somerville Morgan, reproducción de cartel, año 1880. Fondo: España. http://www.museodelestudiante.com/Laminas/TheCelebratedSpanishStudents(I).htm

Ilustración 4 21
Una tuna femenina.
    Fotografía austriaca, ca. 1878. Fondo: España. http://www.museodelestudiante.com/Fotografias/UnaTunaFemenina(I).htm

Ilustración 5 29
Niño vestido de tuno.
    Fotografía española, año 1922. Fondo: España. http://www.museodelestudiante.com/Fotografias/NinoVestidoDeTuno(I).htm

	Página
Ilustración 6	36

Un miembro de la estudiantina española.
Fotografía española, año 1878. Fondo: España. http://www.museodelestudiante.com/Fotografias/MiembroDeLaEstudiantinaEspanola(I).htm

Ilustración 7	37

Un tuno posando.
Fotografía española, ca. 1900. Fondo: España. http://www.museodelestudiante.com/Fotografias/UnTunoPosando(I).htm

Ilustración 8	46

Boletín Mercantil, 25 de marzo de 1881.
Sala de Colección Puertorriqueña, Biblioteca José M. Lázaro, Universidad de Puerto Rico, recinto de Río Piedras.

Ilustración 9	47

La Democracia, 4 de febrero de 1893.
Sala de Colección Puertorriqueña, Biblioteca José M. Lázaro, Universidad de Puerto Rico, recinto de Río Piedras.

Ilustración 10	49

La Democracia, 20 de julio de 1893.
Sala de Colección Puertorriqueña, Biblioteca José M. Lázaro, Universidad de Puerto Rico, recinto de Río Piedras.

Ilustración 11	62

Tuna Facultad de Farmacia, viaje a la Feria Internacional de Nueva York. Foto, facilitada por Francisco (Paco) Herrera.

Ilustración 12	69

El Mundo, primera presentación de la Tuna.
El Mundo, 16 de diciembre de 1961. Sala de Colección Puertorriqueña, Biblioteca José M. Lázaro, Universidad de Puerto Rico, recinto de Río Piedras.

Ilustración 13	71

El Mundo. Suplemento sabatino. La Tuna de la Universidad de Puerto Rico y la Tuna Hispanoamericana celebran el fin de los exámenes.

	Página
El Mundo, suplemento sabatino del 16 de diciembre de 1961. Sala de Colección Puertorriqueña, Biblioteca José M. Lázaro, Universidad de Puerto Rico, recinto de Río Piedras.	
Ilustración 14	75
El Mundo. Suplemento sabatino. Kety Portela se prepara antes de "salir a escena". *El Mundo*, suplemento sabatino del 16 de diciembre de 1961. Sala de Colección Puertorriqueña, Biblioteca José M. Lázaro, Universidad de Puerto Rico, recinto de Río Piedras.	
Ilustración 15	78
Carátula del primer disco, 1963. Facilitado por Gregorio (Goyo) Acevedo.	
Ilustración 16	79
Copia del primer disco, 1964. Preparado para la Feria Internacional de Nueva York 1964-65. Facilitado por Gregorio (Goyo) Acevedo.	
Ilustración 17	79
Carátula del segundo disco, 1965. Facilitado por Gregorio (Goyo) Acevedo.	
Ilustración 18	79
Carátula de la Ronda Navideña, 1967. *Ronda navideña Lissette ... y La Tuna Universitaria de Puerto Rico*, 1967. Facilitado por Bruny Vázquez.	
Ilustración 19	80
Carátula de *La Tuna Universitaria*, 1965. Facilitado por Gregorio (Goyo) Acevedo.	
Ilustración 20	84
Factura de los uniformes. Facilitado por Gregorio (Goyo) Acevedo.	
Ilustración 21	89
Actividad en el Teatro Isis. Facilitado por Gregorio (Goyo) Acevedo.	

	Página
Ilustración 22	92

El Imparcial, 26 de junio de 1964.
Facilitado por Gregorio (Goyo) Acevedo.

Ilustración 23	93

Viaje a Madrid, 1964.
Foto, cortesía de Wildo Fuentes.

Ilustración 24	109

Certificación de Incorporación Tuna Estudiantina de Cayey.
Facilitado por Gertrudis Maldonado.

Ilustración 25	113

Nogueras, quinto aniversario de la Tuna.
Facilitado por Gertrudis Maldonado.

Ilustración 26	116

Jorge Guzmán director. Monumento al Jíbaro, Cayey.
Facilitado por Gertrudis Maldonado.

Ilustración 27	123

Colegio Universitario de Cayey 1978. Juan Ángel Nogueras al centro.
Facilitado por Gertrudis Maldonado.

Ilustración 28	124

Presentación en el programa de televisión *Noche de Gala*.
Facilitado por Gertrudis Maldonado.

Ilustración 29	125

Jorge Guzmán director. Foto en el Capitolio, 1991.
Facilitado por Gertrudis Maldonado.

Ilustración 30	137

Discografía de la Tuna de Cayey.
Elaboración gráfica de Lubriel Padilla Alicea.

Ilustración 31	144

Show de Chucho, 1983.
Facilitado por Gertrudis Maldonado.

	Página
Ilustración 32	145

Actividad en el Hotel Cerro Mar Beach en Dorado 1972.
Facilitado por Gertrudis Maldonado.

Ilustración 33 146
Viaje a Washington D.C., 1968.
Facilitado por Gertrudis Maldonado.

Ilustración 34 147
Desfile Puertorriqueño en New York ,1993.
Facilitado por Gertrudis Maldonado.

Ilustración 35 148
Presentación Iglesia Luterana (solo músicos), 2002.
Facilitado por Gertrudis Maldonado.

Ilustración 36 148
Gertrudis Maldonado, Gregorio (Goyo) Acevedo e Iris García.
Facilitado por Gertrudis Maldonado.

Ilustración 37 149
Patio interior de la escuela Benjamín Harrison, 1968-69.
Facilitado por Gertrudis Maldonado.

Ilustración 38 153
Viaje a España, 1969.
Facilitado por Gertrudis Maldonado.

Ilustración 39 154
Viaje a México, 1971.
Facilitado por Gertrudis Maldonado.

Ilustración 40 155
Actividad en una iglesia de Atlanta, 1995.
Facilitado por Gertrudis Maldonado.

Ilustración 41 156
Puerto Rican Cultural Parade of Tampa. Florida, 2004.
Facilitado por Gertrudis Maldonado.

                                                              Página
Ilustración 42 156
Acogida en Miami, 2018.
> Facilitado por Gertrudis Maldonado.

Ilustración 43 159
Actividad del cuadragésimo aniversario de la Tuna de Cayey.
> Fundadores: Juan Ángel Nogueras, Víctor Vázquez y Manuel Rodríguez. Facilitado por Gertrudis Maldonado.

Ilustración 44 161
Revista *TV Guía*, diciembre de 1972.
> Revista *TV Guía*, diciembre de 1972. Reportaje "…y a la dos de la mañana". Facilitado por María Celeste (Bruny) Vázquez.

Ilustración 45 162
Cuadragésimo quinto aniversario, 2009.
> Facilitado por Gertrudis Maldonado.

Ilustración 46 163
Logo quincuagésimo quinto aniversario de la Tuna de Cayey.
> Elaboración gráfica: Ángel M. Rodríguez González.

Ilustración 47 164
Encuentro de Tunas, 1994.
> Facilitado por Gertrudis Maldonado.

Ilustración 48 165
Líderes de tunas. Encuentro en el Teatro La Perla. Ponce, 2018.
> Facilitado por Gertrudis Maldonado.

Ilustración 49 168
Tuna Estudiantina de Cayey, 2019.
> Facilitado por Gertrudis Maldonado.

Ilustración 50 176
Carátula del primer CD, 2007.

Ilustración 51 176
Carátula del segundo CD, 2008.

	Página
Ilustración 52	176

Carátula del tercer CD, 2009.
    CDs 1er, 2ndo, y 3er de la Tuna Cayeyana del Recuerdo. Facilitados por Wanda Collazo.

Ilustración 53	180

Carátula del primer disco, 1969.
    Tuna de Agua Buenas. Facilitado por María Evelyn Camacho.

Ilustración 54	181

La Tuna visitando a doña Felisa Rincón de Gautier.
    Facilitado por María Evelyn Camacho.

Ilustración 55	186

Carátula del CD, 2007.
    CD Tuna Leonora 2007, cortesía municipio de San Lorenzo.

Ilustración 56	191

Carátula del CD del 1997.
    CD Tuna Estudiantil de Cidra 1997, facilitado por Víctor Cotto.

Ilustración 57	201

Tuna de la Universidad de Puerto Rico de Arecibo en Leiria, Portugal, 2018.
    Facilitado por Ángel Bonet Hernández.

Ilustración 58	206

Tuna Taínos, 2019.
    Foto, cortesía de Hernán Y. Vélez Landrau.

BIBLIOGRAFÍA

Fuentes primarias

A. Periódicos:

El Boletín Mercantil, años 1881 y 1893.

La Democracia, 1893 – 1894.

Diálogo UPR., años 2002 y 2014.

Expresión, el periódico de los universitarios, año 2004.

Hoja Oficial del Lunes, año 1977: (www.prensahistorica.mcu.es/es/consulta/registro.cmd?id=9005.)

El Mundo, años 1961, 1962, 1963, 1967, 1969, 1970, 1971, 1972, 1975, 1985.

Primera Hora, años 2011 y 2013.

El Reportero, año 1982.

Ronda la Tuna, el periódico de los tunos. (www.geocities.ws/notitunas/bauldelrecuerdo/mascota.html.)

El Vocero, años 1994 y 2015.

Universia, Puerto Rico, año 2006. (www.universia,pr/.)

B. Revistas:

Música en Clave, revista venezolana de música en línea, 2013. www.musienclave.com/articlespdf/presenciadelaeef.pdf.

Revista, Billboard, años 1971 y 1972

Revista, Cidra Somos Todos, año 2014.

Revista, TV Guía, año 1972.

Tele Revista, periódico El Mundo, año 1975.

D. Entrevistas:

Manuel Rodríguez González, 16 de junio de 2014.
María Celeste "Bruny" Vázquez Rosario, 23 de junio de 2014.
Gertrudis "Gigi" Maldonado Ríos, 24 de junio de 2014.
Herminio de Jesús Figueroa, 5 de julio de 2014.
Wanda Ivelisse Collazo Rosario, 8 de julio de 2014.
Ismael "Maelo" González López, 9 de julio de 2014.
Víctor Manuel Cotto Colón, 22 de julio de 2014.
José Enrique Vargas Santiago, 22 de julio de 2014.
Andrés Antonio "Andy" Collazo Rodríguez, 28 de noviembre de 2014.
María de los Ángeles "Angie" Correa, 13 de febrero de 2015.
Wildo Francisco Fuentes Colón, 21 de febrero de 2015.
Jorge Guzmán Torres, 21 de febrero de 2015.
Lidia Ortiz, 23 de febrero de 2015.
Reinaldo Alverio Hernández, 6 de marzo de 2015.
Julia Rivera Márquez, 6 de marzo de 2015.
Francisco "Paco" Herrera Rodríguez, 7 de marzo de 2015.
Gregorio "Goyo" Acevedo González, 11 de marzo de 2015.
María Evelyn Camacho, 25 de marzo de 2015.
Denis Núñez, Solá, 25 de marzo de 2015.
María Luisa "Ñeca" Guzmán, 25 de marzo de 2015.
Luis Rafael Ortiz Torres, 25 de junio 2019.
Juan Primitivo González Ruiz, 28 de junio de 2019.
Carmen Gisela Martell Vega, 28 de junio de 2019.
José Luis Castro Ortega, 28 de junio de 2019.
Jamie Marie Castro Martel, 28 de junio de 2019.
Yojan A. Negrón Castro, 28 de junio de 2019.
Danyaris Martínez Rivera, 10 de septiembre de 2019.
Adam Daniel Vázquez Veguilla, 10 de septiembre de 2019.
Adan Gabriel Navarro Castellano, 10 de septiembre de 2019.

Bibliografía

Fuentes secundarias

A. Libros:

Andreu Ricart, Ramón, *Estudiantinas chilenas, origen, desarrollo y vigencia 1884-1955*. Santiago de Chile: Ministerio de Educación, Fondo de Desarrollo de la Cultura y las artes, 1995.

Asencio González, Rafael, *Las estudiantinas del antiguo carnaval alicantino: origen, contenido lirico y actividad benéfica (1860-1936)*. España: Catedra Arzobispo Loazes, Universidad de Alicante, 2013.

Barcala Muñoz, Andrés, *Las universidades españolas durante la Edad Media*. España: Consejo Superior de Investigaciones Científicas, 1985.

Beauchamps, José J., "Colonialismo, agresión y cambio cultural perturbador en Puerto Rico" *La agresión cultural norteamericana en Puerto Rico*. México: Guanajibo, 1980.

Callejo, Fernando, *Música y músicos portorriqueños*. San Juan, Puerto Rico: Editores Cantero Fernández & Co, 1915.

Fernández Méndez, Eugenio, *Crónicas de Puerto Rico: desde la conquista a nuestros días, 1493-1955*. 7 ma. ed., San Juan, Puerto Rico: Ediciones "El Cemí", 1995.

García Mercadal, José, *Estudiantes, Sopistas y Picaros*. Madrid, España: Editorial Plutarco, 1934.

Gómez García, María N., *Las primeras universidades europeas: Anotaciones sobre sus características diferenciadoras*. España: Secretariado de Publicaciones de la Universidad de Sevilla, 1986.

Pendi, Augusto, *Historia de las universidades en Europa*. Valencia, España: Universidad de Valencia, 2000.

Malavet Vega, Pedro, *Historia de la canción popular en Puerto Rico (1493-1898)*. Ponce, Puerto Rico: Corripio, 1992.

_____, *De las bandas al Trío Borinquen (1900-1927)*. Ponce, Puerto Rico: Ediciones Lorena, 2002.

Martínez del Río, Roberto, "Estudiantes, estudiantinas y tunas, ss.

XIX y XX", *Estudiantes de Salamanca*. Rodríguez, Luis. et al. Salamanca, España: Ediciones Universidad Salamanca, 2002.

Martínez del Río, Roberto, Asencio González, Rafael, Gómez Blasi, Raimundo y Pérez Penedo Enrique, *Tradiciones de la antigua universidad: estudiantes, matraquistas y tunos*. Alicante, España: Cátedra Arzobispo Loazes, 2004.

Muñoz, María L., *La música en Puerto Rico, panorama histórico-cultural*. Connecticut: Troutman Press, Sheron, 1966.

Pasarell, Emilio J., *Orígenes y desarrollo de la afición teatral en P.R.* Río Piedras: Editorial Universitaria, Universidad de Puerto Rico, 1951.

_____, *De la pluma al papel*. Barcelona, España: Ediciones Rumbos, 1967.

_____, *Esculcando el siglo XIX en Puerto Rico*. Barcelona, España; Ediciones Rumbo, 1967.

Picó, Fernando, *1898: La guerra después de la guerra*. 3. ed. San Juan, Puerto Rico: Ediciones Huracán, 2004.

Ramos Altamira, Ignacio, *Historia de la guitarra y los guitarristas españoles*. Alicante, España: Club Universitario, 2013.

Rodríguez Cruz, Sor Águeda María, *Vida estudiantil en la hispanidad de ayer*. Colombia: Instituto Caro y Cuervo, Thesaurus, Tomo XXVI. Núm. 2, 1971.

Scarano, Francisco A., *Puerto Rico cinco siglos de historia*. 2da ed., México: McGraw-Hill/Interamericana Editores, S. A., 2000.

B. Artículos, ponencias y conferencias:

Álvarez, Fernando, "La Tuna Hispanoamericana pionera en viajar a América". Ponencia en el Congreso Iberoamericano de Tunas en Murcia. http://issuu.com/tunar_mundi/docs/la_tuna_hispanoamericana_pionera_en_viajar.

Andreu Ricart, Ramón, "La Estudiantina Española Fígaro, tras una gira por países de Hispanoamérica, se disolvió en 1904". Investigación, 2012. http://tunaemundi.com/index.php/publicaciones/sabias/43- sabias-figaro.

Bibliografía

_____, "Las páginas olvidadas de las estudiantinas chilenas del 1900", Revista Occidente. http://www.academia.edu/6526498/Revista_Occidente_Julio_2011.

Asencio González, Rafael, "Historia y orígenes de la tuna". http://www.tunaempresariales.uji.es/historia2.htm.

_____, "La tuna "moderna" o la institucionalización de la estudiantina". Ponencia, 2012. http://tunaemundi.com/images/stories/conferencias/la-tuna-moderna-o-la-institucionalizacion-de- la- estudiantina.pdf.

Colón Custodio, José David, "Creación de la Tuna Puerto Rico (1898-1961"). http://www.tunaespana.es/?page_id=18061.

Delgado, Juan Manuel, "El caso colonial de Puerto Rico: La historia oral como historia contestataria de la historia oficial". Ponencia Presentada en el III Encuentro Internacional de Historia Oral. Rescatando la memoria de nuestros pueblos". Universidad Autónoma de Nicaragua, 16 al 21 de febrero de 2009.

_____, *Metodología y técnicas de investigación de la historia oral*. Curso tomado en el Centro de Estudios Avanzados de Puerto Rico y el Caribe, San Juan, Puerto Rico, enero-mayo 2013.

_____, "Exposición de las técnicas de cómo seleccionar y utilizar la fuente de la historia oral". Documento del curso, *Metodología y técnicas de investigación de la historia oral*. Centro de Estudios Avanzados de Puerto Rico y el Caribe, San Juan Puerto Rico, enero-mayo 2013.

_____, "Proyecto historiadores de barrio en Ciales, 1978." Documento del curso, *Metodología y técnicas de investigación de la historia oral*. Centro de Estudios Avanzados de Puerto Rico y el Caribe, enero-mayo 2013.

_____, "Recomendaciones generales para la realización de la investigación sobre historia oral". Documento del curso, *Metodología y técnicas de investigación de la historia oral*. Centro de Estudios Avanzados de Puerto Rico y el Caribe, San Juan, Puerto Rico, enero-mayo 2013.

Martín Sárraga, Félix O., "Desde finales del siglo XIX hay constancia de la existencia de estudiantinas infantiles en España", Investigación, 2012. http://www.tunaemundi.com/.

_____, "Glosario de Tunas y Estudiantinas". 19 de noviembre 2012. http://www.tunaemundi.com/.

_____, "La Estudiantina Española Fígaro tenía una danza puertorriqueña en su repertorio de 1881". Investigación, 2014. http://tunaemundi.com/index.php/publicaciones/sabias/430-la-estudiantina-espanola-figaro-tenia-una-danza-puertorriquena-en-su-repertorio-de-1881.

_____, "La Estudiantina Jovellanos, tuna escolar pionera en cruzar el Atlántico". Investigación, 2014. http://tunaemundi.com/index.php/publicaciones/sabias/313-la-tuna-jovellanos-pionera-en-cruzar-el-atlantico-en-1913?hitcount=0.

_____, "Géneros musicales interpretados por las estudiantinas y tunas del siglo XIX". Investigación, 2013-2014. http://www.tunaemundi.com/index.php/component/article/7-tunaemundi-cat/292-generos-musicales-tocados-por-las-estudiantinas-y-tunas-del-siglo-xix.

_____, "La Música y la vestimenta como elementos de globalización de la Tuna. El caso americano". www.tunaemundi.com/index.php/publicaciones/conferencias.

_____, Sociedad, universidad, mujer y tuna a lo largo de la historia. Investigación, 2013. http://www.tunaemundi.com/.

_____, "Sociedad, universidad y tuna." Conferencia impartida en el I Congreso Iberoamericano de Tunas. Centro Cultural 'Puertas de Castilla'. Murcia, 13 de abril de 2012. http://issuu.com/tunae_mundi/docs/sociedad_universidad_y_tuna.

_____, El traje de Tuna. Revisión bibliográfica. Investigación, 2013.www.tunaemundi.com/index.php/component/article/15-libros/258-el-traje-de-tuna 2013.

_____, "Universidad y vida escolar (siglos XII al

Bibliografía

XIX), costumbres y tradiciones." Ponencia al seminario Internacional, Chile, 8 de junio de 2012. http://tunaemundi.com/images/stories/conferencias/universidad-y-vida-escolar-siglos_%20XIII-costumbres-y-tradiciones.pdf.

Martín Sárraga, Félix O., y Munguía Tiscareño, María Guadalupe. "La Estudiantina Pignatelli, otra agrupación de músicos que viajó a América en el siglo XIX". Investigación, 2 de marzo de 2014. http://www.tunaemundi.com/.../384-la-estudiantina-pignatelli-otra-agrupacion-de-...

Mateo Montalbán, Serafín, "La rondalla y la jota". *Revista de capas y panderetas y del arte en general*. Año 1 N° 1, enero, 2006.

Meluk Orozco, Adriana, "La mujer en la tuna, del balcón a la calle". Ponencia al I congreso Iberoamericano de Tunas. Centro cultural Puertas de Castilla, Murcia, España, 12 de abril de 2012. http://ISSUE.com/tunae_mundi/docs/la_mujer_en_la_tuna_del_balcon_a_la_calle.

Núñez Olías, Julián, "La Tuna de Escolapios de Madrid. Experiencias en una tuna preuniversitaria". Segundo Congreso Iberoamericano de Tunas. Murcia, España, 23 al 26 de abril 2014. http://issuu.com/tunaemundi/docs/la_tuna_de_escolapios_de_madrid._ex.

Pérez Penedo, Enrique, "La tuna una tradición en constante evolución. El traje de tuna". Ponencia presentada en el I Congreso Iberoamericano de Tunas. Centro Cultural Puertas de Castilla, Murcia, 13 de abril de 2012. http://issuu.com/tunae_mundi/docs/el_traje_de_tunas.

Pinchao Benavides, Luis E., "Surgimiento de las universidades en el mundo." Identidad Institucional. https://sites.google.com/site/identidadinstitucional/surgimiento-de-las-universidades.

Rivera Lozano, Oscar G., "Historia de la tuna" *Revista de capas y panderetas y del arte en general*. Año 1, No 1, enero, 2006.

_____, "Estudiantinas (en América)". *Revista de capas y panderetas y del arte en general*. Año N° 1, enero, 2006.

Rodríguez Pagán, Bermarie, "La Tuna como manifestación cultural universitaria: el caso de la Tuna de la Universidad de Puerto Rico", 2012. www.issuu.com/tunaemundi/docs/la_tuna_como_manifestaci_n_cultura.

Tuna de informática de la Universidad de la Laguna, "Historia de la tuna". http://www.tunadeinformatica.org/historia/.

C. Disertaciones:

Vomelová, Karla, El fenómeno de la tuna- su historia y presente. Tesis de Doctorado, Olomouc, República Checa, Universidad Palacky, Facultad de Filosofía, 2008. http://theses.cz/id/3mx8n5/31448-996202320.pdf.

D. Escritos:

De Jesús Figueroa, Herminio, Escrito sobre la Tuna Taurina de Cayey, "La Tuna de Cayey y la Tuna del Recuerdo." Facilitado por el autor.

Prewitt Díaz, Joseph O. "Celebración a la vida de mi amigo Juan Ángel Nogueras Rodríguez." Oratoria durante la despedida del duelo. 21 de octubre de 2011. Facilitado por el autor.

E. Diccionarios:

Diccionario de Autoridades, Tomo IV, 1739. http://www.rae.es/recursos/diccionarios/diccionarios-anteriores-1721996/diccionario-de-autoridades.

Diccionario de la lengua española, 22ª ed. 2012. http://www.rae.es/recursos/diccionarios/drae.

F. Páginas web:

Archivo Digital de la Tuna de la universidad de Puerto Rico. http://www.adtunauprrp.wix.com/adtunauprrp.

El nuevo día digital, Viernes, 22 de diciembre de 2017.

Feria Internacional del Libro de Puerto Rico. http://www.filpuertorico.org/2014/10/17/ix-tunas/

Feria Internacional del Libro de Puerto Rico. http://www.filpuertorico.org/2015/09/24/tuna-inter-san-german/

Jornada Noticiosa. https://jornadapr.com/noticias/actualidad/367/fiesta-de-tunas-en-morovis/

Museo Internacional del Estudiante. www.museodelestudiante.com/Canciones_y_letrillas/la_Estudiantina_Pasa.htm

Primera Hora. https://www.primerahora.com /

Tuna Alondras. https://www.tunalondraspr.com/

Tuna Gitanas. http://www.filpuertorico.org/wpcontent/uploads/2012/09/Curriculum-Tuna-Gitanas.pdf

Tuna Interamericana de Puerto Rico. https://es-la.facebook.com/.../TUNA-INTERAMERICANA.../12905778380...

Tuna Cardenales. http://tunacardenalesdepuertorico.blogspot.com/

Tuna los Payadores. https://www.facebook.com/pg/tunalospayadores/about/?ref=page_internal

Tuna PSMHS (Tuna Medicina Ciencias de la Salud Ponce). https://tunapsmhs.wordpress.com/historia/

Tuna Segreles. https://segreles.com/

Tuna Taínos. https://ut.suagm.edu/es/ut/magistral-presentaci%C3%B3n-de-la-tuna-ta%C3%ADnos

Tuna UPRA. http://www.facebook.como/tunaupra/?fref=ts

TVNAE MVNDI. http://tunaemundi.com/index.php/nosotros/estatutos.

g. Programas de conciertos:

Rivera Negrón, Moisés, Universidad de Puerto Rico, Recinto de Río Piedras, Decanato de Estudiantes. *Primer Festival Iberoamericano de Tunas: conmemorando el 30 aniversario de la Tuna de la Universidad de Puerto Rico.* Río Piedras, Puerto Rico: Universidad de Puerto Rico, 1991.

Universidad de Puerto Rico, Recinto de Río Piedras, Decanato de Estudiantes, Programa de Actividades Sociales y Recreativas. *Tuna de la Universidad de Puerto Rico: 50 años de excelencia, aventura y tradición, Programa del 50 aniversario Tuna UPR.* Río Piedras, Puerto Rico: Universidad de Puerto Rico, 2011.

www.ingramcontent.com/pod-product-compliance
Lightning Source LLC
Chambersburg PA
CBHW051043160426
43193CB00010B/1050